【象棋谱丛书】

黄少龙 梁文斌 主编

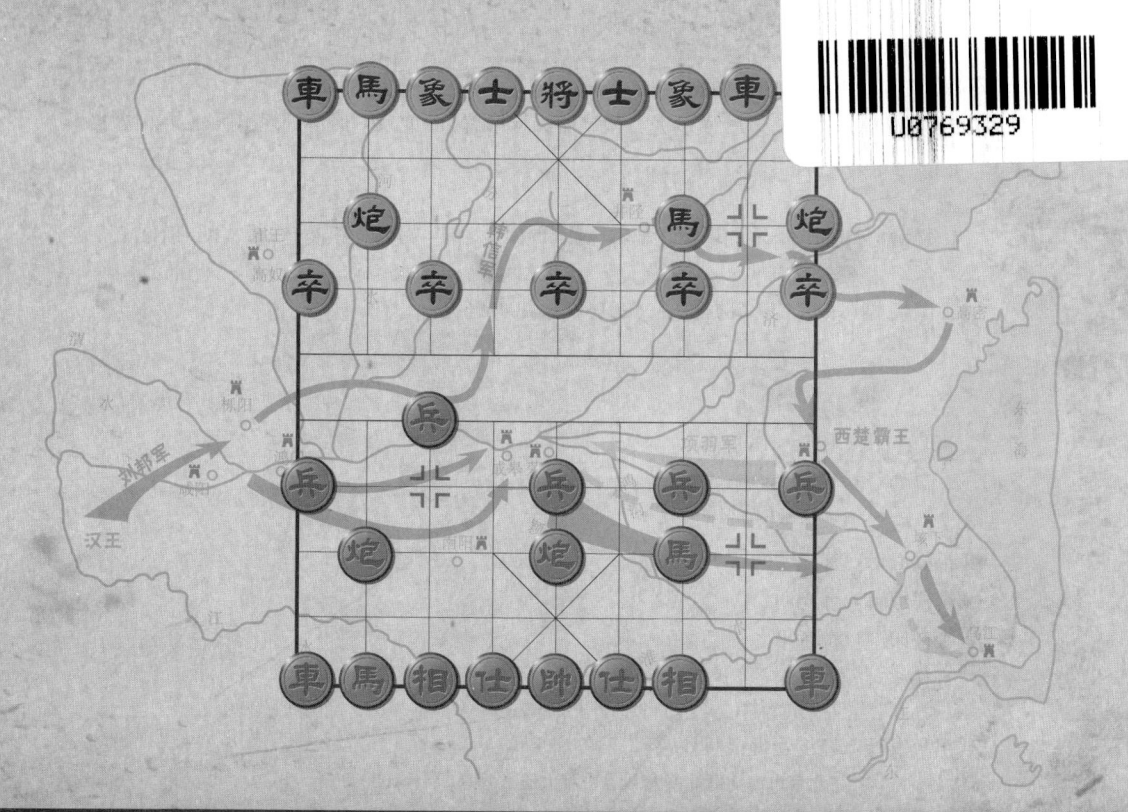

中炮进七兵对左三步虎

黄少龙 段雅丽 杜彬 编

经济管理出版社·棋书中心

图书在版编目（CIP）数据

中炮进七兵对左三步虎/黄少龙，段雅丽，杜彬编．—北京：经济管理出版社，2017.1
ISBN 978-7-5096-4552-9

Ⅰ.①中… Ⅱ.①黄… ②段… ③杜… Ⅲ.①中国象棋—布局（棋类运动） Ⅳ.①G891.2

中国版本图书馆 CIP 数据核字（2016）第 204096 号

组稿编辑：郝光明
责任编辑：郝光明
责任印制：黄章平
责任校对：赵天宇

出版发行：经济管理出版社
　　　　　（北京市海淀区北蜂窝 8 号中雅大厦 A 座 11 层　100038）
网　　址：www.E-mp.com.cn
电　　话：（010）51915602
印　　刷：三河市聚河金源印刷有限公司
经　　销：新华书店
开　　本：720mm×1000mm/16
印　　张：13
字　　数：240 千字
版　　次：2017 年 1 月第 1 版　2017 年 1 月第 1 次印刷
印　　数：1—5000 册
书　　号：ISBN 978-7-5096-4552-9
定　　价：35.00 元

·版权所有　翻印必究·
凡购本社图书，如有印装错误，由本社读者服务部负责调换。
联系地址：北京阜外月坛北小街 2 号
电话：（010）68022974　邮编：100836

总 序

具有初、中级水平的棋友，如何提高棋力？这是大家关心的问题。

一是观摩象棋大师实战对局，细心观察大师在开局阶段怎样舒展子力、部署阵型，争夺先手；在中局阶段怎样进攻防御，谋子取势、攻杀入局；在残局阶段怎样运子，决战决胜，或者巧妙求和。从大师对局中汲取精华，为我所用。

二是把大师对局按照开局阵式分类罗列，比较不同阵式的特点、利弊及对中局以至残局的影响，从中领悟开局的规律及其对全盘棋的重要性。由于这些对局是大师们经过研究的作品，所以对我们有很实用的价值，是学习的捷径。

本丛书就是为满足广大棋友的需要，按上述思路编写的。全套丛书以开局分类共51册，每册一种开局阵式。读者可以选择先学某册开局，并在自己对弈实践中体会有关变化，对照大师对局的弈法找出优劣关键，就会提高开局功力，然后选择另一册，照此办理。这样一册一册学下去，掌握越来越多的开局知识，你的开局水平定会大为提高，赢棋就多起来。

本丛书以宏大的气魄，把象棋开局及其后续变化的巨大篇幅展示在读者面前，是棋谱出版的创举，也是广大棋友研究象棋的好教材，相信必将得到棋友们的喜爱。

黄少龙
2013.11.6

前　言

　　红方自然采取七路马再盘河的攻法，黑车及时升河口，并挺3卒兑兵，把车调至右翼坚守。红摆成五六炮双直车，雄健有力，黑右马没有好位，只能屯边。这样的局面维持下去，黑方子力不通畅，红先手占优。

　　黑方对攻强烈的应法是左车骑河，控制红马跃出。红如挺中兵则黑列炮，所以红先飞边相保兵，以后等待机会升巡河炮逐车。黑可跳屏风马或补列炮，均形成对峙局面。

　　黑另一种应法是先补象，继而挺7卒，再跳屏风马，由于黑伺机伏骑河车反击的着法，攻守兼备，故红方宜用右横车平左肋保马，维持先手。

黄少龙　段雅丽

目 录

第一章 黑飞象 1

第 1 局　李澄胜林宏敏 1
第 2 局　高华负黄玉莹 2
第 3 局　黎金福负赵汝权 2
第 4 局　孙勇征负陈丽淳 3
第 5 局　刘殿中胜施浔阳 4
第 6 局　赵国荣负赵汝权 5
第 7 局　万春林胜王志安 6
第 8 局　徐天红胜林雷 7
第 9 局　姚淳胜洪磊鑫 8
第 10 局　杨官璘胜赵汝权 9
第 11 局　喻之青负李忠雨 10
第 12 局　于幼华胜郭长顺 11
第 13 局　李国勋负胡荣华 12
第 14 局　胡荣华胜张元启 13
第 15 局　汪洋负郑一泓 14
第 16 局　伍霞胜文静 15
第 17 局　王贵福负孙恒新 16
第 18 局　吕钦胜李锦欢 17
第 19 局　林野负黄玉莹 18
第 20 局　徐穗琪负杨剑 19
第 21 局　潘振波胜余四海 20
第 22 局　高华胜陈淑兰 21
第 23 局　侯昭忠负丁如意 22
第 24 局　胡荣华胜丁如意 23
第 25 局　郑荣生胜刘星 24

· 1 ·

第26局	薛大负孟立国	25
第27局	张元启负朱永康	26
第28局	张影富胜赵新笑	27
第29局	才溢负陈富杰	28
第30局	黎金福负李锦欢	29
第31局	谢岿负刘成杰	30
第32局	高华胜黄子君	31
第33局	杨建民负郑荣生	32
第34局	邵福荣负孟立国	33
第35局	曹霖胜李西兴	34
第36局	邵渭清负梁文斌	35
第37局	胡荣华负柳大华	36
第38局	杨官璘胜谢添顺	37
第39局	刘剑青负朱永康	38
第40局	覃剑秋胜杨官璘	40
第41局	蔡伟林胜郭长顺	41
第42局	胡荣华负蔡福如	42
第43局	言穆江胜孙耀先	43
第44局	杨官璘胜朱永康	44
第45局	高友贤负朱学增	46
第46局	许银川胜王志安	47
第47局	邓颂宏负张致忠	48
第48局	朱永康胜臧如意	49
第49局	郭家兴胜李忠雨	50
第50局	杨官璘胜胡荣华	52
第51局	张江负李望祥	53
第52局	王嘉良胜吴可夫	54
第53局	杨官璘胜梁文斌	56
第54局	林宏敏负李日纯	57
第55局	喻之青胜崔岩	58
第56局	陈奇胜李旭英	60
第57局	赵鑫鑫胜郑一泓	61
第58局	王嘉良负蒋志梁	62
第59局	吕钦胜苗利明	64

目 录

第二章　巡河炮或先锋马 …………………………… 66
　　第60局　张江胜刘武鸣 ………………………… 66
　　第61局　孙勇征胜尚威 ………………………… 67
　　第62局　许银川负赵金成 ……………………… 68
　　第63局　万春林胜杨德琪 ……………………… 69
　　第64局　苗永鹏负杨德琪 ……………………… 70
　　第65局　杨德琪胜廖二平 ……………………… 71
　　第66局　张申宏胜陶汉明 ……………………… 72
　　第67局　宋国强负李雪松 ……………………… 73
　　第68局　杨官璘胜李义庭 ……………………… 74
　　第69局　赵鑫鑫负孟辰 ………………………… 75
　　第70局　徐天红胜吴贵临 ……………………… 76
　　第71局　张申宏胜蒋凤山 ……………………… 77
　　第72局　赵鑫鑫负王向明 ……………………… 78
　　第73局　赵国荣胜李来群 ……………………… 79
　　第74局　张致忠负李鸿嘉 ……………………… 80
　　第75局　刘殿中胜潘振波 ……………………… 81
　　第76局　朱晓虎负聂铁文 ……………………… 82
　　第77局　徐天红胜袁洪梁 ……………………… 83
　　第78局　张影富胜庄永熙 ……………………… 84
　　第79局　胡荣华负徐天红 ……………………… 85
　　第80局　王斌胜徐超 …………………………… 86
　　第81局　陈翀负邢毅 …………………………… 87
　　第82局　陈翀胜张申宏 ………………………… 88
　　第83局　孙浩宇负窦超 ………………………… 89
　　第84局　王斌胜金波 …………………………… 90
　　第85局　潘振波负王跃飞 ……………………… 91
　　第86局　李智屏胜陶汉明 ……………………… 92
　　第87局　柳大华负刘殿中 ……………………… 93
　　第88局　柳大华负李来群 ……………………… 94
　　第89局　张申宏胜李智屏 ……………………… 95
　　第90局　徐天红负申鹏 ………………………… 97
　　第91局　赵国荣负聂铁文 ……………………… 98
　　第92局　柳大华胜张强 ………………………… 99

第93局	万春林负王跃飞	100
第94局	赵国荣胜李雪松	101
第95局	陈孝坤胜胡庆阳	102
第96局	万春林胜薛文强	103
第97局	徐天红负柳大华	105
第98局	许银川胜张申宏	106
第99局	李少庚胜陶汉明	107
第100局	胡荣华胜徐天红	108
第101局	宋国强胜潘振波	109
第102局	柳大华负李来群	111
第103局	赵国荣胜李来群	112
第104局	于幼华负徐天红	113
第105局	葛维蒲负潘振波	114
第106局	徐健秒负聂铁文	116
第107局	柳大华负于幼华	117
第108局	曾东平负阎文清	118
第109局	蒋川胜张强	119
第110局	赵国荣胜黄仕清	121
第111局	赵国荣胜王跃飞	122
第112局	万春林负徐天红	124
第113局	李来群负胡荣华	125
第114局	赵国荣负吕钦	126
第115局	胡荣华胜李来群	128
第116局	赵庆阁负胡荣华	129

第三章　横车 132

第117局	柯善林胜丰鹤	132
第118局	窦超负王跃飞	133
第119局	柳大华胜黄国棋	134
第120局	柳大华胜李群	135
第121局	刘星胜黄勇	136
第122局	谢业枧胜王向明	137
第123局	陈翀负王跃飞	138
第124局	胡荣华胜李来群	139

第 125 局	李林负陶汉明	140
第 126 局	刘星负万春林	141
第 127 局	孙启忠负蔡福如	142
第 128 局	于幼华胜李来群	143
第 129 局	柳大华负李鸿嘉	144
第 130 局	万春林负徐超	145
第 131 局	汪洋负李群	147
第 132 局	陶汉明胜徐超	148
第 133 局	李艾东负胡荣华	149
第 134 局	郑海文胜胡荣华	150
第 135 局	柳大华胜王天一	152
第 136 局	蔡忠诚负陶汉明	153
第 137 局	孙浩宇负王天一	154
第 138 局	汪洋胜许文学	156
第 139 局	吴可夫胜朱学增	157
第 140 局	陈翀胜王跃飞	158
第 141 局	李日纯负王秉国	160

第四章 其他 ······ 162

第 142 局	王先强负阎玉锁	162
第 143 局	吕钦胜刘殿中	163
第 144 局	万春林胜廖二平	164
第 145 局	郑一泓胜杨景超	165
第 146 局	吕钦胜金波	166
第 147 局	李来群胜臧如意	167
第 148 局	阎文清胜程鸣	168
第 149 局	黄勇负刘殿中	169
第 150 局	宗永生胜王斌	170
第 151 局	赵庆阁负胡荣华	171
第 152 局	吕钦胜赵鑫鑫	172
第 153 局	谢业枧负吕钦	173
第 154 局	蒋川胜庄玉庭	174
第 155 局	徐天红胜刘殿中	175
第 156 局	宗永生胜张晓平	176

第157局　徐天红胜肖革联……………………177
第158局　杨德琪负朱晓虎……………………178
第159局　许银川胜刘殿中……………………179
第160局　陈粤樵胜谢侠逊……………………180
第161局　柳大华负李来群……………………181
第162局　熊粤华负黄国栋……………………183
第163局　吕钦胜李来群………………………184
第164局　马天越胜刚秋英……………………185
第165局　胡荣华胜余仲明……………………186
第166局　赵冠芳负刚秋英……………………188
第167局　黄仕清胜孙逸阳……………………189
第168局　许银川胜李晓晖……………………190
第169局　曹霖胜王嘉良………………………192
第170局　宗永生胜张兰天……………………193

第一章 黑飞象

第1局 李澄胜林宏敏

1. 炮二平五　马8进7
2. 马二进三　车9平8
3. 兵七进一　炮8平9
4. 马八进七　象3进5
5. 炮八平九　卒3进1
6. 兵七进一　车8进4
7. 马七进八　车8平3
8. 马八进九　车3进2（图1）
9. 车九平八　马2进4
10. 车一进一　车1平2
11. 车一平六　炮2平3
12. 炮九平八　车2进3
13. 车六进七　车3平1
14. 兵三进一　车1退3
15. 马三进四　士6进5
16. 马四进六　炮3进2？
17. 马六进四！士5进6
18. 车六平三　车1进3
19. 车三退一　车1平5
20. 炮五退一　车5平6
21. 炮八平二！（图2）

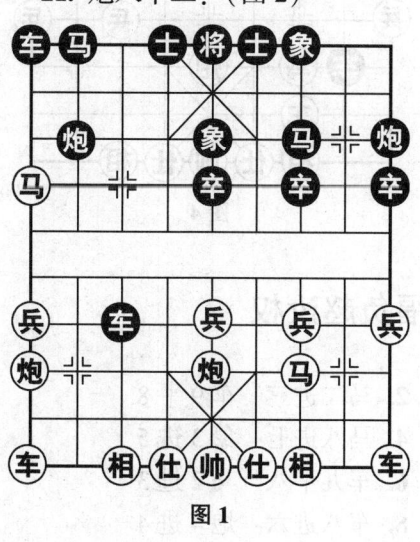

图1

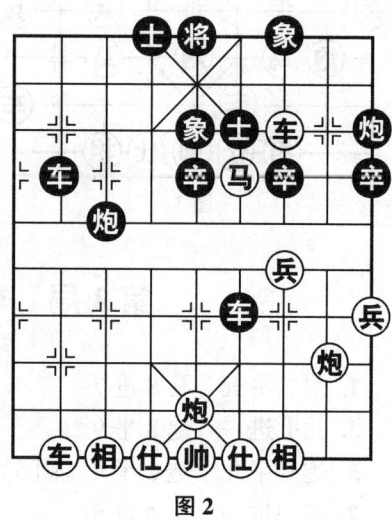

图2

第 2 局 高华负黄玉莹

1. 炮二平五	马 8 进 7	2. 马二进三	车 9 平 8
3. 兵七进一	炮 8 平 9	4. 马八进七	象 3 进 5
5. 车九进一	士 4 进 5	6. 车九平六	马 2 进 3
7. 车一进一	车 8 进 4	8. 兵五进一	炮 2 平 1（图 3）
9. 马三进五	车 1 平 2	10. 兵五进一	车 2 进 6
11. 马五进六	马 3 退 4	12. 兵五进一	马 7 进 5
13. 车一平四	卒 3 进 1	14. 马六进四？	炮 9 平 6
15. 马四退五	卒 3 进 1	16. 马五进六	车 8 平 3
17. 车四进五	炮 1 平 4	18. 马六退五	马 5 进 4！
19. 车四平六	车 3 平 6	20. 后车平七	车 6 进 1
21. 马七进六	车 6 平 5	22. 马六退七	车 2 进 1（图 4）

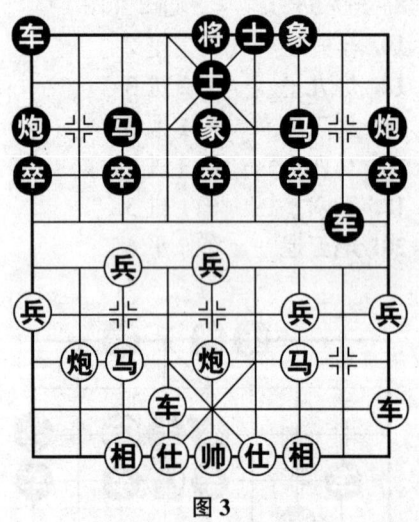

图 3

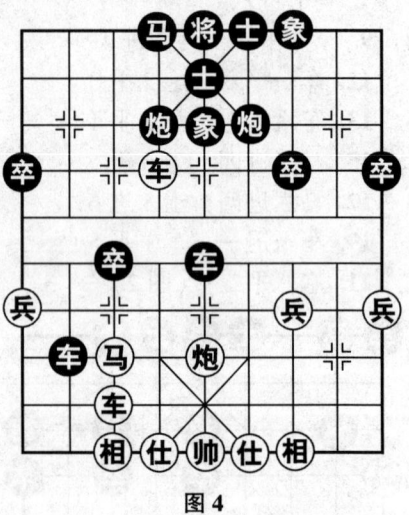

图 4

第 3 局 黎金福负赵汝权

1. 炮二平五	马 8 进 7	2. 马二进三	车 9 平 8
3. 兵七进一	炮 8 平 9	4. 马八进七	象 3 进 5
5. 炮八平九	炮 2 平 4（图 5）	6. 车九平八	马 2 进 3
7. 车一进一	士 4 进 5	8. 车八进六	炮 4 进 4

9. 兵五进一　卒7进1	10. 马七进八　车1平4
11. 车八进一　马7进6	12. 马八进九　马6进7
13. 马九进七　炮9平3	14. 车八平七　马7退5
15. 仕六进五？炮4进2！	16. 车一退一　车8进6
17. 车七平八　卒7进1	18. 车八退七　车8平3
19. 车一平二　炮4进1！	20. 车八进一　车3进3
21. 仕五退六　马5进3	22. 仕四进五　马3进2（图6）

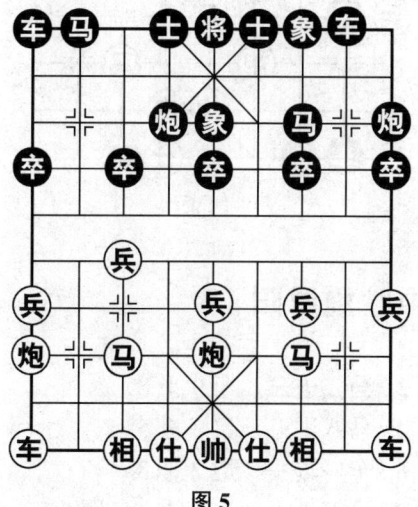

图 5

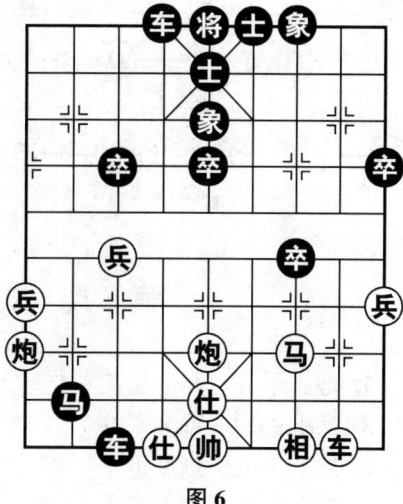

图 6

第4局　孙勇征负陈丽淳

1. 炮二平五　马8进7	2. 马二进三　车9平8
3. 兵七进一　炮8平9	4. 兵三进一　象3进5
5. 炮八平六　卒3进1	6. 兵七进一　车8进4
7. 兵七进一　车8平3	8. 马八进七　车3退1（图7）
9. 车九平八　炮2平3	10. 马七进六　车3进2
11. 马六进四　车3退1	12. 马四进六　炮3进7
13. 仕六进五　马2进1	14. 马六进八？车1平2
15. 炮六进五　象5退3！	16. 炮六平一　象7进9
17. 马八退七　车2进9	18. 马七进六　将5进1
19. 车一进一　马1进3	20. 车一平四　马3进4
21. 马六退四　将5平4	22. 炮五平六　马4进2！（图8）

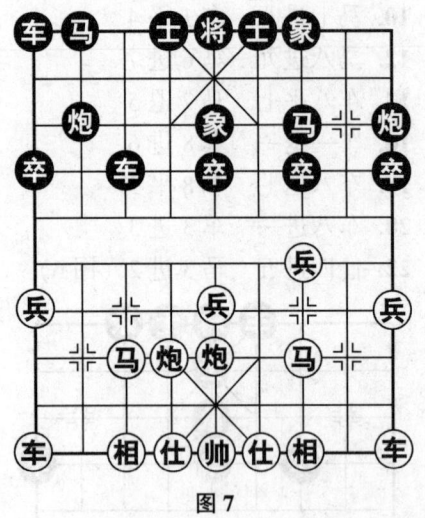

图7

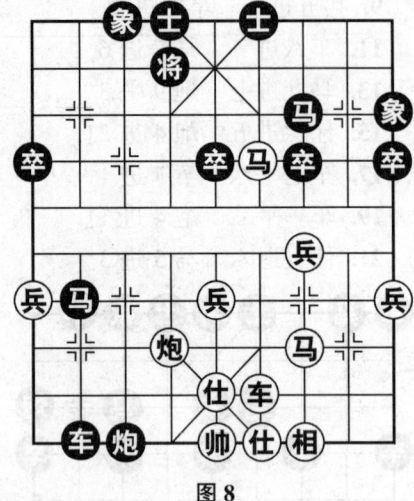

图8

第5局 刘殿中胜施浔阳

1. 炮二平五   马8进7
2. 马二进三   车9平8
3. 兵七进一   炮8平9
4. 马八进七   象3进5
5. 炮八平九   炮9退1
6. 车一进一   炮2平3
7. 车九平八   卒3进1
8. 兵五进一   车8进4（图9）
9. 马七进五   卒3进1
10. 兵五进一   卒5进1
11. 马五进七   卒5进1
12. 马七进六   马2进4
13. 车一平六   车1平3
14. 马六退五   马4进5
15. 车六进五   炮9平5
16. 炮九进四   马5进6
17. 马五进四   马6进5
18. 相七进五   车8平6
19. 仕六进五   车6进4?
20. 车八进八!   炮5进6
21. 仕五进四   炮3退1
22. 车八平七!   车3进1
23. 炮九进三（图10）

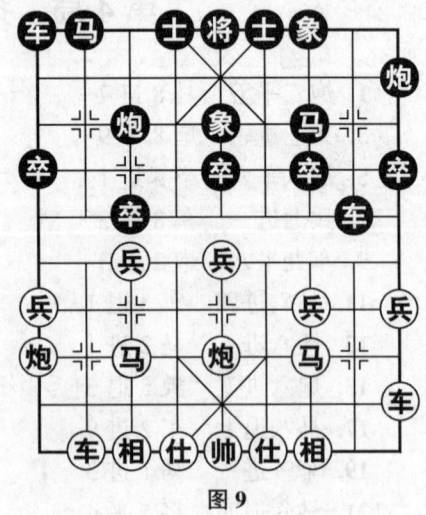

图9

第一章 黑飞象

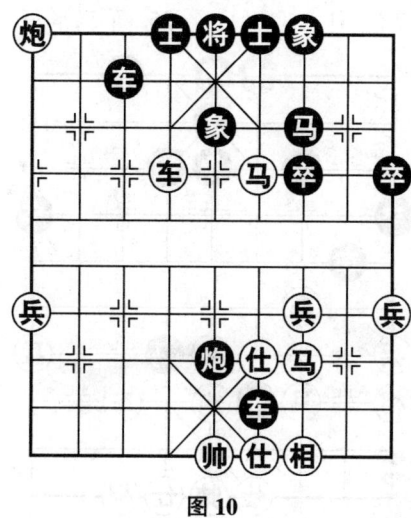

图 10

第 6 局　赵国荣负赵汝权

1. 炮二平五　马 8 进 7
2. 马二进三　车 9 平 8
3. 兵七进一　炮 8 平 9
4. 马八进七　象 3 进 5
5. 兵三进一　卒 3 进 1
6. 兵七进一　马 2 进 4
7. 马七进六　车 1 平 3
8. 炮八平六　车 3 进 4（图 11）
9. 相七进九　马 4 进 3
10. 车九平八　炮 2 平 3
11. 车一进一　士 6 进 5
12. 车八进六　马 3 进 5
13. 马六进五　马 7 进 5
14. 车八平五　马 5 进 7
15. 车五平三　车 3 平 4
16. 炮六平八　车 4 平 2
17. 炮八平六　马 7 退 9
18. 车三平四　马 9 进 8
19. 车一平二　炮 9 平 6
20. 车二进一　车 8 进 4
21. 马三退五　车 8 平 4
22. 马五进七？马 8 退 7
23. 车四退二　车 4 进 2

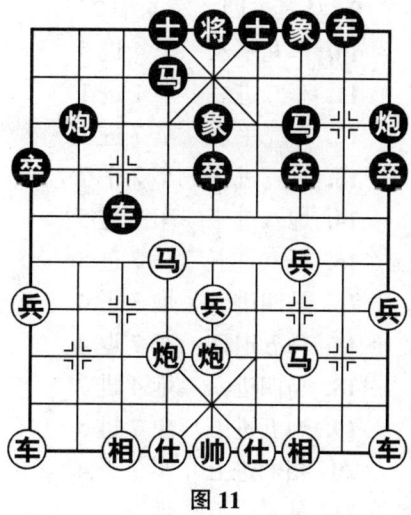

图 11

24. 车四平七　马7进6！　　　25. 车二平三　车4进1（图12）

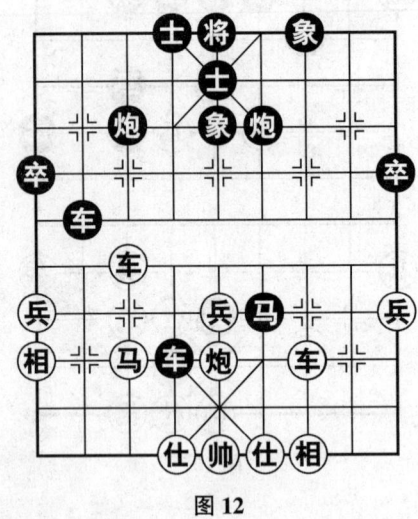

图 12

第7局　万春林胜王志安

1. 炮二平五　马8进7　　　2. 马二进三　车9平8
3. 兵七进一　炮8平9　　　4. 马八进七　象3进5
5. 兵三进一　炮2平3　　　6. 马七进六　车8进4
7. 车一平二　车8平4　　　8. 炮八进二　马2进1（图13）
9. 马三进四　车4平2
10. 车九平八　士4进5
11. 车二进一　卒1进1
12. 车二平八　卒7进1
13. 兵三进一　车2平7
14. 炮八进三　车7进5？
15. 马六进五　马7进5
16. 马四进五　炮3平4
17. 马五退四　车7退4
18. 马四进六　炮4进7
19. 炮五进五！　象7进5
20. 相七进五　车7平4
21. 马六进五　炮9平2

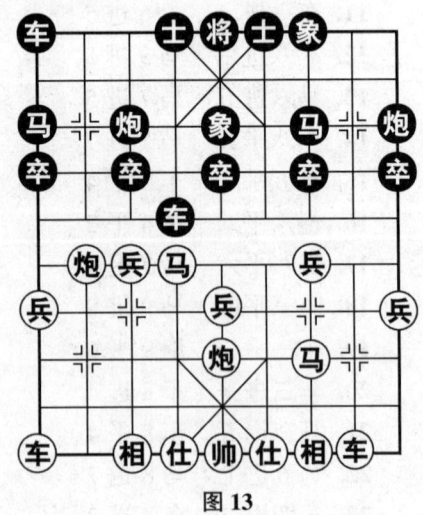

图 13

22. 前车进六　车4退3　　　23. 后车平六　车4进7
24. 帅五平六　车1平4　　　25. 帅六平五　车4进2?
26. 车八平九!（图14）

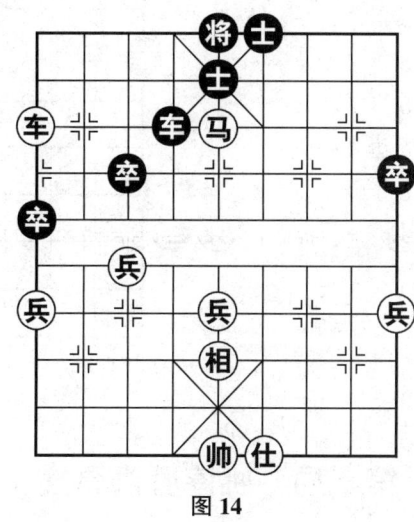

图14

第8局　徐天红胜林雷

1. 炮二平五　马8进7　　　2. 马二进三　车9平8
3. 兵七进一　炮8平9　　　4. 马八进七　象3进5
5. 兵三进一　马2进4
6. 车九进一　卒3进1
7. 车九平六　车8进1
8. 车一平二　车8平6（图15）
9. 兵七进一　车1平3
10. 车六进四　象5进3
11. 马七进六　象3退5
12. 车六进二!　车3进9
13. 车二进六　车3退4
14. 车二平三　士4进5?
15. 车六进一　炮2平4
16. 马六进五　马7进5
17. 炮五进四　车3进2

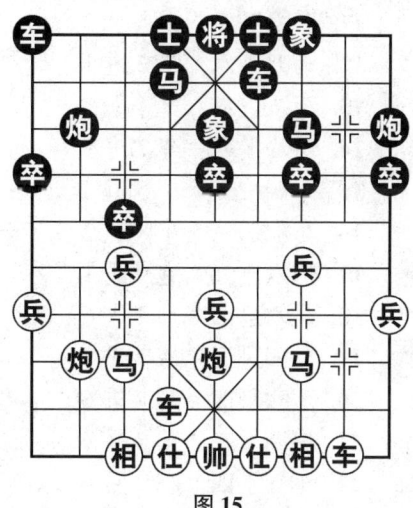

图15

18. 炮八进五！　炮4进1
19. 车六退二　　炮9平2
20. 车六平八　　炮2平4
21. 炮五退二　　炮4退2
22. 相三进五　　车6进3
23. 车三平六　　车6平5
24. 仕六进五　　车5进1
25. 兵五进一　　车3平5
26. 马三进二（图16）

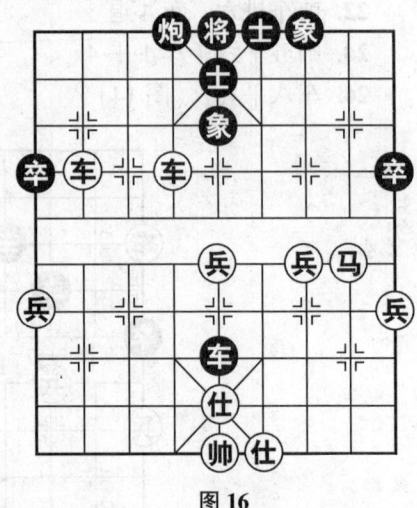

图16

第9局　姚淳胜洪磊鑫

1. 炮二平五　　马8进7　　2. 马二进三　　车9平8
3. 兵七进一　　炮8平9　　4. 马八进七　　象3进5
5. 炮八平九　　马2进4　　6. 车一进一　　士4进5
7. 车一平六　　炮9退1　　8. 车六进三　　炮2退2（图17）
9. 车九平八　　车8进4？　10. 炮五平六　　炮2平4
11. 车六平四　　炮4平3
12. 马七进六　　卒7进1
13. 车八进八　　车1平2
14. 车八平七　　卒7进1
15. 车四平三　　士5进4
16. 车七退一　　车8退2
17. 炮六进五　　炮9进1
18. 马六进四　　马4进6
19. 马四进五！　象7进5
20. 炮六平四　　马7进6
21. 炮四平一　　车8平9
22. 车三平四　　车9平6
23. 炮九平四　　车2进4

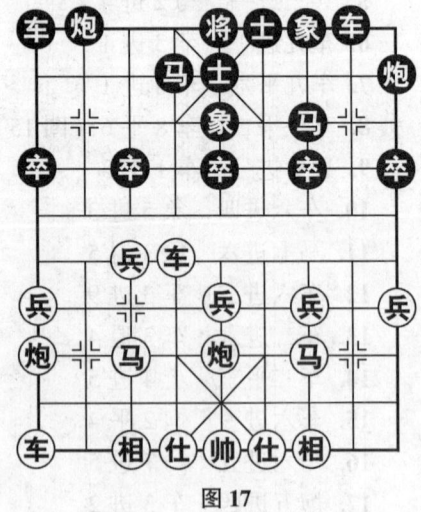

图17

24. 相三进五　士6进5
26. 兵三进一！（图18）

25. 兵三进一　车6退2

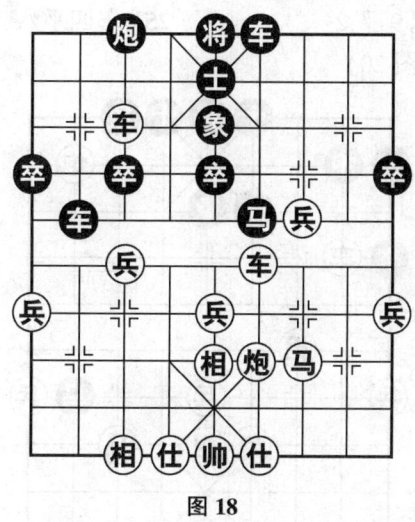

图18

第10局　杨官璘胜赵汝权

1. 炮二平五　马8进7
3. 兵七进一　象3进5
5. 兵三进一　卒3进1
7. 马七进六　马2进4
8. 炮八平六　车8平3
9. 车九平八　车1进1
10. 车一平二　炮2平3（图19）
11. 相七进九　卒7进1
12. 车二进四　士4进5
13. 炮五退一　卒7进1
14. 车二平三　炮9退1
15. 相三进五　马7进6
16. 相九进七　马6进4
17. 车三平六　炮3退2
18. 炮五平七　炮3平4
19. 炮七进四　炮4进5

2. 马二进三　车9平8
4. 马八进七　炮8平9
6. 兵七进一　车8进4

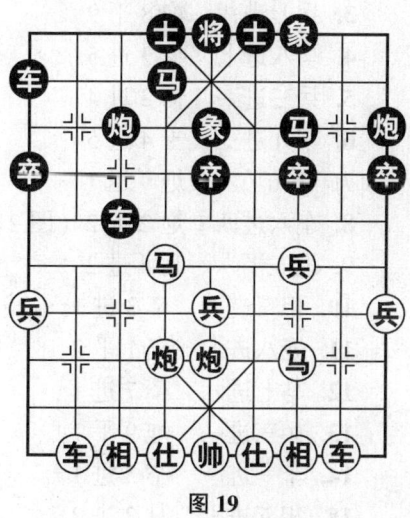

图19

20. 炮七平二　士5退4
22. 车八平五　马4进6
24. 车一平四　炮9平2
26. 炮二进三！(图20)

21. 车八进六　炮4退3
23. 车五平一　马6进7
25. 车四平八　马7进8?

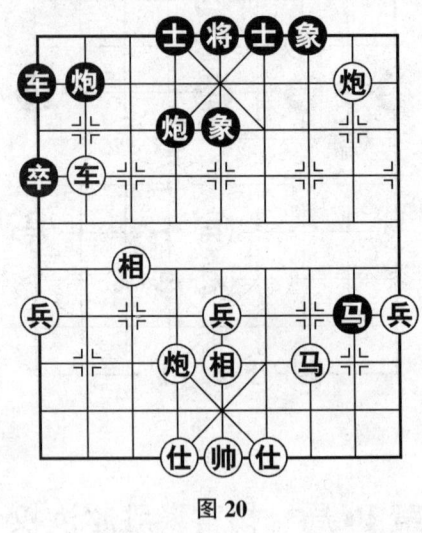

图20

第11局　喻之青负李忠雨

1. 炮二平五　马8进7
3. 兵七进一　炮8平9
4. 马八进七　象3进5
5. 兵三进一　马2进4
6. 车九进一　士4进5
7. 车九平六　炮9退1
8. 车六进四　炮2退2 (图21)
9. 炮五平六　马4进2
10. 相三进五　卒3进1
11. 炮八进七　车1平2
12. 马七进六　卒7进1
13. 兵三进一　炮9平7
14. 车一进一　卒3进1
15. 相五进七　马2进3

2. 马二进三　车9平8

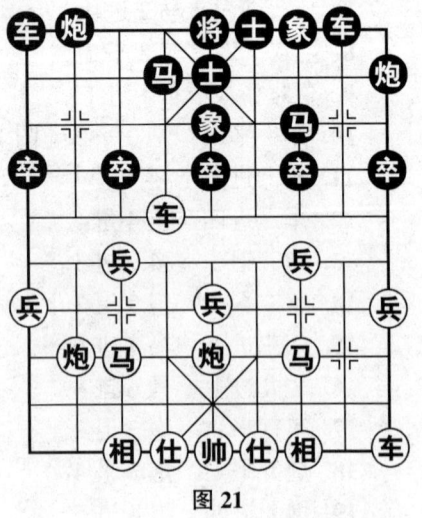

图21

16. 车一平四　车8进3
17. 马六退四　车2进6
18. 仕四进五　车8进3
19. 马四进二　炮7进3
20. 车四进五　炮7平5
21. 炮六进一？车8进2
22. 兵五进一　炮5平8
23. 车四平三　卒5进1！
24. 马二进四　马7退9
25. 炮六平五　车8平7
26. 兵五进一　车7进1
27. 仕五退四　炮8进5！
28. 马三退二　车7退6（图22）

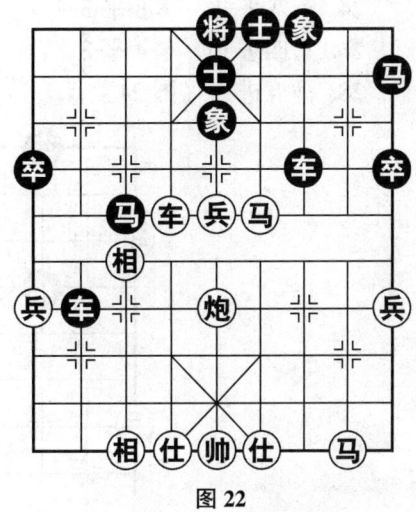

图 22

第12局　于幼华胜郭长顺

1. 炮二平五　马8进7
2. 马二进三　车9平8
3. 兵七进一　炮8平9
4. 马八进七　象3进5
5. 马七进六　士4进5
6. 兵三进一　卒7进1
7. 兵三进一　象5进7
8. 炮八平六　马2进1（图23）
9. 车九平八　车1平2
10. 车一进一　炮2进1
11. 车一平四　象7退5
12. 车八进五　卒1进1
13. 车八平九　炮2进6
14. 车九进二　马7进6？
15. 车四平八！车2平3
16. 马六进四　炮9平1
17. 车八退一　车3平4
18. 仕六进五　车8进4
19. 马三进二　象5进7
20. 炮五进四　象7进5
21. 炮六平三！车4进2
22. 车八进九　车4退2
23. 车八退二　车8进1

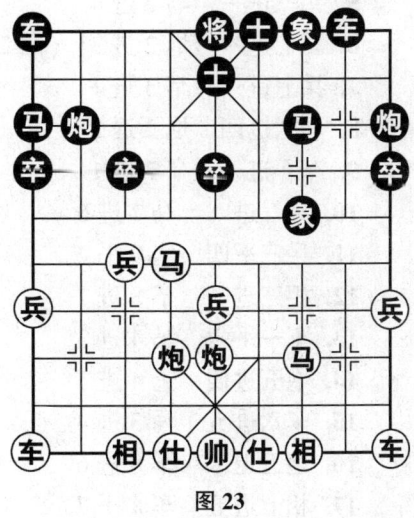

图 23

24. 车八平九　车8平3　　25. 相七进五　车3平6
26. 马四进五　车4平3　　27. 炮三平二　车6平8
28. 马五进三（图24）

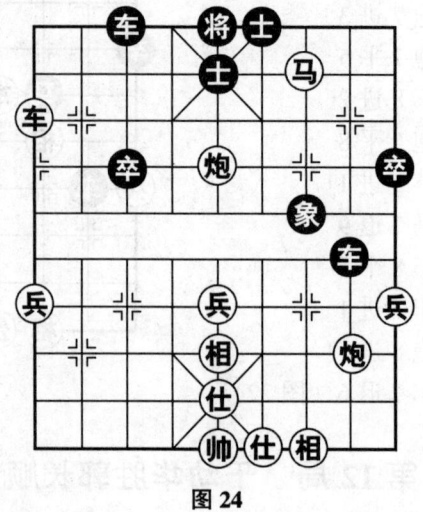

图24

第13局　李国勋负胡荣华

1. 炮二平五　马8进7　　2. 马二进三　车9平8
3. 兵七进一　炮8平9　　4. 马八进七　象3进5
5. 兵三进一　马2进4
6. 马七进六？炮2进3！（图25）
7. 兵七进一　卒3进1
8. 马六进四　炮2退3
9. 车一进一　卒7进1
10. 兵三进一　马7进6
11. 兵三平四　炮9平7
12. 相三进一　卒3进1
13. 车一平六　马4进3
14. 炮五进四　士4进5
15. 车六进五　马3进4
16. 炮五退二　车8进6
17. 相七进五　车8平7

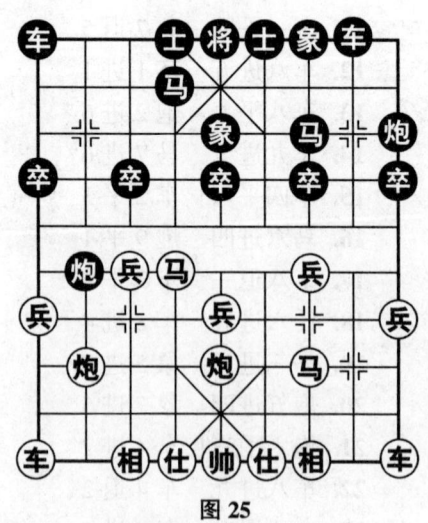

图25

18. 相一进三　马4进3
19. 马三退五　马3退5
20. 炮八进四　炮7平8
21. 炮八平一　马5退7！
22. 车六平三？　车7平1！
23. 车三退二　前车进3
24. 马五进七　卒3平4
25. 马七进六　后车平4
26. 炮五进一　车1退4
27. 炮一退二　炮2进7
28. 相五退七　车4平3
29. 炮一进五　炮8进7（图26）

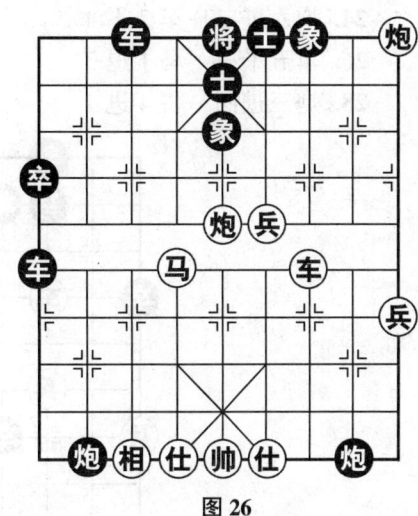

图26

第14局　胡荣华胜张元启

1. 炮二平五　马8进7
2. 马二进三　车9平8
3. 兵七进一　象3进5
4. 马八进七　炮8平9
5. 马七进六　马2进4
6. 炮五平六　车1进1
7. 相七进五　卒7进1
8. 炮八进二　炮2退2（图27）
9. 车一进一　车8进7
10. 车九进一　炮9平8
11. 车九平四　车1平2
12. 炮八进五　马4退2
13. 车四进五　车2进6
14. 仕四进五　炮8退1
15. 车四进二　士4进5
16. 车四平三　车8退5
17. 车一平四　马2进1
18. 车四进五　马7进8
19. 车四平五　车2退3
20. 车三平四　马8进7
21. 炮六进一　马7退8
22. 马六进四　象5退3
23. 兵五进一　车2进2？

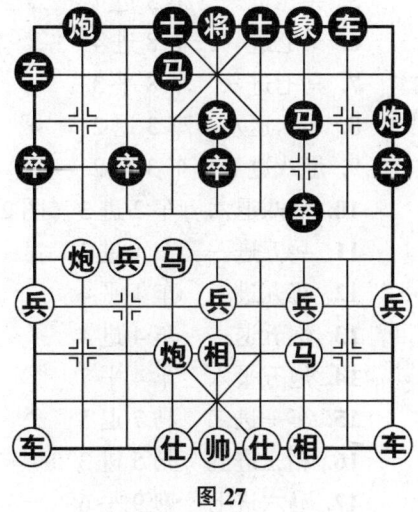

图27

· 13 ·

24. 炮六进二！ 车2平4　　25. 炮六平五　将5平4
26. 车五平三　马1退3　　27. 炮五平三　炮8退1
28. 炮三进四　将4进1　　29. 车三平七（图28）

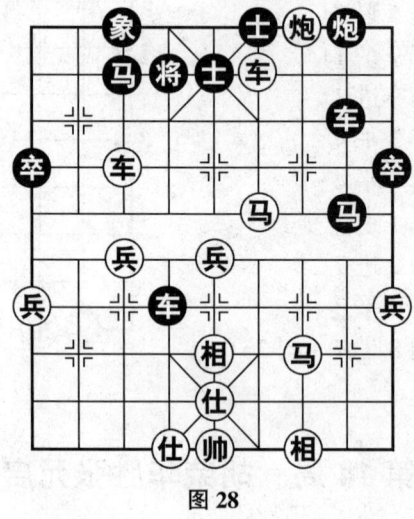

图28

第15局　汪洋负郑一泓

1. 炮二平五　马8进7　　2. 马二进三　车9平8
3. 兵七进一　炮8平9　　4. 马八进七　象3进5
5. 兵三进一　卒3进1
6. 兵七进一　车8进4
7. 马七进六　车8平3
8. 马六退八　车3退2
9. 炮八进五　车3平2
10. 马八退六　车2进3（图29）
11. 兵五进一　车1进2
12. 车九进二　车1平4
13. 炮五退一　车4进4
14. 炮五平六　车4平7
15. 车一进二　马7退5
16. 相三进五　马5进3
17. 马六进七　炮9平6

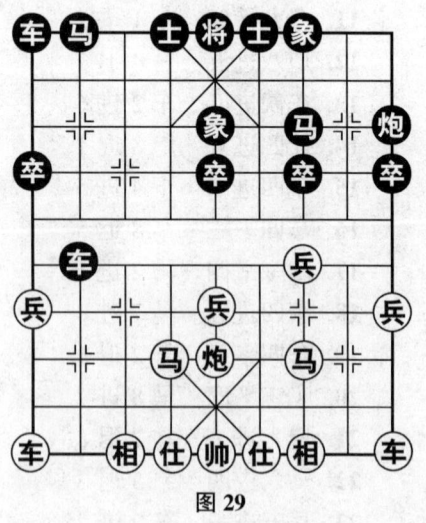

图29

18. 马三进五？ 马3进4
19. 炮六进二 炮6进4！
20. 炮六进一 车2进1
21. 车九平八 马2进3
22. 车八进一 炮6平2
23. 兵五进一 车7平5
24. 炮六退二 车5平3
25. 兵五平六 马3进4
26. 兵一进一 炮2进1
27. 车一退一 炮2平3
28. 车一平七 炮3退2
29. 车七进二 炮3平5（图30）

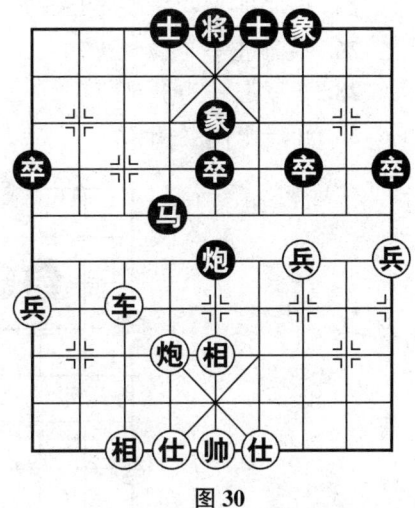

图30

第16局 伍霞胜文静

1. 炮二平五 马8进7
2. 马二进三 车9平8
3. 兵七进一 炮8平9
4. 兵三进一 象3进5
5. 马八进七 卒3进1
6. 兵七进一 马2进4
7. 马七进六 车8进4
8. 炮八平六 车8平3
9. 车九平八 炮2平3
10. 炮六进六 车3平4（图31）
11. 马六进八 炮3进5？
12. 马三退五 炮3退6
13. 炮六平三 车4平3
14. 车一平二 车1平2
15. 车二进七 炮3进1
16. 马八进七！车2进9
17. 车二平三 车3退2
18. 炮三退二 士6进5
19. 炮三进三！炮9进4
20. 炮五平二 炮9平8
21. 炮三平一 炮8退2
22. 兵三进一 炮8平9
23. 炮一平三 将5平6

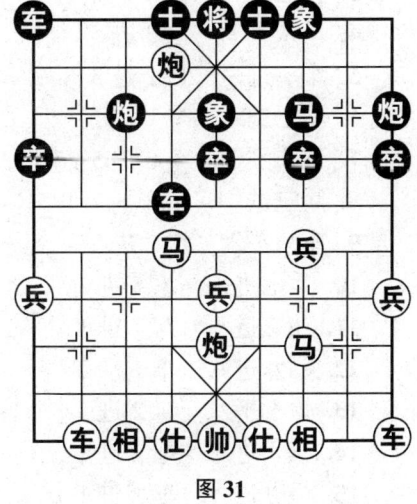

图31

24. 炮二进七	将6进1	25. 车三进一	将6进1
26. 兵三进一	象5退7	27. 兵三平四	将6平5
28. 车三退一	士5进6	29. 兵四平五	将5平4
30. 车三平四 (图32)			

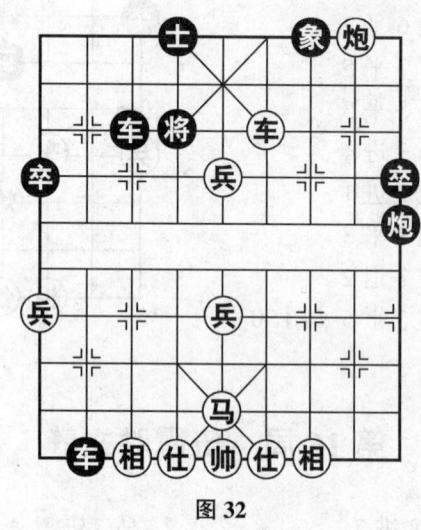

图32

第17局　王贵福负孙恒新

1. 炮二平五　马8进7
2. 马二进三　车9平8
3. 兵七进一　炮8平9
4. 马八进七　象3进5
5. 车一进一　马2进3
6. 马七进六　卒7进1
7. 炮八平七　车8进5 (图33)
8. 兵三进一　车8平7
9. 车一平六　炮2进3
10. 兵七进一　象5进3
11. 相三进一　车7进1
12. 马六进八　车1平2
13. 炮七平八　车2进3
14. 车六进三　炮2进1
15. 兵九进一　车2进1

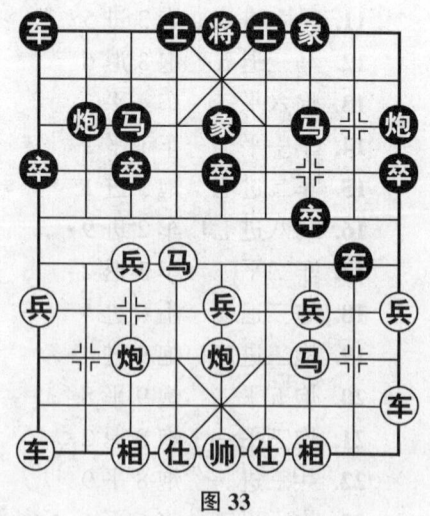

图33

16. 炮八进三　车7进1
17. 车六退一？炮9平8！
18. 车六平八　炮8进7
19. 仕四进五　车7进2
20. 仕五退四　车7退2
21. 仕四进五　车7进2
22. 仕五退四　车7退3
23. 仕四进五　马7进8
24. 车九进二　车7进3
25. 仕五退四　车7退2
26. 仕四进五　马8进7
27. 炮八进四　马3退2
28. 车八进六　车7进2
29. 仕五退四　马7进9
31. 仕四进五　炮8平9（图34）

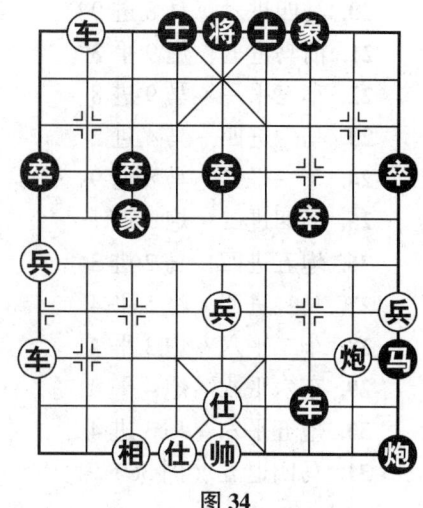

图34

30. 炮五平二　车7退1

第18局　吕钦胜李锦欢

1. 炮二平五　马8进7
2. 马二进三　车9平8
3. 兵七进一　炮8平9
4. 马八进七　象3进5
5. 兵三进一　卒3进1
6. 兵七进一　车8进4
7. 马七进六　马2进4
8. 炮八平六　车8平3
9. 车九平八　车1进1
10. 车一平二　卒7进1（图35）
11. 车二进四　炮2平3
12. 相七进九　炮3退2
13. 车八进五　车3平2
14. 马六进八　卒7进1
15. 车二平三　马7进6
16. 车三平四　马6退7
17. 马八退六　士4进5
18. 车四平三　炮3进2
19. 马三进四　马7进8

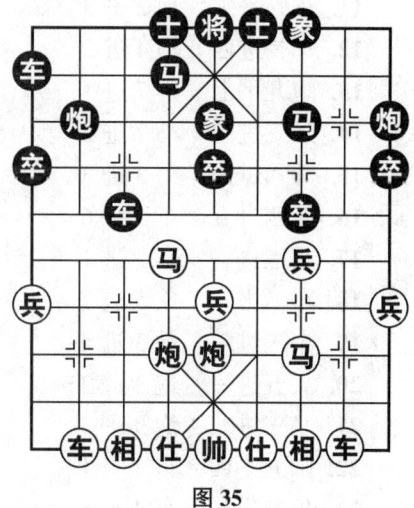

图35

20. 马四进六　马8进9？
21. 前马进七！炮9平3
22. 车三平一　马9进8
23. 马六进四　马4进2
24. 车一平二　马8退9
25. 马四进二　炮3退1
26. 炮五进四！马2进3
27. 马二进四　将5平4
28. 车二平六　炮3平4
29. 车六平八　炮4平3
30. 炮五平六　马3进4
31. 马四退五（图36）

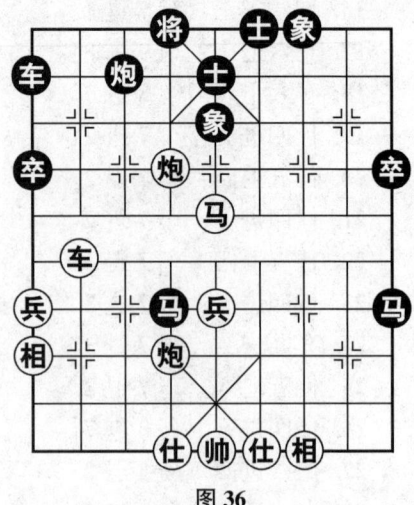

图36

第19局　林野负黄玉莹

1. 炮二平五　马8进7
2. 马二进三　车9平8
3. 兵七进一　象3进5
4. 马八进七　炮8平9
5. 炮八平九　马2进4
6. 车九平八　卒3进1
7. 兵七进一　车8进4
8. 马七进六　车8平3
9. 炮五平六　车1进1
10. 相三进五　卒7进1（图37）
11. 车一平二　炮2平3
12. 车二进四　马4进3
13. 炮九平七　卒7进1
14. 兵三进一　马7进6
15. 马六进四　车3进3
16. 仕四进五　车1平6
17. 兵三进一？卒5进1
18. 车二平三　象5进7
19. 车三进一　马3进4
20. 兵五进一？炮3进2！
21. 马三进二　炮9平3
22. 帅五平四　车3退1
23. 兵五进一　车3平8

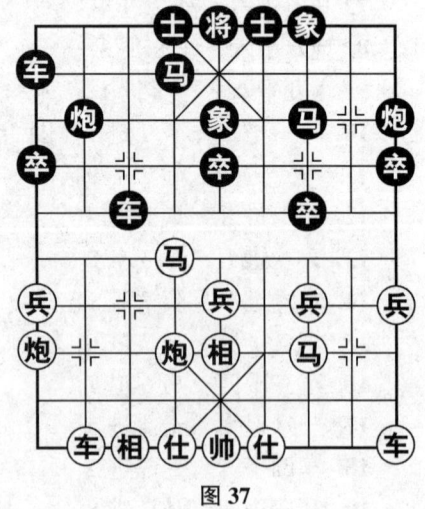

图37

24. 马二进三　车6进2
25. 相五退三　马4进3!
26. 炮六平五　士6进5
27. 兵五进一　车8平6
28. 仕五进四　前车进1
29. 帅四平五　后车进1
30. 车三平四　车6退3
31. 车八进三　车6平7（图38）

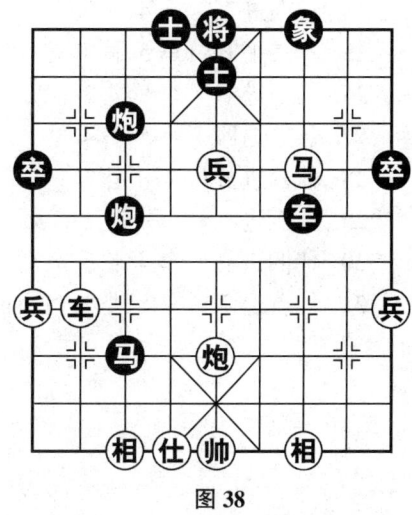

图38

第20局　徐穗琪负杨剑

1. 炮二平五　马8进7
2. 马二进三　车9平8
3. 兵七进一　炮8平9
4. 马八进七　象3进5
5. 兵三进一　卒3进1
6. 兵七进一　车8进4
7. 马七进六　马2进4
8. 炮八平六　车8平3
9. 炮六进六　车3平4
10. 车九平八　炮2平1（图39）
11. 车八进四　车4退3
12. 车一平二　车1平3
13. 炮五平六　炮1平4
14. 炮六进五　车4进1
15. 车二进七　马7退5
16. 相三进五　马5进3
17. 马六进五　车4进6
18. 马五退四　马3退4
19. 马四进六　车4退4
20. 车八平四　车4进4
21. 仕四进五　车3进7
22. 车四进四　车3平5
23. 马三进四　车5退1

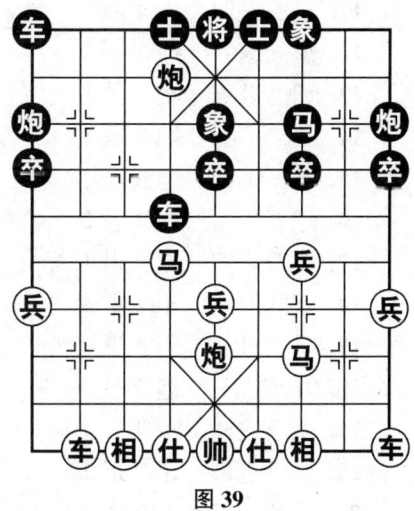

图39

24. 马四进三　士4进5
25. 车二平五　车5平8
26. 马三进一　车8进3
27. 仕五退四　将5平4
28. 仕六进五　车8退2
29. 仕五进六？车4退1！
30. 仕四进五　车4平3
31. 仕五退六　车8进2（图40）

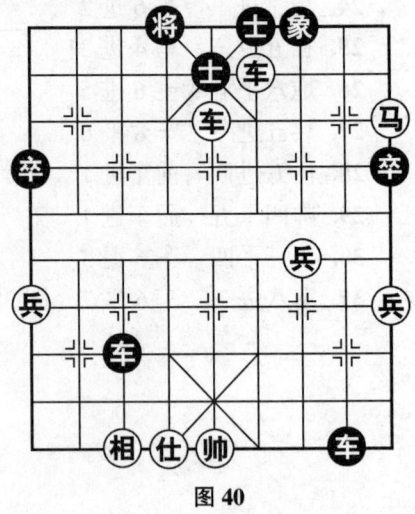

图 40

第 21 局　潘振波胜余四海

1. 炮二平五　马8进7　　2. 马二进三　车9平8
3. 兵七进一　炮8平9　　4. 马八进七　象3进5
5. 兵三进一　卒3进1　　6. 兵七进一　车8进4
7. 马七进六　马2进4　　8. 炮八平六　车8平3
9. 车九平八　车1进1　　10. 车一平二　卒7进1
11. 车二进四　士4进5（图41）
12. 炮五退一　炮2平3
13. 相七进五　卒7进1
14. 车二平三　炮9退1
15. 车三平四　炮3退2？
16. 炮五平三！炮3进2
17. 车四进四　炮9退1
18. 炮六进六！车1平4
19. 马六进五　车4进2
20. 马五进三　炮3平7
21. 炮三进六　车4平7
22. 马三进四　车7退1
23. 马四进五　车7进4

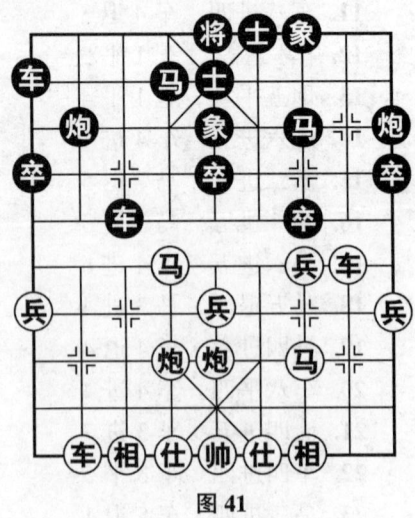

图 41

24. 马五退七	象5进3		
25. 车四平一	炮9平8		
26. 兵五进一	炮8进4		
27. 兵九进一	炮8退1		
28. 车一退二	车7平5		
29. 车一平九	车5退1		
30. 车九平六	士5退4		
31. 兵九进一	炮8进4		
32. 仕六进五（图42）			

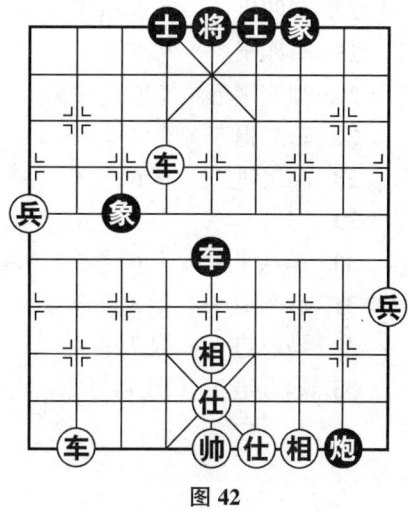

图 42

第22局　高华胜陈淑兰

1. 炮二平五	马8进7	2. 马二进三	车9平8
3. 兵七进一	炮8平9	4. 马八进七	象3进5
5. 车一进一	车8进4	6. 兵五进一	马2进4
7. 车一平六	马4进6	8. 马七进五	士4进5（图43）
9. 车九进一	炮2进4	10. 兵五进一	马6进5

11. 炮五进三	卒5进1
12. 车六进四	炮2平7
13. 相三进一	卒7进1
14. 车六平五	车1平4
15. 炮八平五	车8退1
16. 兵九进一	车8平4
17. 仕四进五	炮9平8
18. 车九平八	前车进2
19. 马五进四	马7进6
20. 车五平四	炮8进4?
21. 帅五平四!	前车平5
22. 兵七进一	卒3进1
23. 车八进三	车4进4

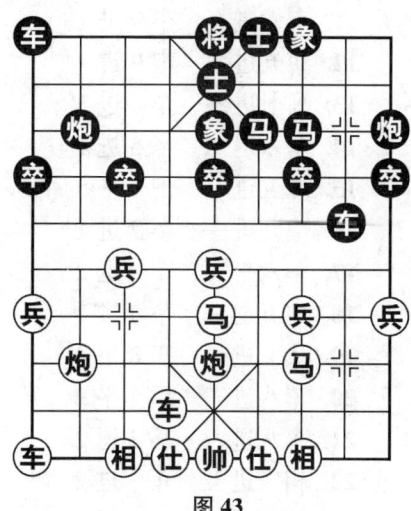

图 43

24. 车四进一　车5退1
25. 车四平二　车5平6
26. 帅四平五　车6进2
27. 车二退三　车4平5
28. 车二进三　车6平3
29. 车二平六　士5退4
30. 车八平六　士6进5
31. 后车退一　车3进3
32. 马三进五　炮7平4
33. 炮五进三（图44）

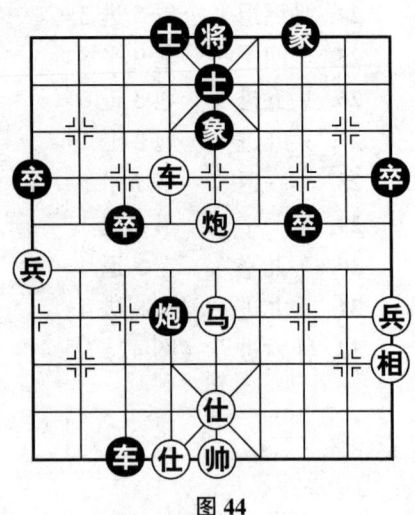

图 44

第 23 局　侯昭忠负丁如意

1. 炮二平五　马8进7
2. 马二进三　车9平8
3. 兵七进一　炮8平9
4. 马八进七　象3进5
5. 炮八平九　卒7进1
6. 车九平八　炮2平4
7. 兵五进一　马2进3
8. 兵九进一　车1平3（图45）
9. 车一进一　士4进5
10. 车一平六　车8进3
11. 车六进五　卒9进1
12. 兵五进一　炮9进1!
13. 马七进五　车8进3
14. 车六退二　卒5进1
15. 炮五进三　炮9平5
16. 炮九进一?　卒7进1!
17. 车六平三　车8退2
18. 炮五退一　卒3进1
19. 兵七进一　车8平3
20. 车八进三　后车平2
21. 车八进六　马3退2
22. 相三进五　车3进2
23. 仕四进五　车3平1

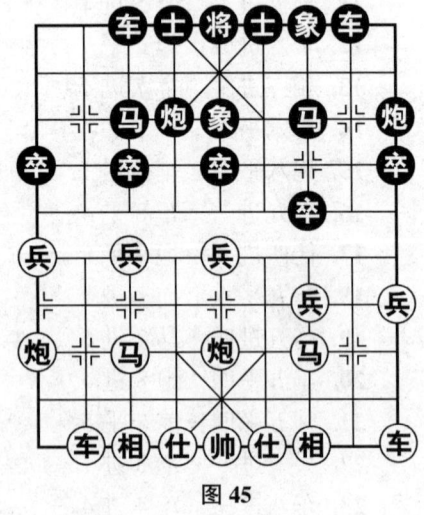

图 45

24. 马五进七　车1平4
25. 车三进二　炮4平3
26. 马七进八　车4退3
27. 马八进七　车4退2
28. 炮五平三　车4平3
29. 炮三进三　炮3平7
30. 马三进五　炮5进2
31. 车三退二　炮5进2
32. 相七进五　炮7平9
33. 车三进二　车3进3
34. 马五进三　马2进3（图46）

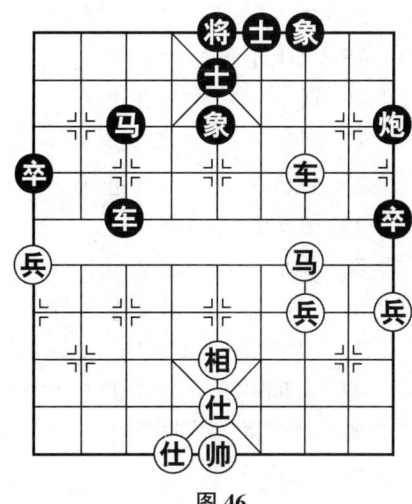

图46

第24局　胡荣华胜丁如意

1. 炮二平五　马8进7
2. 马二进三　车9平8
3. 兵七进一　炮8平9
4. 马八进七　象3进5
5. 兵三进一　马2进3
6. 炮八平九　车1平2
7. 车九平八　车8进4
8. 车一平二　车8进5
9. 马三退二　炮2进4
10. 马七进六　炮2退1（图47）
11. 马六进七　炮2平7
12. 车八进九　马3退2
13. 炮九进四　马2进3
14. 炮九进三　将5进1？
15. 相三进一　炮7进1
16. 马二进三　卒7进1
17. 兵五进一　炮9平8
18. 兵五进一　炮8进1
19. 兵七进一　象5进3
20. 兵五进一　将5平6
21. 兵五平四！　马7进6？
22. 炮五平四　炮7平5
23. 兵四平三　马6进4

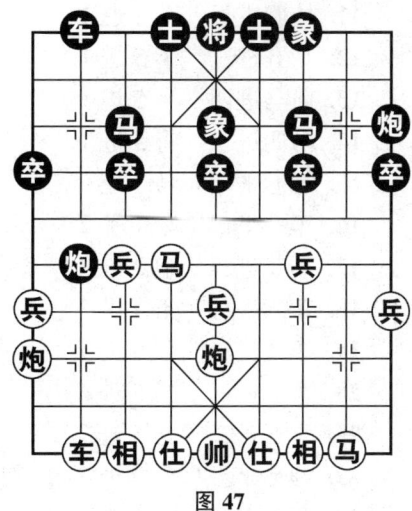

图47

24. 兵三平二	将6平5
25. 马七退五	炮5退1
26. 帅五进一	马3进4
27. 帅五平四	前马进3
28. 炮四平五	马3进4
29. 炮五退二	前马退
30. 马五进六	象3退5
31. 马六进八	马4退2
32. 马三进四	马2进4
33. 马四进五	马4进5
34. 相七进五	(图48)

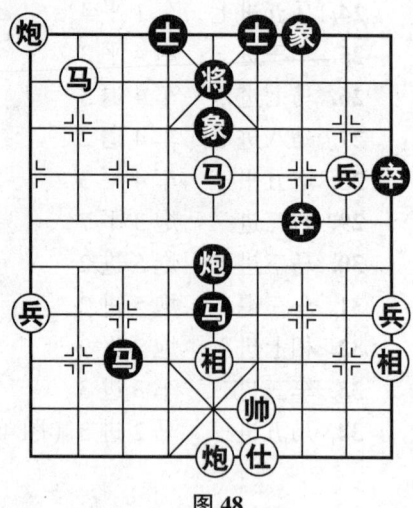

图 48

第25局 郑荣生胜刘星

1. 炮二平五	马8进7	2. 马二进三	车9平8
3. 兵七进一	炮8平9	4. 马八进七	象3进5
5. 车一进一	车8进4	6. 兵五进一	马2进3
7. 马七进五	炮2进4	8. 相三进一	车8平4 (图49)
9. 兵五进一	车4进3	10. 炮八平七	卒5进1
11. 仕四进五	车4退1		
12. 马五进三	卒5进1		
13. 前马进四	卒5进1?		
14. 马四进三	将5进1		
15. 炮五平四	马3进5		
16. 车一平二	车1平2		
17. 车二进三	炮2进3		
18. 车二平五	车4平3		
19. 车九进二	卒5进1		
20. 车五退二	马5进6		
21. 车五进三	马6进7		
22. 炮七平五!	车3平3		
23. 车九退二	车2进8		

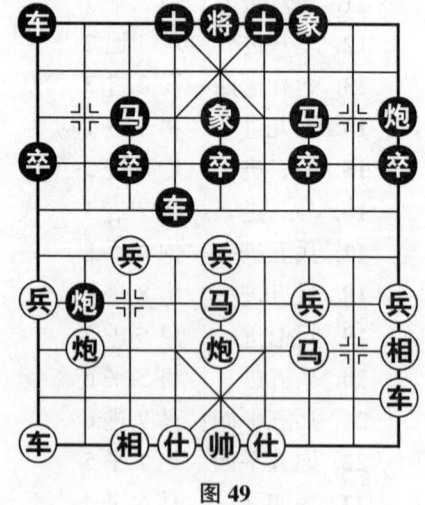

图 49

24. 车九平八　车２进１
25. 炮五平三　车３退３
26. 炮三平二！炮９平８
27. 炮四平五　炮８进４
28. 车五平二　车３平５
29. 相一退三　车２退３
30. 车二退一　将５平４
31. 车二进二　卒７进１
32. 车二退一　卒７进１
33. 车二平三　车２平４
34. 炮二进六　士４进５
35. 炮二退五　（图50）

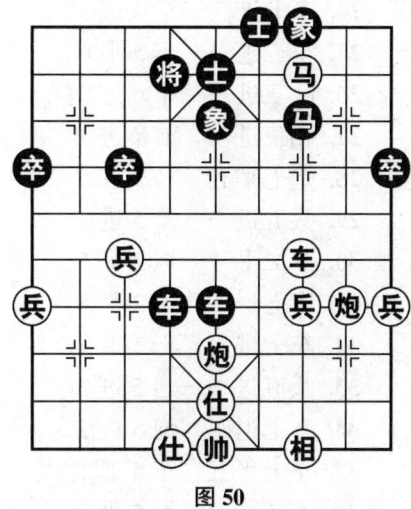

图50

第26局　薛大负孟立国

1. 炮二平五	马８进７	2. 马二进三	车９平８
3. 兵七进一	炮８平９	4. 马八进七	象３进５
5. 车一进一	卒３进１	6. 兵七进一	车８进４
7. 马七进六	车８平３	8. 马六退八	车３退２
9. 炮八进五	车３平２	10. 马八进六	卒７进１（图51）

11. 马六进五　马７进５
12. 炮五进四　士４进５
13. 炮五退二　马２进３
14. 车一平四　马３进５
15. 相七进五　马５进３
16. 炮五平七　炮９平７
17. 仕四进五　车１平２
18. 车九平七　前车进１
19. 车四进二？卒７进１！
20. 马三退四　卒７平８
21. 车四进一　卒８进１
22. 车四平二　卒８平９
23. 兵三进一　前车平５

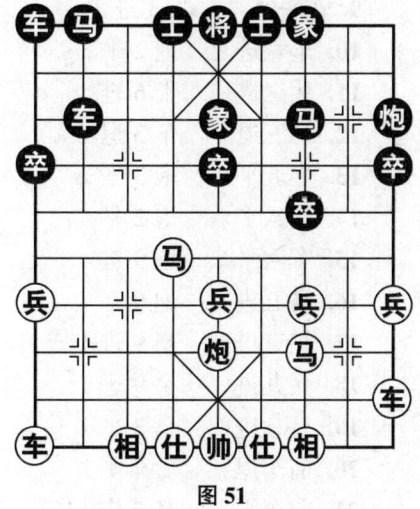

图51

24. 车七进三　车2进3
25. 车二进一　车5平6
26. 兵三进一　车6进5!
27. 相三进一　前卒进1
28. 炮七平五　马3进5
29. 兵五进一　象5进7
30. 车二平三　炮7平5
31. 车七退一　车2平5
32. 车七进七　士5退4
33. 兵五进一　炮5进2
34. 车七退四　炮5进2
35. 车七平五　车5退1
36. 车三平四　炮5平7
37. 车四平三?　炮7进3（图52）

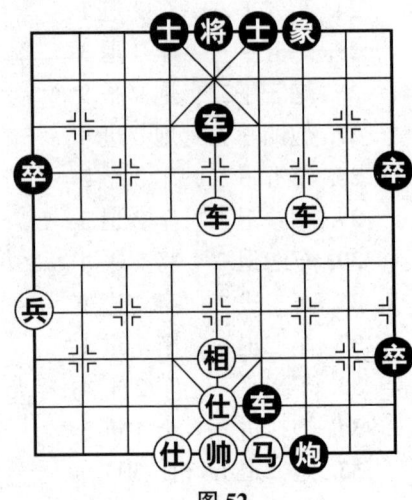

图 52

第27局　张元启负朱永康

1. 炮二平五　马8进7
2. 马二进三　车9平8
3. 兵七进一　炮8平9
4. 马八进七　象3进5
5. 炮八平九　卒3进1
6. 兵七进一　车8进4
7. 车九平八　马2进4
8. 车一进一　车8平3（图53）
9. 车一平六　车3进3
10. 车六进七　炮2平3
11. 兵三进一　士6进5
12. 马三退五　车3退1
13. 炮五平八?　炮3平2
14. 炮八平六　炮2平4
15. 车六平八　炮9平4
16. 马五进三　炮9平7
17. 相三进五　卒9进1
18. 兵九进一　卒9进1
19. 后车进四　车3平1
20. 前车退三　后车平3
21. 前车平二?　卒7进1!

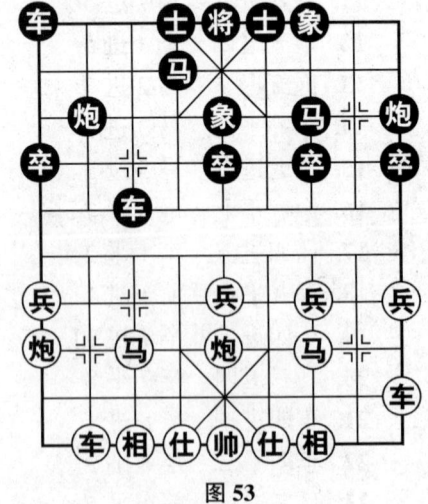

图 53

22. 车二退二　炮4进4
24. 车八平一　马9进7
26. 车二进一　炮6退4
27. 车三平六　卒5进1！
28. 车六进一　卒5进1
29. 车六平四　卒5进1
30. 马三进五　炮4退3
31. 马五进七　炮4平5
32. 仕六进五　车1平3
33. 车二平五　炮5平9
34. 马七进六　炮6平7
35. 车五平二　马7进6
36. 车二退四　炮9平5！
37. 帅五平六　炮7进6
38. 车二平三　前车进3（图54）

23. 兵三进一　马7进9
25. 车一平三　炮7平6

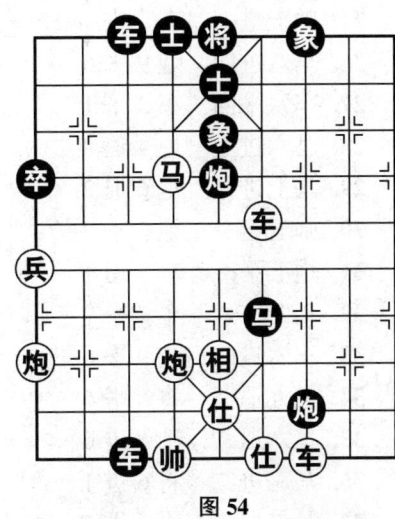

图54

第28局　张影富胜赵新笑

1. 炮二平五　马8进7
3. 兵七进一　炮8平9
5. 炮八平九　卒3进1
7. 车一进一　卒3进1
8. 车一平六　车8进1？（图55）
9. 兵五进一　卒3进1
10. 马七进五　炮2进4
11. 兵五进一　车1平2
12. 马五进四　卒5进1
13. 马四进三　马4进6
14. 后马进五！炮9进4
15. 马五进七　士6进5
16. 马七进六　车2平3
17. 炮九进四　炮2平7
18. 马三退一　车8进4
19. 车六平四　车8平7

2. 马二进三　车9平8
4. 马八进七　象3进5
6. 车九平八　马2进4

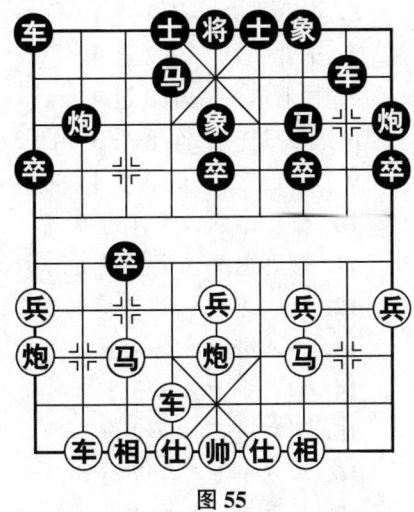

图55

20. 炮九进三！ 炮7进3
22. 车四进六　 炮9进2
24. 帅五进一　 车7进1
26. 车八进四　 炮9平6
27. 车八平四　 车3平1
28. 马六进七　 炮4退8
29. 马七进九　 炮6退2
30. 帅五退一　 炮6平9
31. 炮五平一　 车7退1
32. 车四平六　 车7平9
33. 车六进四　 炮9平6
34. 马九退七　 将5平6
35. 车六退二　 士5进6
36. 马一进二　 将6进1
37. 马二退三　 将6平5
38. 车六进三　 (图56)

21. 帅五进一　 炮7退1
23. 帅五退一　 炮7进1
25. 车四退六　 炮7平4

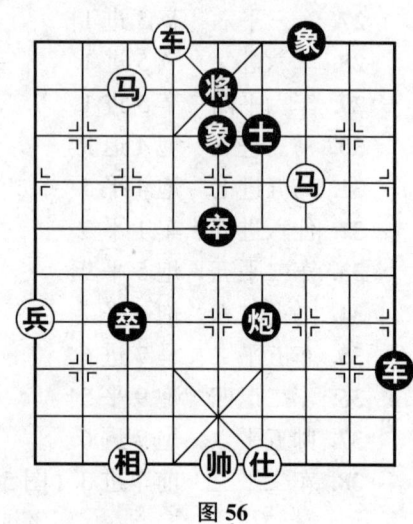

图56

第29局　才溢负陈富杰

1. 炮二平五　 马8进7
3. 兵七进一　 炮8平9
5. 炮八平九　 卒3进1
6. 车九平八　 马2进4
7. 兵七进一　 车8进4
8. 车一进一　 车8平3 (图57)
9. 车八进二　 炮2平4
10. 车一平六　 士4进5
11. 炮五退一　 卒7进1
12. 车六进一　 车1平2
13. 车八进七　 马4退2
14. 炮五平七　 车3平2
15. 车六进二　 马2进1
16. 车六平七　 马7进6
17. 兵九进一？ 炮4平3

2. 马二进三　 车9平8
4. 马八进七　 象3进5

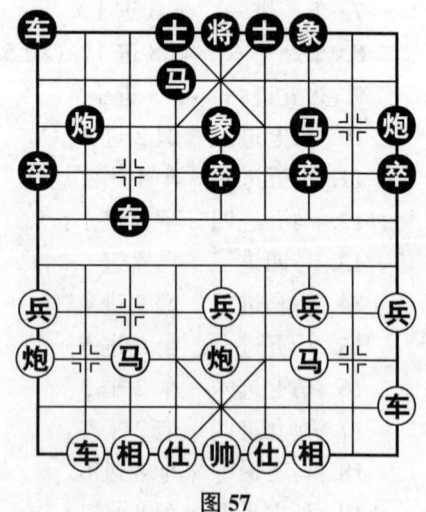

图57

18. 相三进五　车2进4
20. 炮一进五　炮3退2
22. 马三退五　车2进1
24. 车七平八　车2平4
26. 车八进一　士5进6
27. 马七进八　车4平2
28. 车八进四　马6进4
29. 炮九进四　马4进2
30. 帅五平六　马3进1
31. 车八退一　炮3平4!
32. 车八平四　士6进5
33. 车四平二　马2进3
34. 车二退四　车2退1
35. 帅六进一　马3退4
36. 马八进六　车2进1
37. 帅六退一　车2平4!
38. 帅六平五　马4进3（图58）

19. 炮七平一　车2退1
21. 炮一平三　炮9退1
23. 马五进三　炮9平6
25. 仕六进五　马1退3

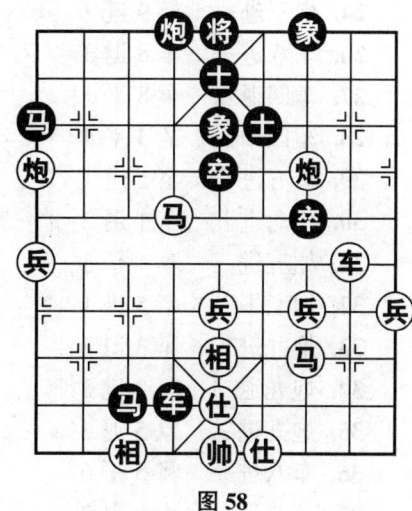

图58

第30局　黎金福负李锦欢

1. 炮二平五　马8进7
3. 兵七进一　炮8平9
4. 马八进七　象3进5
5. 炮八平九　卒3进1
6. 车九平八　马2进4
7. 车一进一　卒3进1
8. 车一平六　炮2平3（图59）
9. 车六进七　炮3进5
10. 车六平三　车8进2
11. 兵三进一　炮3平7
12. 炮九平三　炮9进4
13. 炮三进四　车1平3
14. 车三平四　士6进5
15. 车八进七　车8进4

2. 马二进三　车9平8

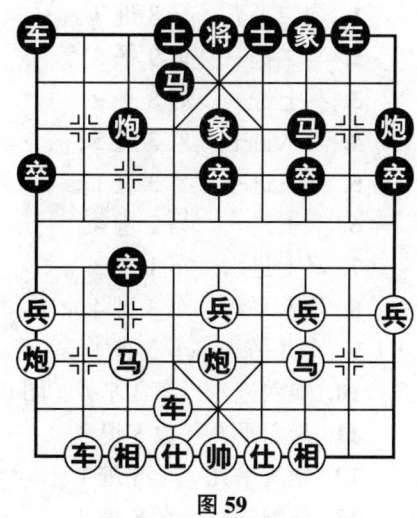

图59

16. 兵五进一	车3进4	17. 兵五进一？	车3平5
18. 兵三进一	车8平1	19. 车八平五	车5进3！
20. 仕四进五	车5平8	21. 车五平三	炮9进3
22. 仕五退四	象7进9	23. 车三平八	车1进3
24. 炮三进一	象9进7	25. 炮三平七	象7退5
26. 车八进一	车8退3		
27. 车四退六	车8平5！		
28. 车四平五	卒3平4		
29. 车五进三	卒5进1		
30. 相七进五	车1退2		
31. 相五进三	车1平3		
32. 炮七平九	卒5进1		
33. 炮九进二	车3退7		
34. 炮九退二	车3进3		
35. 炮九进二	象5退3		
36. 车八进一	将5平6		
37. 车八退一	炮9退3		
38. 车八平五	炮9平1（图60）		

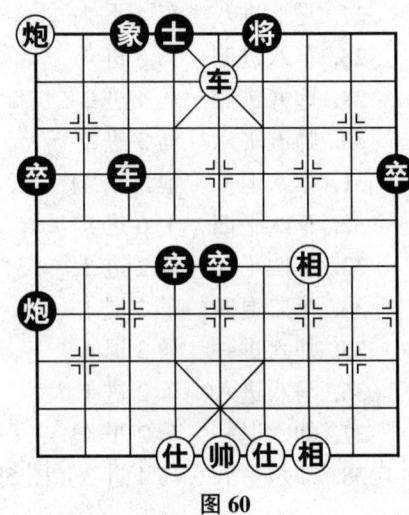

图60

第31局　谢峁负刘成杰

1. 炮二平五　马8进7
2. 马二进三　车9平8
3. 兵七进一　炮8平9
4. 马八进七　象3进5
5. 兵三进一　卒3进1
6. 兵七进一　马2进4
7. 马七进六　车1平3
8. 炮八平六　车3进4
9. 车九平八　车3进1
10. 炮六进六　车3平4（图61）
11. 炮六平九　象5退3
12. 炮五平九　车8进1
13. 前炮进一　车8平2

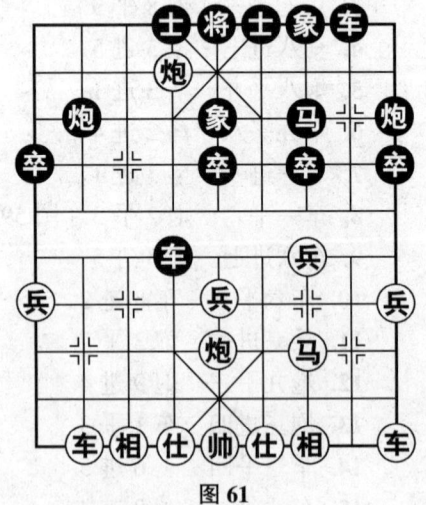

图61

· 30 ·

14. 车一平二　车2退1
16. 前炮退一　车2进1
18. 后炮平五　车4平1
20. 兵五进一　炮2进2
22. 马四进三　炮9进4
24. 兵五平四　前车平6
26. 车二平三　象3进5
27. 马三退二　将5平6
28. 马二退三　车6进4
29. 车三退一　车6平7
30. 车三平四　将6平5
31. 帅五平四　车7进2
32. 帅四进一　炮5平1
33. 车八进一　车2进3
34. 车四进二　车7退1
35. 帅四退一　车2平8
36. 帅四平五　车8进5
37. 车四退八　车8平6
38. 帅五平四　车7退2（图62）

15. 车二进七？车4退3！
17. 前炮退一　炮2进2！
19. 马三进四　车1平2
21. 仕四进五　士6进5
23. 兵五进一　炮9平5
25. 兵四进一　车6进1

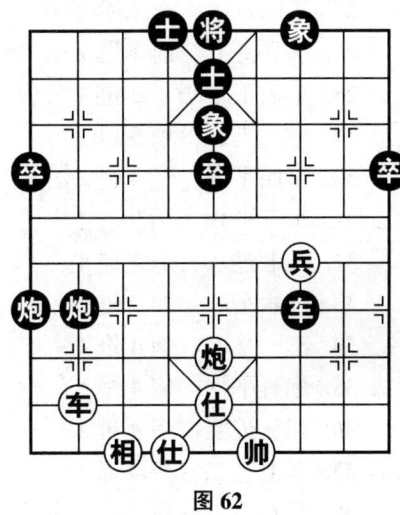

图62

第32局　高华胜黄子君

1. 炮二平五　马8进7
2. 马二进三　车9平8
3. 兵七进一　炮8平9
4. 马八进七　象3进5
5. 车一进一　车8进4
6. 兵五进一　马2进3
7. 车一平六　士4进5
8. 车九进一　卒3进1（图63）
9. 马七进五　炮2退2
10. 兵五进一　卒5进1
11. 兵七进一　卒5进1
12. 炮五进二　炮2平3

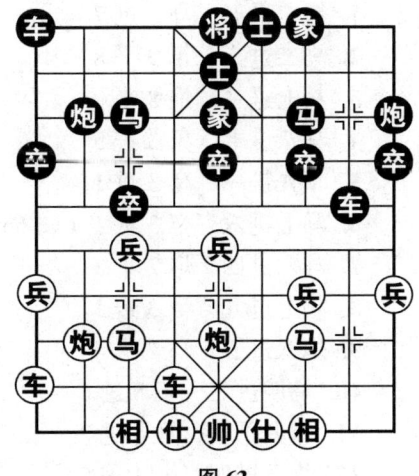

图63

31

13. 兵七进一	马3进5	14. 兵七平六	马5进6
15. 车九平七	炮3平4	16. 车六平四	马6进7
17. 马五退三	车1平2	18. 炮八平五	车8平4
19. 仕四进五	车4退1	20. 前炮平三	炮4进2
21. 车四进四	将5平4	22. 车七进七	炮9退1
23. 车四进三	炮4退1	24. 车四退三	马7进5？
25. 车四进一	车4平2	26. 马三进五！	卒7进1
27. 马五进七	前车退2		
28. 车七平八	车2进1		
29. 炮三进五	象5退7		
30. 车四平五	炮4进1		
31. 车五平六	车2进3		
32. 马七进八	炮4退1		
33. 车六平一	炮9进5		
34. 车一平七	炮4进1		
35. 炮五平六	炮4平5		
36. 相三进五	将4进1		
37. 车七进二	将4退1		
38. 马八退六	(图64)		

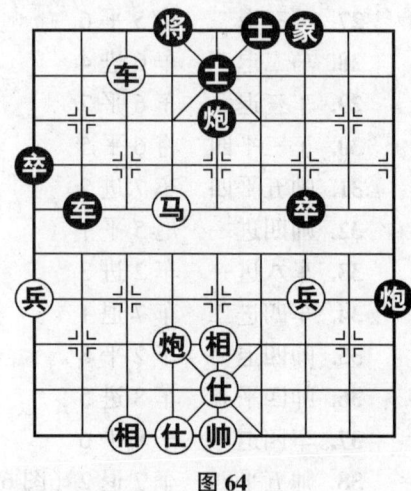

图64

第33局 杨建民负郑荣生

1. 炮二平五　马8进7
2. 马二进三　车9平8
3. 兵七进一　炮8平9
4. 马八进七　象3进5
5. 车九进一　卒3进1
6. 马七进六　卒3进1 (图65)
7. 马六进四　炮2平3
8. 相七进九　卒3进1
9. 炮八进五？马2进4
10. 马四进三　车8进6
11. 车九平六　马4进2
12. 炮五进四？士4进5

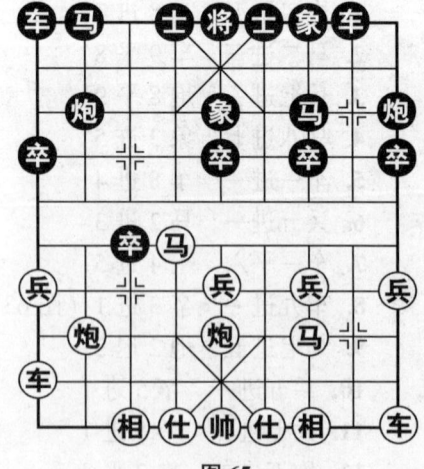

图65

13. 前马进五　士6进5
15. 车一平二　车8进3
17. 车六退二　卒1进1
19. 兵五进一　车2平6
21. 车六平八　炮3退2
23. 车八平五　马2退4
25. 炮五平四　车5进2
27. 相九进七　车5退2
28. 炮四平一　炮9平6
29. 马二进四　卒3平4
30. 马四进二　马5进6
31. 车三平六　车5平3
32. 马二进三　马6进5
33. 仕五进四　马5进3
34. 帅五平六　炮6进3
35. 帅六进一　炮3平2
36. 炮一进三　士5退4
37. 车六平八　炮2平4
38. 车八平六　卒4进1（图66）

14. 车六进七　马2退3！
16. 马三退二　车1平2
18. 相三进五　车2进4
20. 仕六进五　马3进2
22. 炮五退一　车6进1
24. 车五平三　车6平5
26. 炮四进三　马4进5

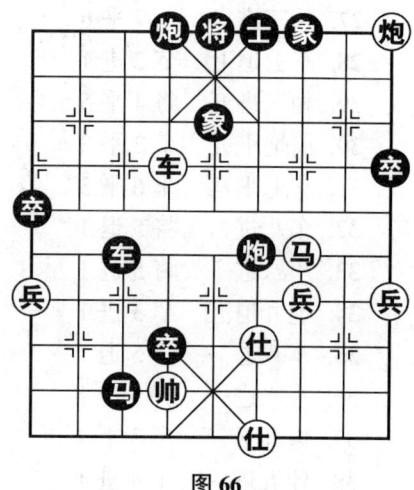

图66

第34局　邵福荣负孟立国

1. 炮二平五　马8进7
2. 马二进三　车9平8
3. 兵七进一　炮8平9
4. 马八进七　象3进5
5. 炮八平九　卒3进1
6. 车九平八　炮2平3
7. 马七进八　马2进4
8. 马八进九　炮3退1（图67）
9. 车一进一　卒3进1
10. 马九进七　车1进6
11. 车一平六　马4进3
12. 车六进七　士6进5！

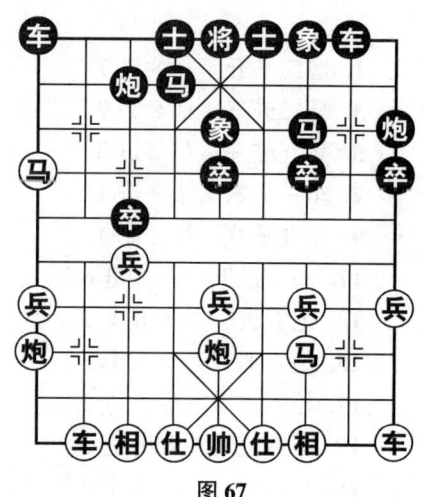

图67

13. 车六平七？	炮9退1	14. 马七进五	炮9平3
15. 马五退三	车8进2	16. 炮五进四	象5退3！
17. 车八进七	马3进4	18. 车八平五	士4进5
19. 车五进一	将5平4	20. 炮九平六	马4进6
21. 仕六进五	车8平7	22. 车五平七	马6进7
23. 帅五平六	车1平3	24. 车七进一	将4进1
25. 炮五平七	卒3平2	26. 炮七平六	车3平4
27. 兵三进一	车7平6		
28. 车七退七	卒2进1		
29. 相三进五	将4平5		
30. 前炮平九	卒2平3		
31. 车七平八	车6平3		
32. 车八进六	将5退1		
33. 车八进一	将5进1		
34. 炮九退五	卒3进1		
35. 车八退一	将5退1		
36. 车八进一	将5进1		
37. 炮九平三	卒3平4		
38. 仕五进六	车4进1		
39. 帅六平五	车4进1（图68）		

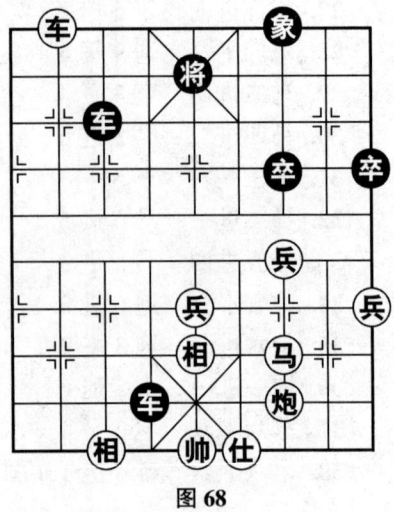

图 68

第35局　曹霖胜李西兴

1. 炮二平五	马8进7	2. 兵七进一	车9平8
3. 马二进三	炮8平9	4. 马八进七	象3进5
5. 兵五进一	马2进3	6. 车一进一	士4进5
7. 车一平六	卒7进1	8. 炮八平九	炮2进2（图69）
9. 车九平八	炮2平1	10. 炮九进三	卒1进1
11. 马七进五	车8进6	12. 兵五进一	卒5进1
13. 炮五进三	车8平7	14. 炮五平六	车7平8
15. 炮六退二	车8退3	16. 炮六平七	车8平5
17. 仕四进五	车5进2	18. 炮七退一	马7进6
19. 车八进三	马6进5	20. 车八平五	车5平3
21. 车六进一	车1平4	22. 车六平四	卒3进1

23. 炮七平五	马3进4	24. 车五进三	卒7进1
25. 炮五进三	车4进2	26. 帅五平四	将5平4
27. 车五平九	象5退3	28. 车九平七	象7进5
29. 相三进五	车3平5	30. 炮五平二	炮9平6
31. 帅四平五	象3进1？	32. 车四进三	马4进3
33. 炮二进四！	象5退7	34. 车七平八	将4平5
35. 车八平三	炮6平7	36. 相五进三	马3进4？
37. 炮二退五	车5退3	38. 炮二进三！	炮7进3
39. 炮二平六	炮7平5	40. 帅五平四（图70）	

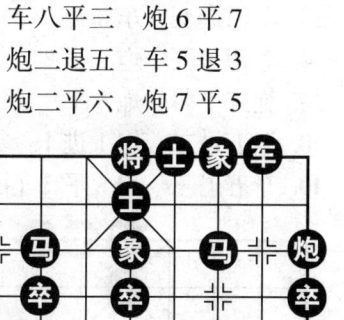

图69

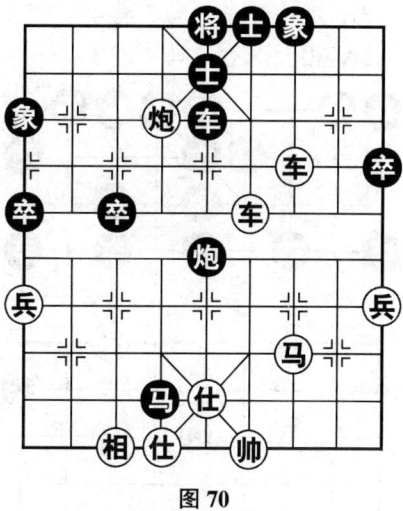

图70

第36局　邵渭清负梁文斌

1. 炮二平五	马8进7	2. 马二进三	车9平8
3. 兵七进一	炮8平9	4. 马八进七	象3进5
5. 兵三进一	马2进4	6. 车九进一	士4进5
7. 车九平六	炮9退1	8. 车六进四	炮2退2（图71）
9. 炮五平六	车1进1	10. 车六平八	炮2平3
11. 马七进八	卒7进1	12. 兵三进一	炮9平7
13. 相三进五	炮7进3	14. 车八进一	卒5进1
15. 仕四进五	车8进3	16. 车一平四	车8平5
17. 马三进四	炮7平6	18. 马四进二	车5平8

19. 马二退三	炮6退2	20. 炮八平九?	炮3平2!
21. 马八退七	马4进2	22. 车八平九	车1进2
23. 炮九进四	卒3进1	24. 炮九退二	炮2平3
25. 马七退九	卒3进1	26. 相五进七	车8平4
27. 炮六平三	马7退9	28. 相七进五	车4进3!
29. 炮九进四	炮3进1	30. 兵九进一	车4平5
31. 马三进二	车5平8	32. 车四进五	车8进3
33. 炮三退二	炮3进3	34. 车四平五	炮3平8
35. 炮九平一	炮6进6	36. 炮三平四	炮6平1
37. 炮一进一	马2进4	38. 车五进二	炮1进1
39. 相五退七	马4进3	40. 车五退三	炮8平5（图72）

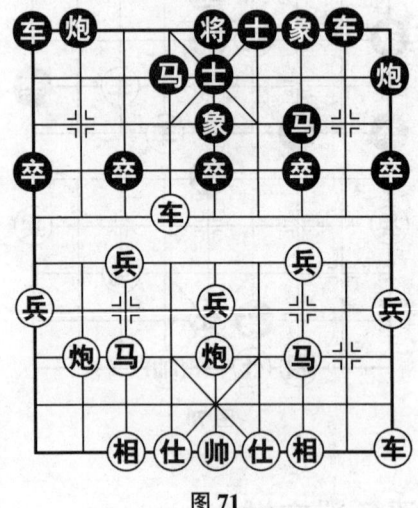

图71

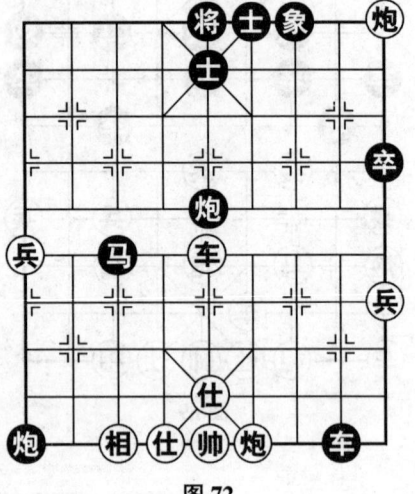

图72

第37局　胡荣华负柳大华

1. 炮二平五	马8进7	2. 马二进三	车9平8
3. 兵七进一	炮8平9	4. 马八进七	象3进5
5. 马七进六	马2进4	6. 炮五平六	车1进1
7. 相七进五	车8进4	8. 车一进一	炮2进3（图73）
9. 马六退七	炮2进1	10. 车一平四	卒3进1
11. 兵七进一	车8平3	12. 马七进六	卒7进1!
13. 仕四进五	炮2平7	14. 车四进二	马7进8

15. 车九平八	卒7进1
16. 车四进五	士4进5
17. 炮八进六	马4进2
18. 炮八进一	马8进6
19. 炮八平四	马6退7!
20. 车四平一	将5平6
21. 马六进五	车3退4
22. 马五进三	将6平5
23. 车八进七	马7进6
24. 车八退一	炮7退4
25. 马三进四	卒7平6
26. 炮六进三	炮9进4
27. 车一退二	炮9平1
28. 车一平三	炮7平6
29. 炮六平五	炮6退2
30. 车三进三	炮1进3
31. 车八退六	车3进4
32. 炮五进一	车3退1
33. 车八平九	车3平5
34. 车三退六	卒1进1
35. 车九平七	车1进2
36. 车七进四	车5平6
37. 车三进二	车1平5
38. 车三平九	车5平3
39. 车七平九	卒6进1
40. 后车退一	车5平1
41. 车九退二	炮6平8 (图74)

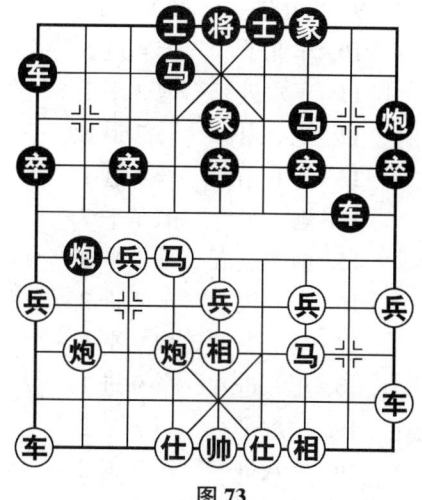

图73

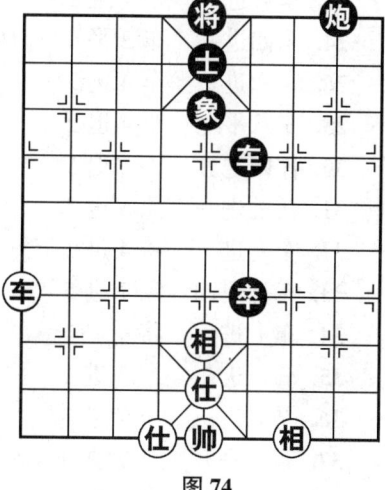

图74

第38局 杨官璘胜谢添顺

1. 炮二平五	马8进7	2. 马二进三	车9平8
3. 兵七进一	炮8平9	4. 马八进七	象3进5
5. 车一进一	车8进4	6. 炮八平九	车8平2
7. 兵九进一	马2进4	8. 车一平六	车1进1 (图75)

9. 兵九进一！ 车2平1
10. 车九平八 士4进5
11. 车六进二 炮2平1
12. 炮五退一 马7退8？
13. 炮五平六 马4进2
14. 炮六平九 前车平7
15. 前炮进五 车1平3
16. 车六进一 车7进2
17. 马七退五 炮9平6
18. 车八进六 卒9进1
19. 后炮平八 车3平2
20. 炮八进二 车7退2
21. 马三进四 车7平6
22. 马五进三 卒7进1
23. 马四进六 车2平4
24. 车六进一 车4进3
25. 车八平七 车4退2
26. 仕四进五 士6退5
27. 兵七进一 象5进3
28. 车七进三 将4进1
29. 车七退四 象7进5
30. 车七进三 将4退1
31. 马三进二 卒7进1
32. 马二进三 卒7进1
33. 车七平九 马7进9
34. 炮九退三 马9进7
35. 车九进一 将4进1
36. 炮九退四 象5进3
37. 炮九平六 车4平8
38. 炮六退一 （图76）

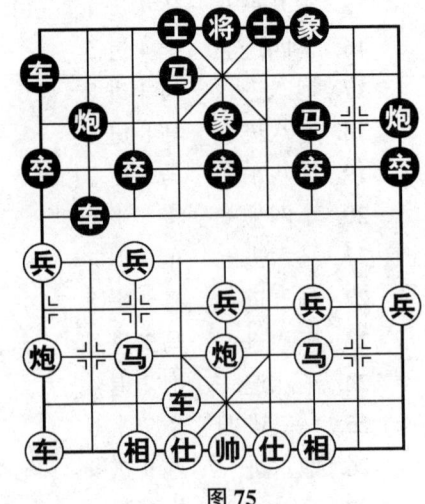

图75

23. 相三进五 马8进7
25. 炮八进四 车6平4
27. 炮八平四 士5进6
29. 炮九进二 将5平4

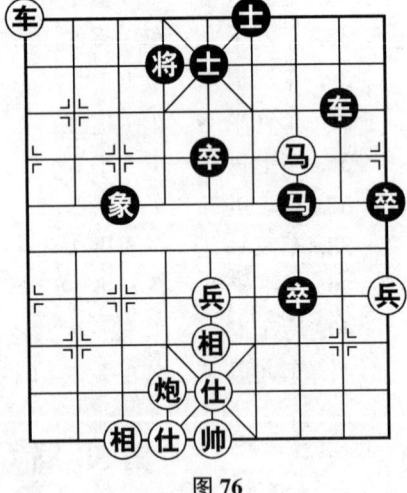

图76

第39局 刘剑青负朱永康

1. 炮二平五 马8进7
2. 马二进三 车9平8

3. 兵七进一	炮8平9	
5. 炮八平九	卒3进1	
7. 车九平八	马2进4	
8. 车一进一	车8平3（图77）	
9. 车八进二	车3平4	
10. 炮九退一	卒7进1	
11. 车一平四	炮2平3	
12. 马七进八	车4平2	
13. 车四平七	车1平3	
14. 仕六进五	马4进2	
15. 马八退六	车2平4	
16. 马六退八	马2进3	
17. 车七平六	士4进5	
18. 炮五平四	马7进6	
19. 炮四退一	炮9平7	
20. 车六进四	马6进7	
22. 马八进九？	车2进5！	

4. 马八进七　象3进5
6. 兵七进一　车8进4

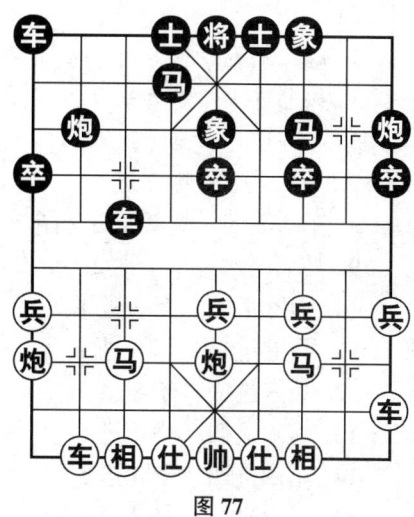

图77

24. 炮四平三	象7进9
26. 马八退七	卒7平6
28. 马七退六	车2进4
30. 仕四进五	炮4进5
31. 车六退三	车2退3
32. 炮九进五	车2平1
33. 车六进四	马3退1
34. 车六平九	车1平5
35. 马一进三	车5退2
36. 相五退七	马7进5
37. 马三进五	马5退3
38. 车九退三	卒6平5
39. 马五进七	前卒平4
40. 马七退八	车5平7！
41. 炮三平二	炮7进7
42. 炮二退六	炮7退4（图78）

21. 炮四进五　车3平2
23. 马九进八　炮3平2
25. 相七进五　卒7进1
27. 马三退一　炮2平3
29. 仕五退六　炮3平4

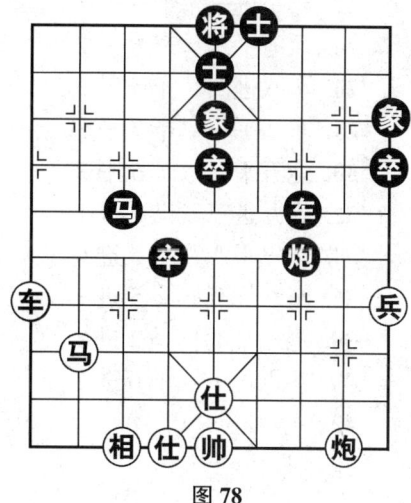

图78

第 40 局　覃剑秋胜杨官璘

1. 炮二平五　马8进7
2. 马二进三　车9平8
3. 兵七进一　炮8平9
4. 马八进七　象3进5
5. 车一进一　马2进3
6. 马七进六　车8进4
7. 马六进七　炮2进4
8. 车一平四　炮2平3（图79）
9. 马七退六　车1平2
10. 炮八平七　卒7进1
11. 兵七进一　车8平1
12. 兵三进一　车8平7
13. 马六进四　马7进6
14. 车四进四　士4进5
15. 兵七进一　马3退4
16. 相三进一　车7平1
17. 马三进一　卒7进1
18. 马四进六　车2进4？
19. 炮五进四！车2平4
20. 车四平六　车4退1
21. 炮七平三　卒7平6
22. 相一进三　炮9平7
23. 炮三进五　车4平5
24. 兵七平六　卒6平7
25. 车九平八　炮3平9
26. 车八进四　车5平2
27. 仕四进五　卒7进1
28. 车八平三　卒7平8
29. 兵九进一　卒9进1
30. 炮五平九　车5平3
31. 相七进五　马4进2
32. 炮九进三　马2进1
33. 兵九进一　马1进3
34. 车三平八　士5进6
35. 炮三进五　马3进2
36. 车八进五　将5进1
37. 车八退一　将5退1
38. 炮三平七！马2进3
39. 炮七退七　车3进2
40. 兵六进一　士6进5
41. 车八进一　士5退4
42. 兵六进一　（图80）

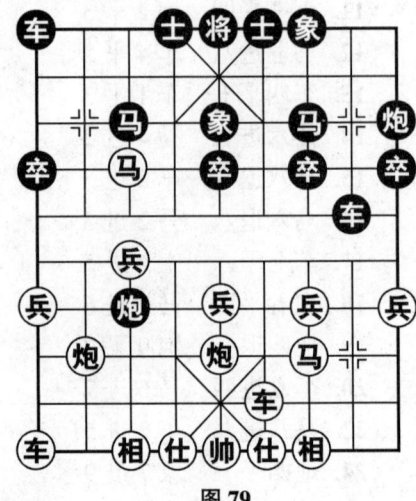

图 79

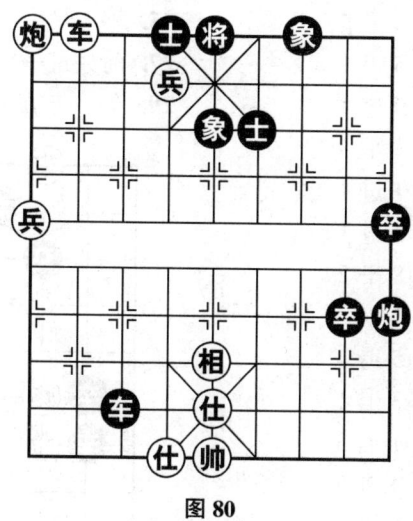

图 80

第41局 蔡伟林胜郭长顺

1. 炮二平五　马8进7
2. 马二进三　车9平8
3. 兵七进一　炮8平9
4. 马八进七　象3进5
5. 兵三进一　卒3进1
6. 兵七进一　车8进4
7. 马七进六　车8平3
8. 马六退八　车3退2
9. 炮八进五　车3平2
10. 马八进六　卒7进1（图81）
11. 兵三进一　车2进3
12. 马六进五　马7进5
13. 炮五进四　士4进5
14. 相七进五　马2进3
15. 炮五退二　车2退1
16. 兵三进一　车2平7
17. 马三进二　车1平4
18. 车九平七　车4进6
19. 兵三进一　马3进5
20. 车七进六　将5平4
21. 仕四进五　马5进3
22. 兵三平二　车7平8
23. 兵二平一　车8进1

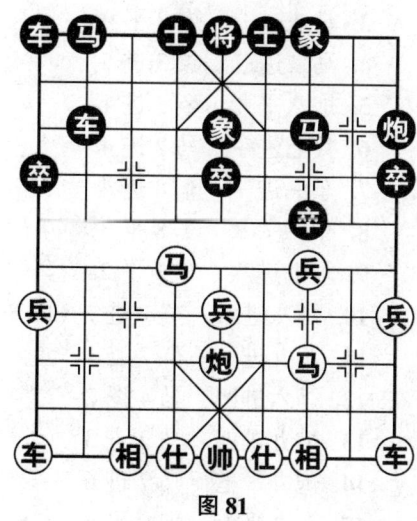

图 81

24. 后兵进一	车4平5	25. 车七平六	将4平5
26. 炮五平七	车5平1	27. 前兵进一	车1平8
28. 后兵进一	卒9进1	29. 车一进五	后车退2
30. 车六退一	后车平5		
31. 仕五退四	卒1进1		
32. 车六进三	卒1进1		
33. 车一平六	车8平2?		
34. 兵一平二	卒1平2		
35. 前车平八!	士5退4		
36. 兵二平三	马3退1		
37. 车八平四	马1退3		
38. 兵三进一!	士4进5		
39. 兵三平四	士5退6		
40. 车六平二	象5进7		
41. 车二进四	将5平4		
42. 车四进一	将4进1		
43. 车四平七 (图82)			

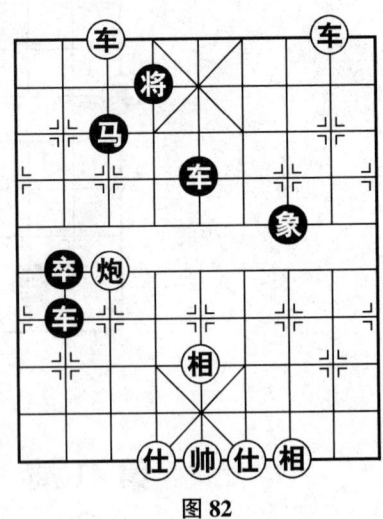

图82

第42局 胡荣华负蔡福如

1. 炮二平五	马8进7	2. 兵七进一	车9平8
3. 马八进七	炮8平9		
4. 马二进三	象3进5		
5. 炮八平九	卒3进1		
6. 兵七进一	马2进4		
7. 车一进一	车8进4		
8. 车一平六	车8平3		
9. 马七进八	车3平2		
10. 马八进六	车1进1 (图83)		
11. 车九进一	卒7进1		
12. 马六进四	马4退2		
13. 炮九进四	马2进3		
14. 炮九平七	马7进6		
15. 车九平七	炮9平6		

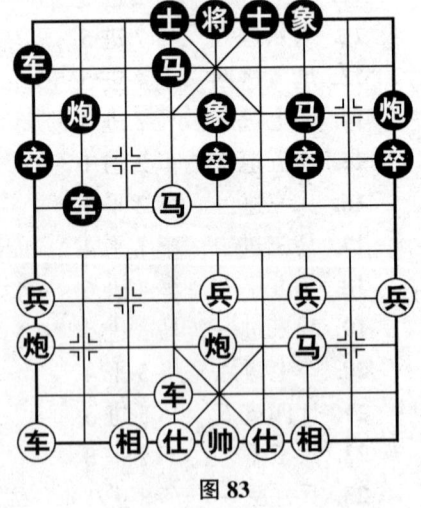

图83

16. 车六进二　马6进7　　　17. 炮五平九　车1平8
18. 兵五进一　马7退6　　　19. 炮七平九　炮2平1
20. 车七进五　士6进5　　　21. 后炮平七　马3进1
22. 车七平九　炮1平3　　　23. 相七进五　车2进3
24. 炮七进二　车8进6　　　25. 马三进四　车8平6
26. 仕四进五　车6进1　　　27. 车九平五？卒7进1！
28. 兵五进一　车6退3　　　29. 车六进三　马6进8
30. 马四退三　车2退1　　　31. 车五平四　马8进7
32. 兵一进一　炮6平8
33. 车四退二　马7退6
34. 车六平二　车2平1
35. 炮七进二　车1平7
36. 仕五进六　马6进4
37. 仕六进五　马4退3
38. 炮七平三　车7平1
39. 炮三平一　马3进2
40. 炮一进三　士5退6
41. 帅五平四　炮8平6
42. 车二平七　马2退4
43. 车七退二　马4进6
44. 车七平四　车1进3
45. 仕五退六　车1平4　(图84)

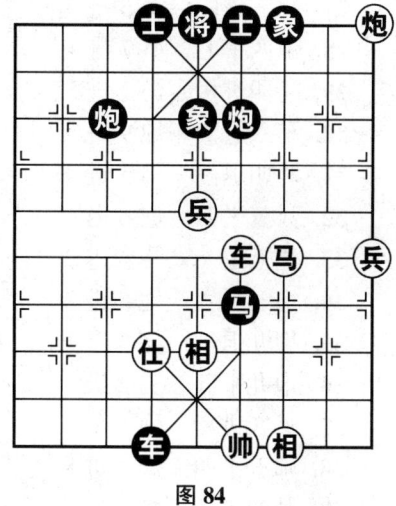

图84

第43局　言穆江胜孙耀先

1. 炮二平五　马8进7　　　2. 马二进三　车9平8
3. 兵七进一　炮8平9　　　4. 马八进七　象3进5
5. 炮八平九　马2进4　　　6. 车一进一　卒3进1
7. 车一平六　车8进1？　　8. 兵七进一　车1平3 (图85)
9. 炮九进四　车3进4　　　10. 马七进八　卒7进1
11. 车九进二　车3进1　　　12. 炮九进三　车3退5
13. 炮九退五　马4进3　　　14. 马八进七　车3进3
15. 炮九进五！车3退3　　　16. 车六进八　将5进1
17. 车六平七　象5退3　　　18. 车九平七　炮2平3

19. 兵五进一！	车8进5		
20. 兵五进一	车8平7		
21. 兵五进一	将5平6		
22. 兵五平四	炮3平5		
23. 炮五平四	车7平6		
24. 兵四平三	车6平5		
25. 仕四进五	车5平3		
26. 相三进五	车3进1		
27. 马三进四	将6平5		
28. 炮四平七	卒7进1		
29. 马四进六	马7进5		
30. 马六进四	炮9平6		
31. 马四退三	马5进4		
32. 兵三平四	炮6退1		
33. 炮七退一	马4进2		
34. 炮七平六	马5进3		
35. 炮九退三	将5退1		
36. 炮九平五	马2进3		
37. 兵四进一	炮6平3		
38. 帅五平四	炮3进8		
39. 帅四进一	马3退4		
40. 马三进四	马4退3		
41. 炮六进四	炮3退1		
42. 帅四退一	炮5退1		
43. 兵四平五	将5平4		
44. 炮五平六	将4平5		
45. 马四进三（图86）			

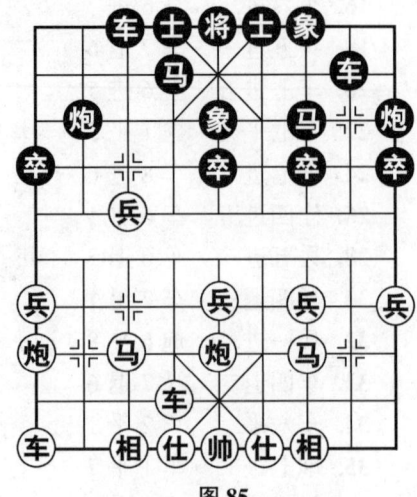

图85

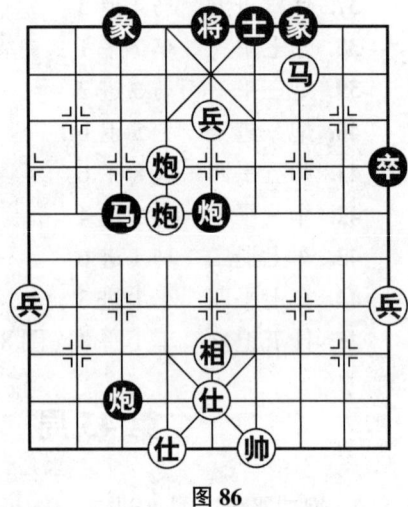

图86

第44局　杨官璘胜朱永康

1. 炮二平五　马8进7　　　2. 马二进三　车9平8
3. 兵七进一　炮8平9　　　4. 马八进七　象3进5
5. 炮八进七　车1平2　　　6. 车九平八　卒7进1（图87）
7. 车八进五　车8进6　　　8. 马七进六　车8平7

9. 车一进二　车7退1
10. 马六进五　马7进5
11. 炮五进四　士4进5
12. 相三进五　车7平4
13. 炮五退二　车2平4
14. 仕四进五　卒7进1
15. 相五进三　前车平3
16. 相三退五　车3退1
17. 车八退二　车3平8
18. 马三进四　车8平6
19. 马四退二　车4平3
20. 车一平四　车6平8
21. 车四进一　卒3进1
22. 马二退四　将5平4
24. 兵五进一　炮6进5
26. 炮三退四　炮6平9
28. 车四退三！车8退8
30. 兵五进一　车4进3
32. 炮三退二　车4平9
34. 帅五平四　车8进8
35. 帅四进一　车8退1
36. 帅四退一　车8进1
37. 帅四进一　车8平7
38. 炮三平二　车7平8
39. 炮二平三　车8退1
40. 帅四退一　车8进1
41. 帅四进一　车8平7
42. 炮三平二　炮9平5
43. 炮二进六　士5进6
44. 车八退一　将4退1
45. 车四进三　车7退1
46. 帅四进一　(图88)

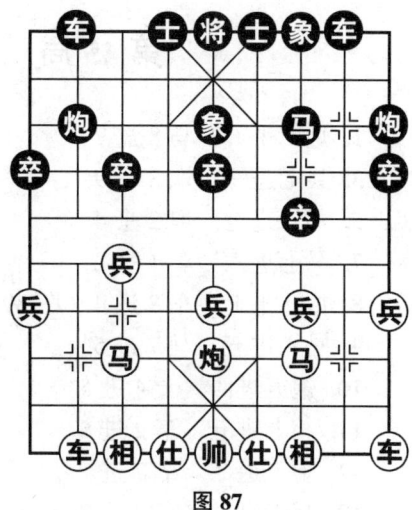

图87

23. 炮五平三　炮9平6
25. 车八进四　车8进5
27. 车八进二　将4进1
29. 炮三进四　炮9进1
31. 兵五进一　卒1进1
33. 车四进四　车9平4

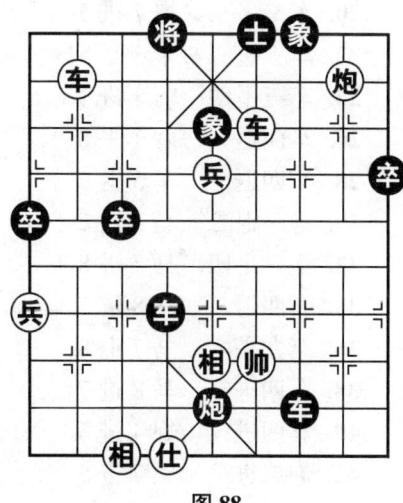

图88

第45局　高友贤负朱学增

1. 炮二平五　马8进7
2. 马二进三　车9平8
3. 兵七进一　炮8平9
4. 兵三进一　象3进5
5. 马八进七　炮2平4
6. 仕六进五　马2进3
7. 马七进六　车1平2
8. 炮八平七　车8进4（图89）
9. 马六进五　马7进5
10. 炮五进四　士4进5
11. 相七进五　车2进6
12. 炮五退二　卒7进1
13. 兵三进一　车8平7
14. 车一平二　炮9平7
15. 马三进四　车7平6
16. 马四退三　车6进4
17. 相三进一　车2平3
18. 炮七平六　车6退5
19. 车二进五　炮4退2
20. 车二平三　炮7进5

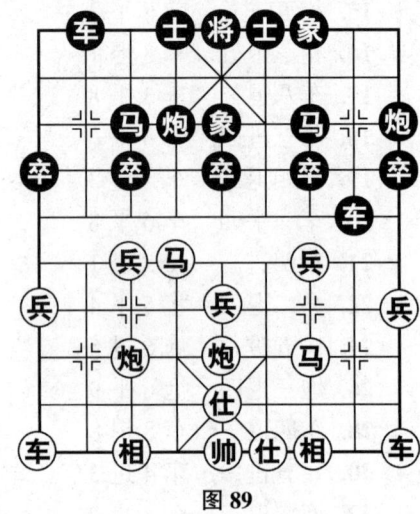

图89

21. 炮六平三　车6平5
22. 车三进二？车3平5！
23. 炮五平三　士5进6
24. 车三平四　前车进1
25. 后炮平四　士6进5
26. 车四退三　后车平8
27. 相一退三　马3进5
28. 车四退一　车5退2
29. 炮三进四　车8退2
30. 炮三退二　马5进7
31. 车四进二　车5退2
32. 炮三平四　马7进8
33. 后炮退一　车8平7
34. 车四退二　马8进7
35. 车四退一　车7进5
36. 车九平六　马7退8
37. 前炮进二　车7平1
38. 车四进三　马8进7
39. 车四退一　马7退8
40. 车四进三　炮4进6
41. 前炮平二　象5退3
42. 炮二进一　象7进5
43. 车四平二　炮4平5
44. 仕五进四　马8进6
45. 炮二平一　炮5平6
46. 仕四进五　车5进5！
47. 帅五进一　车1平5（图90）

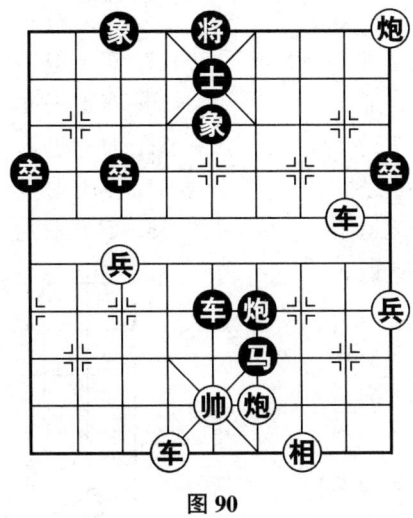

图 90

第46局　许银川胜王志安

1. 炮二平五　马8进7
2. 马二进三　车9平8
3. 兵七进一　炮8平9
4. 马八进七　象3进5
5. 兵三进一　炮2平3
6. 马七进六　车8进4
7. 炮八平六　卒7进1
8. 兵三进一　车8平7（图91）
9. 车一平二　马2进1
10. 车九平八　车1平2
11. 车八进九　马1退2
12. 马六进五　马7进5
13. 炮五进四　士4进5
14. 相七进五　马2进4
15. 炮五退二　车7进2
16. 车二进六　炮9平7
17. 炮五平三　炮3进3
18. 车二平六　马4进2
19. 车六平七　炮3平4
20. 仕六进五　炮4退5
21. 炮六平八　卒1进1
22. 车七平一　炮4平1
23. 车一平九　炮1平3

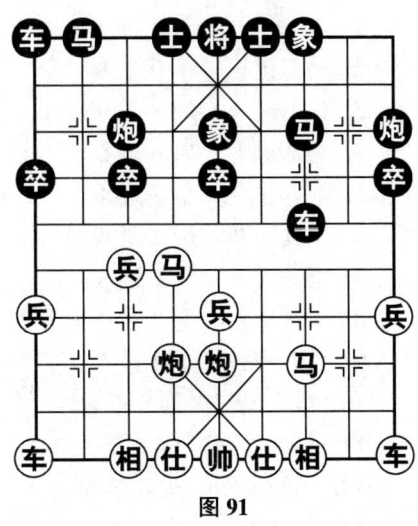

图 91

24. 车九平七	炮3平1	25. 兵一进一	炮1进6
26. 兵一进一	卒1进1	27. 车七退二	马2进3
28. 炮八进四！	马3退5	29. 车七平九	炮1平3
30. 车九平七	车7进1？	31. 车七进五	士5退4
32. 炮三平五！	士6进5	33. 车七退六	马5退3
34. 车七进三	车7退1	35. 炮五平九	马3退1
36. 炮八进三	象5退3		
37. 车七进二	炮7退1		
38. 炮九平五	将5平6		
39. 车七平五	马1进3		
40. 车五平七	车7平5		
41. 车七平三	车5退1		
42. 车三进一	将6进1		
43. 车三退一	将6退1		
44. 车三平七	车5平2		
45. 炮八平九	马3进5		
46. 车七进一	将6进1		
47. 炮九平六 (图92)			

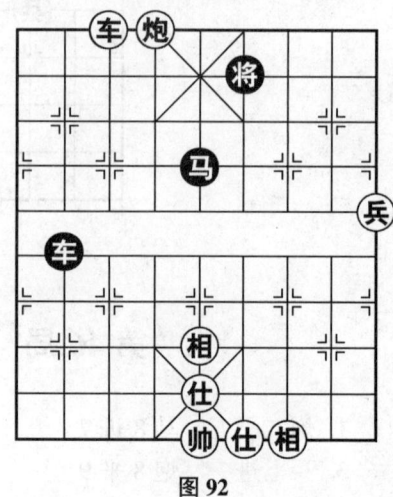

图92

第47局 邓颂宏负张致忠

1. 炮二平五　马8进7
2. 马二进三　车9平8
3. 兵七进一　炮8平9
4. 马八进七　象3进5
5. 炮八平九　卒7进1
6. 车九平八　炮2平4
7. 车一进一　马2进3
8. 车八进六　炮4进4 (图93)
9. 兵五进一　士4进5
10. 车八退三　炮4退6
11. 兵九进一　车1平3
12. 车一平四　车8进6
13. 炮九进一　卒7进1

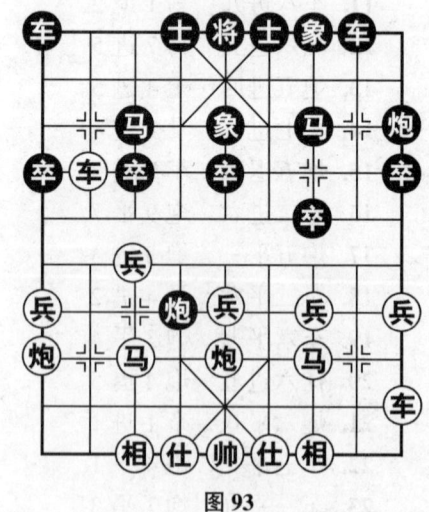

图93

14. 兵五进一　卒5进1
16. 车四进三　车8退2
18. 车四平六　炮9平8!
20. 车八进二　卒3进1
22. 车六平七　卒5进1
24. 车八平六　马4进3
26. 相七进五　车3进8
28. 炮九进五　马7进6
30. 仕四进五　象7进5
32. 后马进五　车3退5
34. 炮二退五　炮8进3
35. 相三进一　马5进3
36. 车六平三　炮4平2!
37. 相五退七　炮2进6
38. 马五进七　炮2进1
39. 马三退五　车3平8
40. 炮二进一?　象7进5
41. 车三平八　炮8平9
42. 马五进三　象5进7
43. 马三进五　炮2平8
44. 车八进四　士5退4
45. 马五进六　将5进1
46. 帅五平四　将5平4
47. 马七进五　车8平6（图94）

15. 马七进五　卒7平6
17. 马五进三　车8平7
19. 炮九退二　炮8进4
21. 车八进一　卒3进1
23. 车七平五　马3进4
25. 车五进一　马3进5
27. 车五平三　象5进7
29. 车六退一　马6进7
31. 炮九平二　马7退5
33. 炮二进三　象5退7

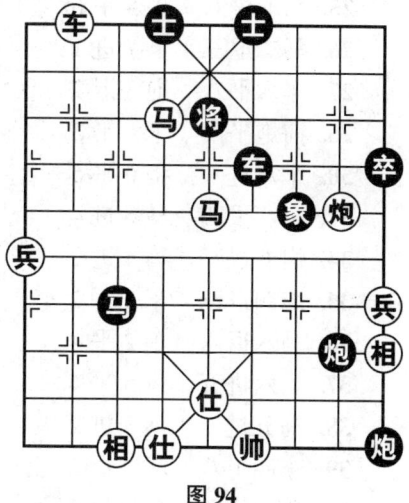

图 94

第48局　朱永康胜臧如意

1. 炮二平五　马8进7
3. 兵七进一　炮8平9
5. 兵三进一　马2进4
7. 车九平六　车1进1?
9. 兵七平六　车1平3
11. 炮八进三!　车8进2
13. 炮八进一　车3平4

2. 马二进三　车9平8
4. 马八进七　象3进5
6. 车九进一　卒3进1
8. 兵七进一　车8进4
10. 车六进一　马4进3（图95）
12. 兵六进一　车8退2
14. 车一进一　车8平2

15. 兵六进一	车4平6		
16. 炮八平五	士6进5		
17. 前炮退二	马3进5		
18. 兵六平五	车6进6		
19. 前兵进一	士4进5		
20. 马三进二	炮2平3		
21. 车一平六	象7进5		
22. 前车进三！	车2平4		
23. 车六进四	马5进7		
24. 仕六进五	车6退4		
25. 马七进八	将5平6		
26. 马二退三	卒7进1		
27. 车六平八	炮3退2		

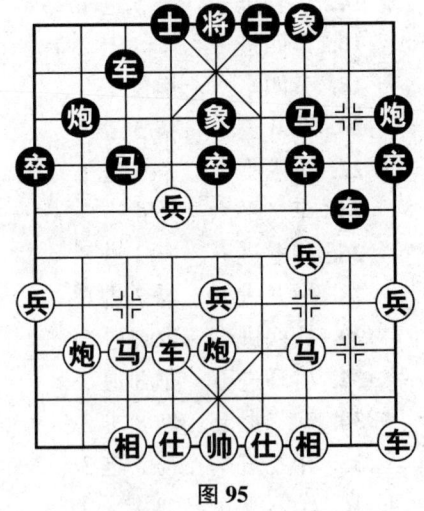

图 95

28. 前炮平四	车6平3	29. 相七进九	车3进1
30. 车八进一	将6平5	31. 相三进一	后马进6
32. 车八平四	马6进4	33. 炮五进五	士5进4
34. 炮五退三	马4进2		
35. 炮四退三	车3平2		
36. 马八退六	车2平4		
37. 马六进五	将5进4		
38. 马五进三	炮3进2		
39. 车四平八	马2退3		
40. 前马进四	士4退5		
41. 马四退五	马3退4		
42. 车八进三	炮3退2		
43. 炮五平六！	将4平5		
44. 炮六进三	炮3平4		
45. 炮六平五	士5退6		
46. 炮五平九	车4退1		
47. 马五进四 (图96)			

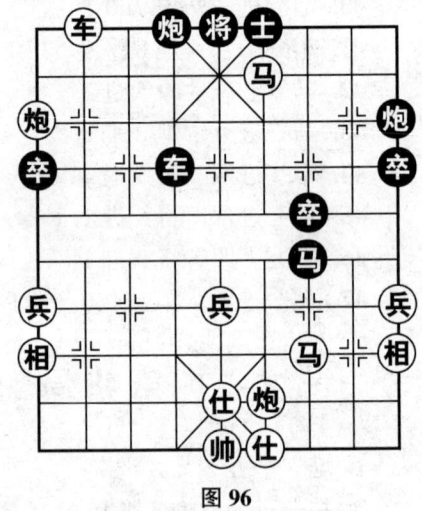

图 96

第49局　郭家兴胜李忠雨

1. 炮二平五	马8进7	2. 马二进三	车9平8

3. 兵七进一　炮8平9
5. 兵三进一　马2进4
7. 车一平六　炮9退1
8. 车六进三　炮2退1（图97）
9. 炮五平六　马4进2
10. 车九平八　车1进2
11. 相七进五　车8进4
12. 仕六进五　卒3进1
13. 炮八进六　炮9平2
14. 车八平六　车1退2
15. 兵七进一　马2进3
16. 前车平八　炮2平3
17. 马七进六　卒7进1
18. 兵三进一　车8平7
19. 马三进四　车7进2
20. 车八进四　炮3进1
22. 前马进四　马7退9
24. 车六进二　马9进7
26. 马七进九　士5进4
28. 马七退八　士6进5
30. 车八退四　车3进1
32. 马九退八　车3进1
33. 马八退六　车3退1
34. 马六进四　马7进6
35. 车六进三　车7平6?
36. 兵五进一!　马6进7
37. 兵五进一　车6平1
38. 相五进七　车1平3
39. 兵五进一　前车进3
40. 仕五退六　前车退4
41. 兵五平六!　前车进1
42. 马四进六　后车平4
43. 车八退一　马3进4
44. 仕四进五　马4进3

4. 马八进七　象3进5
6. 车一进一　士4进5

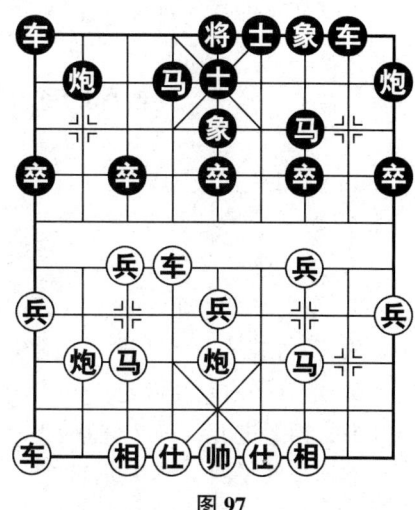

图 97

21. 马四进六　炮3平4
23. 马四退三　炮4进5
25. 马六进七　车1平3
27. 马九进七　将5平4
29. 马八进九　将4平5
31. 车八进五　士5退4

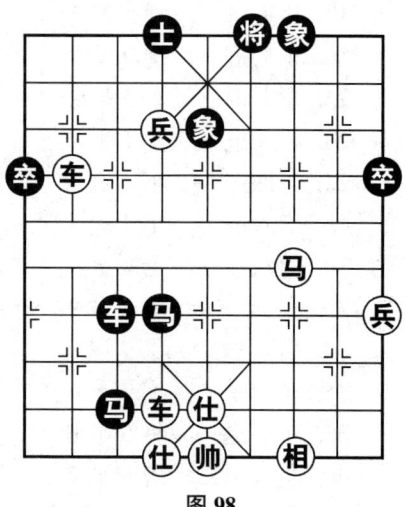

图 98

45. 车六退四　车4进1　　　　46. 兵六进一　马7退9
47. 车八退四　马5退3　　　　48. 马三退四　后马进4
49. 马四进二　将5平6　　　　50. 车八进二（图98）

第50局　杨官璘胜胡荣华

1. 炮二平五　马8进7　　　　2. 马二进三　车9平8
3. 兵七进一　象3进5　　　　4. 马八进七　炮8平9
5. 兵三进一　马2进4　　　　6. 车一进一　车8进4
7. 车一平六　车1进1
8. 车六进三　卒7进1（图99）
9. 炮五平六　卒3进1
10. 相七进五　马7进6
11. 车六平四　卒7进1
12. 车四平三　卒3进1
13. 车三平七　马4进3
14. 马七进六　前马进4
15. 车七平六　士6进5
16. 车九平七　车8平5
17. 车七进六　马6进7
18. 仕六进五　卒9进1
19. 相五进三　炮9进1

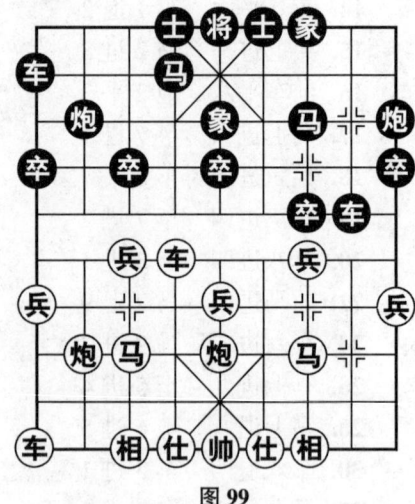

图99

20. 车七进一　炮9退1　　　　21. 车七退一　炮9进1
22. 车七退三　车5平2　　　　23. 炮八进五　车2退2
24. 相三进五　车1平2　　　　25. 车六平四　前车平4
26. 车四进二　车4进3　　　　27. 车七进一　车2进8
28. 炮六退二　车4进3?　　　29. 车七平四　士5进6
30. 前车平三　士4进5　　　　31. 车四进一　车2退6
32. 车三平四　象7进9　　　　33. 后车退二　车2进1
34. 后车平二　象9退7　　　　35. 车二进二　炮9退2
36. 车二平一　炮9平6　　　　37. 车四平五!　车2平5
38. 车五退一　将5平4　　　　39. 车一进四　马7退8
40. 车一平二　炮6平7　　　　41. 马三进四　车2退4
42. 马四进三　车2退2　　　　43. 马三进五!　车2平8

44. 车五平七　将6平5	45. 车七进一　车8进3
46. 马五进七　炮7平3	47. 车七进二　车4退2
48. 兵一进一　车4平5	49. 仕五进六　士5退4
50. 车七平二（图100）	

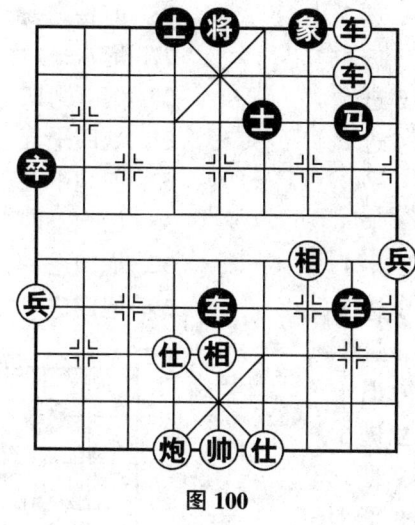

图 100

第51局　张江负李望祥

1. 炮二平五　马8进7	2. 马二进三　车9平8
3. 兵七进一　炮8平9	
4. 马八进七　象3进5	
5. 兵三进一　马2进4	
6. 车九进一　士4进5	
7. 车九平六　炮9退1	
8. 车六进四　炮2退2	
9. 车六平八　炮2平4（图101）	
10. 车一平二　车8进9	
11. 马三退二　车1平3	
12. 炮八退一　卒3进1	
13. 兵七进一　车3进4	
14. 车八平七　象5进3	
15. 兵三进一　炮4平3！	

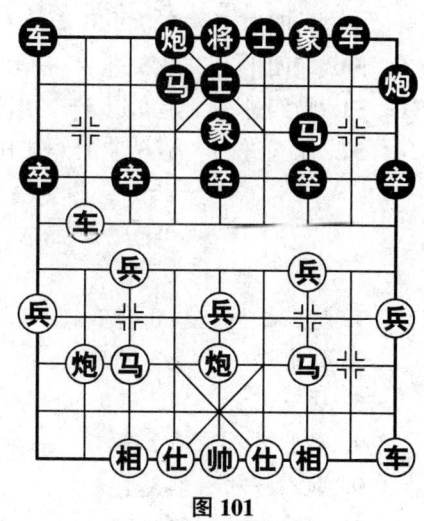

图 101

16. 马七进六	炮3进9	17. 仕六进五	炮9进5
18. 兵三进一	马7退8	19. 兵九进一	象3退5
20. 马二进三	炮9退1	21. 马六进四	卒9进1
22. 兵三平四	马4进2	23. 马四进二	炮3退8
24. 兵四平五	马2进3	25. 前兵进一	象7进5
26. 炮五进五	士5进4	27. 炮八平六	马8进6
28. 炮五退二	马3进4	29. 炮五平六	士6进5
30. 仕五进六	马4进2	31. 炮四平五	将5平4
32. 炮五平六	将4平5	33. 前炮平五	将5平4
34. 炮五平六	将4平5	35. 后炮平四	马2退3
36. 仕四进五	炮9平1	37. 炮四退一	马6进7
38. 相三进五	炮1进2	39. 炮四进六?	炮1平5
40. 帅五平四	卒1进1		
41. 炮六平四	马3退4		
42. 后炮退四	马4进6		
43. 马二退三	卒9进1		
44. 后马进四	卒9平8!		
45. 后炮进四	马7进6		
46. 马三退四	马6退4		
47. 前炮平七	马4进5		
48. 炮四退二	卒8平7		
49. 马四退三	卒7平6		
50. 炮四平二	马5进7		
51. 帅四进一	炮5退4!		
52. 仕五进四	卒6进1（图102）		

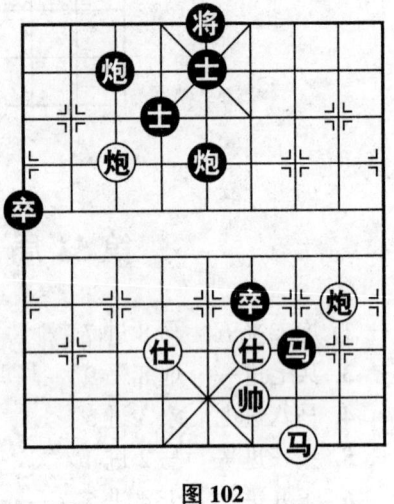

图 102

第52局　王嘉良胜吴可夫

1. 炮二平五	马8进7	2. 马二进三	车9平8
3. 兵七进一	象3进5	4. 马八进七	炮8平9
5. 兵三进一	卒3进1	6. 兵七进一	车8进4
7. 马七进六	马2进4	8. 炮八平六	车8平3（图103）
9. 炮六进六	车3平4	10. 车九平八	炮2平3?
11. 马六进八	炮3进5	12. 马三退五	炮3退6

第一章 黑飞象

13. 炮六平三　车1平2
14. 马八退七　车4进5
15. 帅五平六　车2进9
16. 马七进六　炮3进7
17. 车一进二　车2退8
18. 马六进四　炮3退5
19. 炮三退二　炮3平6
20. 车一平四　炮6退1
21. 炮五进四　士6进5
22. 车四平六　车2退1
23. 兵三进一　炮6进1
24. 兵三平四！马7进5
25. 炮三平五　炮6退3
26. 兵五进一　车2进6
28. 马五进六　卒1进1
30. 兵四进一　炮6进1
32. 兵四进一　炮9平1
34. 兵五进一　炮1平3
36. 兵五进一　士4进5
38. 马六进五　象5进7
40. 炮七平三　将5平4
41. 马五退七　象7退9
42. 炮五退一　炮8退1
43. 炮五平六　将4平5
44. 帅五平六　炮3平4
45. 马七进九　炮8进2
46. 炮六平五　将5平4
47. 马九进七　炮4退2
48. 马七进八　将4进1
49. 炮五退一　炮4进1
50. 炮五平三！卒9进1
51. 炮三进四　炮4退1
52. 后兵进一　象9进7
53. 马八退七（图104）

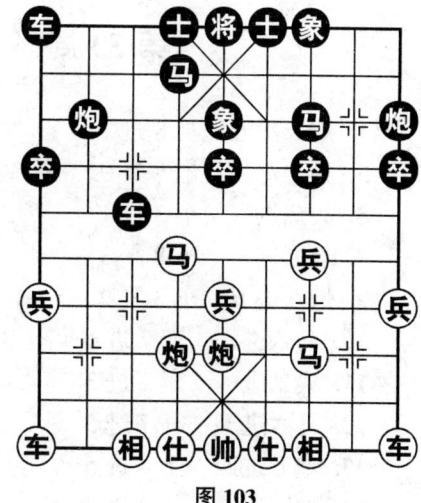

图 103

27. 车六进一　车2平4
29. 仕四进五　炮9进4
31. 兵四进一　炮6平8
33. 帅六平五　炮8进1
35. 炮五平七　士5进6
37. 相三进五　卒9进1
39. 兵五平四　炮8进2

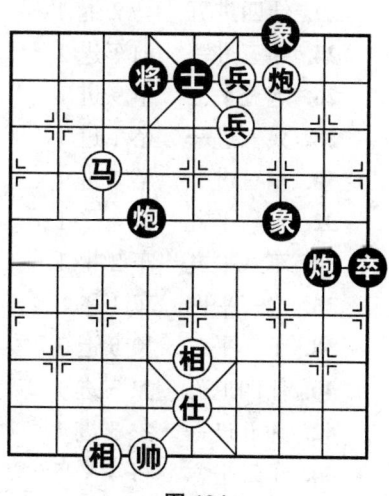

图 104

第53局　杨官璘胜梁文斌

1. 炮二平五　马8进7
2. 马二进三　车9平8
3. 兵七进一　炮8平9
4. 马八进七　象3进5
5. 兵三进一　卒3进1
6. 兵七进一　车8进4
7. 马七进六　车8平3
8. 马六退八　车3退2
9. 炮八进五　车3平2
10. 马八进六　卒7进1（图105）
11. 兵三进一　车2进3
12. 马六进五　马7进5
13. 炮五进四　士4进5
14. 炮五退二！马2进3
15. 相七进五　车2退1
16. 兵三进一　车2平7
17. 马三进二　车1平4
18. 兵一进一　车7进4
19. 车九平七　车7平5
20. 车七进四　马3进2
21. 马二进四　车5平4
22. 仕四进五　马2退4
23. 马四进六　前车退3
24. 兵三进一　前车进2
25. 车七平六　车4进5
26. 炮五平三　卒9进1
27. 车一进三　炮9进3
28. 兵三进一　卒1进1
29. 炮三退二　卒1进1
30. 相三进一　卒1进1
31. 相五进三　象7进9
32. 车一平九　车4平1
33. 车九平八　车1平2
34. 车八平九　车2平1
35. 车九平一　车1平2
36. 炮三平四　车1平6?
37. 仕五进四　象9进7
38. 车一平二　象5退3
39. 兵三平四　象7平5
40. 仕四退五　象3进1
41. 仕五退四　象1退3
42. 帅五进一　象3进1
43. 帅五平四　将5平4
44. 车二平六　将4平5
45. 车六平九　象1退3
46. 车九平四　炮9平8
47. 兵四进一！士5退6
48. 车四进六　将5进1
49. 帅四平五　象3进1

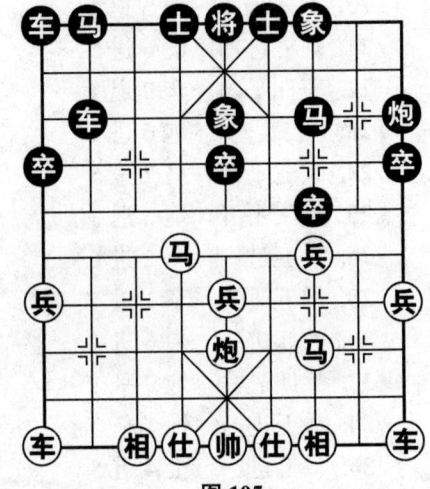

图105

50. 车四退二　象1进3
52. 车四平五　象1退3
51. 车四退二　象3退1
53. 车五平二（图106）

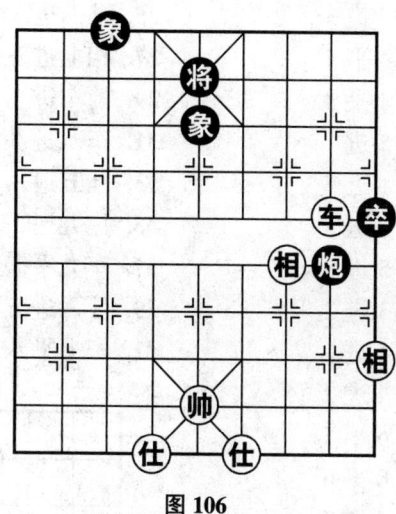

图106

第54局　林宏敏负李日纯

1. 炮二平五　马8进7
3. 兵七进一　炮8平9
5. 兵三进一　马2进4
7. 车一平六　车1进1
8. 兵五进一　士4进5（图107）
9. 马七进五　炮2退2
10. 仕六进五　炮2平3
11. 炮八平九　车8平2
12. 兵九进一　炮3平4
13. 兵九进一　车2平1
14. 车六平八　后车进1
15. 车八进七　炮9退1
16. 车九平八　卒7进1
17. 兵三进一　象5进7
18. 兵五进一　卒5进1
19. 兵七进一　马4进5

2. 马二进三　车9平8
4. 马八进七　象3进5
6. 车一进一　车8进4

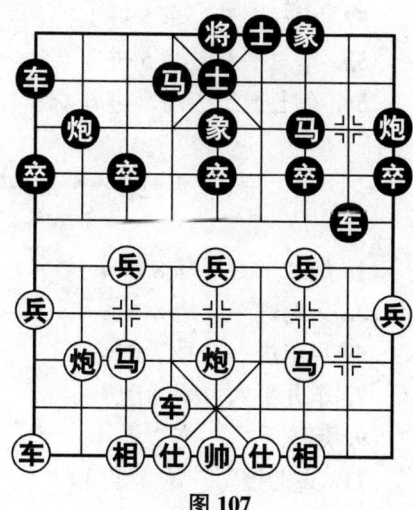

图107

20. 前车退二	后车平4	21. 兵七进一	车4进4
22. 兵七平六	马5退4	23. 炮九进四	象7进5
24. 炮五进三	炮4进3!	25. 马五进六	车1平4
26. 炮九进三	炮4平5	27. 相七进五	后车平1
28. 马三进四	车4平3	29. 前车进三	士5退4
30. 前车平六	将5进1	31. 车八进八	将5平6
32. 马四进五	车1进5	33. 仕五退六	车3平4
34. 仕四进五	马7平5	35. 炮九退一	车1退8!
36. 车八平九	马5进3	37. 车九平七	炮9平8
38. 仕五退四?	马3进2	39. 仕六进五	象5进3!
40. 仕五进六	车4进1	41. 车七平八	马2进3
42. 帅五进一	车4进2		
43. 炮五平四	将6平5		
44. 帅五平四	炮8平6		
45. 炮四平五	马3退5		
46. 车六平四	车4平6		
47. 帅四平五	马5退4		
48. 车八退六	前马进6		
49. 帅五平六	马6退5		
50. 车八平六	车6退3		
51. 车六进三	车6平5		
52. 相三进五	车5进1		
53. 车六平七	马5进4		
54. 车七退二	前马进6（图108）		

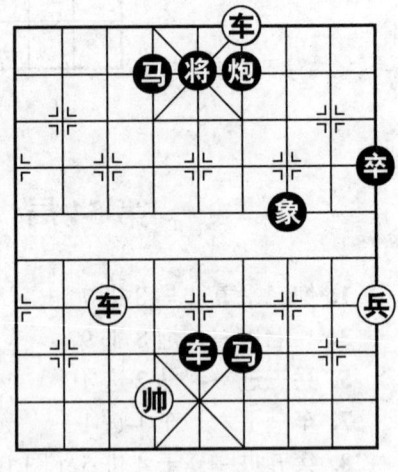

图 108

第 55 局　喻之青胜崔岩

1. 炮二平五	马8进7	2. 马二进三	车9平8
3. 兵七进一	炮8平9	4. 马八进七	象3进5
5. 兵三进一	马2进4	6. 车九进一	士4进5
7. 车九平六	炮9退1	8. 车六进四	炮2退2
9. 炮五平六	炮2平4	10. 车六平八	卒3进1（图109）
11. 兵七进一	炮4平3	12. 马七进六	炮3进9?
13. 仕六进五	车1平3	14. 炮六进六	炮9平4

15. 兵七进一　炮3退5
16. 车一平二　车8进9
17. 马三退二　炮4进3
18. 车八进一　卒7进1
19. 炮八平三！马7进8
20. 马六退八　炮3进2
21. 兵三进一　马8进9
22. 炮三平五　象5进7
23. 炮五进四　象7退5
24. 相三进五　马9退8
25. 马二进三　马8进7
26. 相五进三　卒9进1
27. 兵九进一　卒9进1
28. 兵七平六　将5平4
30. 马八进七　炮4进2
32. 车八退一　炮4退1
34. 马九进七　炮4平8
36. 兵六平七　士5进4
38. 炮五进二　将4平5
40. 车四进三！炮8进6？
42. 车四平二　炮8平6
43. 车二退四　卒9平8
44. 车二平三　车3平2
45. 帅六平五　车2进8
46. 仕五退六　炮6平1
47. 兵五进一　炮1进1
48. 车三平九　卒8平7
49. 马三进五　卒7平6
50. 马五退六　车2平3
51. 兵五进一　炮1平4
52. 车九平七　车3平1
53. 仕四进五　车1退1
54. 仕五退六（图110）

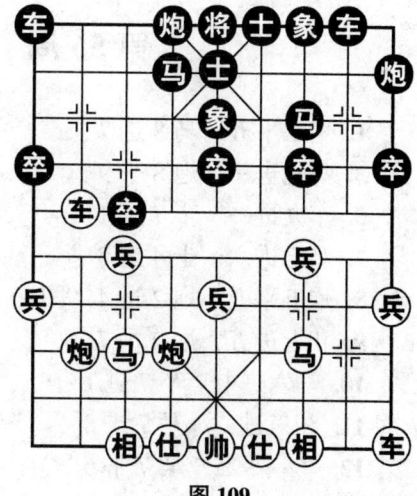

图109

29. 车八退一　炮4进2
31. 帅五平六！炮4退3
33. 马七进九　炮3退5
35. 车八平六　炮8退2
37. 车六平四　士6进5
39. 炮五平二　将5进1
41. 炮二平七　车3进1

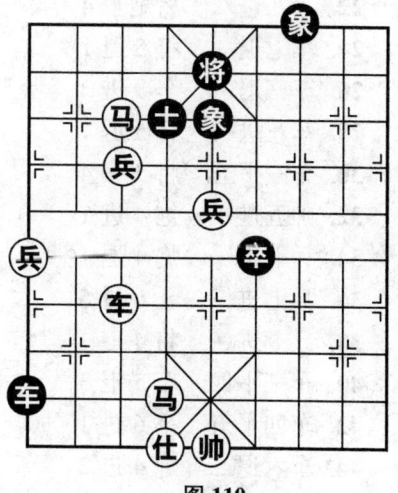

图110

第 56 局　陈奇胜李旭英

1. 炮二平五　马 8 进 7
2. 马二进三　车 9 平 8
3. 兵七进一　炮 8 平 9
4. 马八进七　象 3 进 5
5. 车九进一　卒 7 进 1
6. 车一进一　马 2 进 3
7. 马七进六　士 4 进 5
8. 炮五平七　炮 2 进 4（图 111）
9. 相七进五　炮 2 平 7
10. 马六进七　卒 7 进 1
11. 相三进一　马 7 进 8
12. 车一平二　卒 7 平 6
13. 炮八进五　炮 9 平 7
14. 车九平六　车 1 平 2
15. 车六平八　马 8 退 9
16. 车二平六　马 9 进 7?
17. 马七进五!　象 7 进 5
18. 炮七进五　士 5 进 4
19. 炮八退一　马 7 进 8
20. 车六进五!　后炮进 1
22. 车八进八　后炮平 4
24. 车七退一　将 5 退 1
26. 车三退一　车 8 进 3
28. 车三进一　将 5 退 1
30. 车三平五　将 5 平 4
32. 帅五进一　炮 4 进 1
34. 兵七进一　炮 4 退 1?
36. 兵七进一　士 6 进 5
38. 兵七进一　将 4 退 1
40. 车三平四　车 5 退 3
42. 车四平五　卒 6 进 1
44. 车六退二　炮 4 进 2
46. 仕六进五　卒 7 平 8
48. 兵九进一　炮 4 平 1

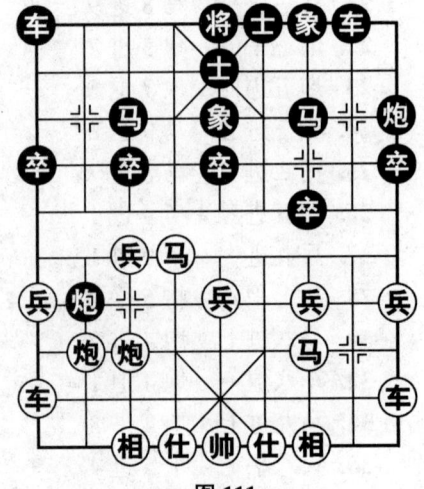

图 111

21. 炮八平五　象 5 退 3
23. 车八平七　将 5 进 1
25. 车七平三　马 8 进 9
27. 炮五退一　将 5 进 1
29. 车三退一　将 5 进 1
31. 炮七退一!　马 9 进 7
33. 炮七平五　卒 6 进 1
35. 兵七进一　炮 4 进 1
37. 车五平三!　车 8 平 5
39. 车三进二　士 5 退 6
41. 兵七进一　将 4 进 1
43. 车五平六　将 4 平 5
45. 帅五平六　卒 6 平 7
47. 车六退一　卒 9 进 1
49. 车六平五　将 5 平 6

50. 车五平三　马7退8
51. 炮五平四　炮7平9
52. 炮四退四　炮9进2
53. 帅六进一　卒8进1
54. 炮四平一　马8进9
55. 兵五进一　卒9进1
56. 车三退三　炮1进2
57. 兵五进一　（图112）

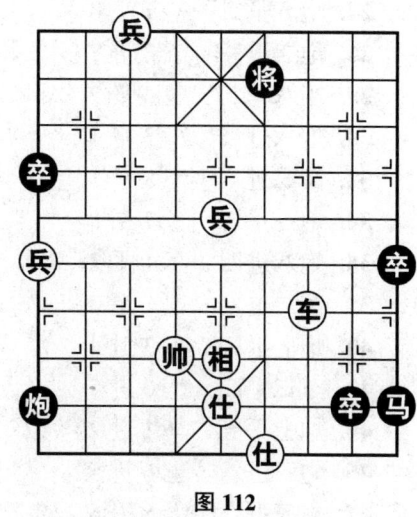

图112

第57局　赵鑫鑫胜郑一泓

1. 炮二平五　马8进7
2. 马二进三　车9平8
3. 兵七进一　炮8平9
4. 马八进七　象3进5
5. 车一进一　车8进4
6. 炮八平九　卒3进1
7. 车九平八　炮2平4
8. 车八进八　炮9退1（图113）
9. 马七进八　马2进4
10. 车八退三　炮4进2
11. 车八进一　卒3进1
12. 马八进九　车1平3
13. 车一平六　士4进5
14. 兵三进一　炮4平3
15. 车八退六　卒7进1
16. 马三进四　卒7进1
17. 马四进六　马7进6
18. 马六进四　车8平7
19. 车六进四　炮3退1
20. 马四进二　车7退2
21. 马二进三　车7退
22. 车六平四　车7进4
23. 车四平三　象5进7

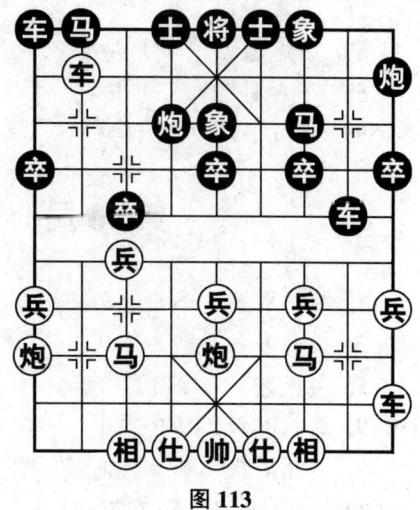

图113

24. 炮五平二	卒7平8	25. 相七进五	卒8进1
26. 炮二退一	卒3进1	27. 车八进五!	象7退5
28. 车八平二	炮3平2	29. 炮九平八	卒3进1
30. 炮八进二	车3平1	31. 马九进八	马4进2
32. 车二进三	卒8进1	33. 炮二平三	卒8平7
34. 炮三平二	卒7平8	35. 炮二平三	炮2退2
36. 炮八进四	车1平2	37. 炮八平七	炮9进5
38. 车二退五	炮9退2	39. 车二退一	车2平3
40. 炮七退四	车3进4	41. 车二进五	士5进6
42. 车二平四	士6进5	43. 车四平二	马2进1
44. 炮七平五	马1进2?	45. 车二进二	士5退6
46. 炮三进八	士6进5		
47. 炮三退六	士5退6		
48. 炮三平八	车3进2		
49. 炮八进三	炮9平2		
50. 车二退二	卒3平4		
51. 车二平五	士6进5		
52. 车五进一	将5平6		
53. 炮五平八	车3平5		
54. 车五平六	炮2平5		
55. 仕六进五	车5平1		
56. 车六退六	车1退1		
57. 后炮退二	车1进4		
58. 车六退二	车1平4		
59. 帅五平六 (图114)			

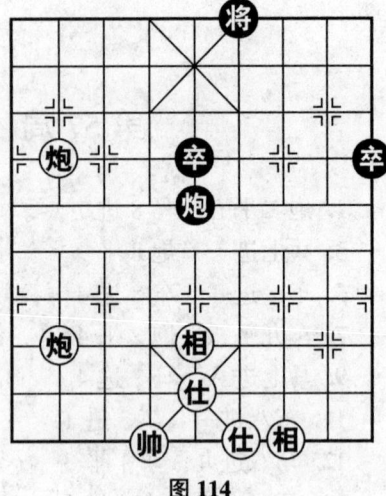

图 114

第58局　王嘉良负蒋志梁

1. 炮二平五	马8进7	2. 马二进三	车9平8
3. 兵七进一	炮8平9	4. 马八进七	象3进5
5. 兵三进一	卒3进1	6. 兵七进一	车8进4
7. 马七进六	马2进4	8. 炮八平六	车8平3
9. 车九平八	车1进1	10. 车一平二	车3进1 (图115)
11. 马六进四	卒7进1	12. 马四进六?	车3退1

13. 兵三进一　车3平7
14. 炮六进六　炮2平4!
15. 炮六平八　车7进3
16. 车二进四　象5退3
17. 兵五进一　马7进6
18. 车二进三　马6退4!
19. 车二平六　马4进5
20. 仕六进五　士6进5
21. 车六退三　马5退7
22. 车六平七　马7进8
23. 车七进五　炮9平7
24. 仕五进四　炮7进7
25. 仕四进五　马8进7
26. 帅五平六　马7退5
28. 车八进二　炮7平3
30. 车八进六　车7退1
32. 车八平四　车7退4
34. 车七平六　马4退5
36. 车六进二　士6退5
38. 帅六进一　车7退3
40. 车六退四　车9平7
42. 车一进二　炮3退8
44. 车六平三　车7平4
46. 车三平五　炮3平5
48. 车五平七　马5进4
50. 帅六退一　车4平1
52. 车七退四　车1平8
54. 车七进八　车8平6
56. 帅六进一　车6平4
58. 帅五进一　马4进6
60. 帅四平五　马8进7（图116）

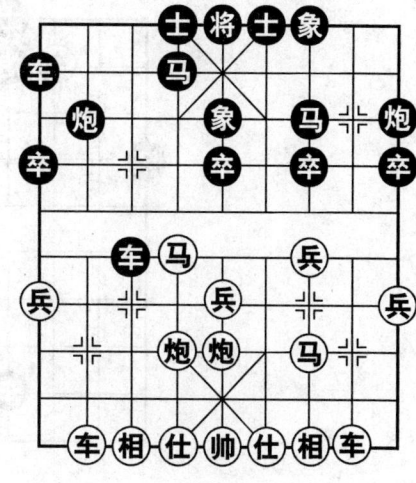

图 115

27. 车七退五　士5进6
29. 车七进四　车1平2!
31. 车七退六　马5退6
33. 车七进二　马6退4
35. 车四平九　炮3平1
37. 车六平五　车7进7
39. 车九平六　车7平9
41. 车六平一　炮1平3
43. 车五平六　马5进6
45. 仕五进六　士5退6!
47. 车五退二　马6退5
49. 仕四退五　炮5平4
51. 车一平五　象7进5
53. 仕五退四　车8进3
55. 车五退六　车6退2
57. 帅六平五　车4进1
59. 帅五平四　马6进8

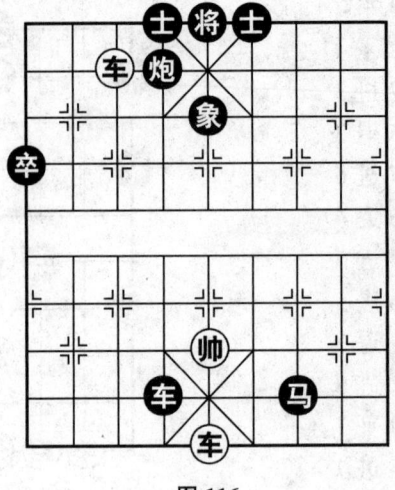

图 116

第59局 吕钦胜苗利明

1. 炮二平五　马8进7
2. 马二进三　车9平8
3. 兵七进一　炮8平9
4. 马八进七　象3进5
5. 兵三进一　马2进4
6. 车一进一　士4进5
7. 炮八平九　车8进4
8. 车九平八　卒7进1（图117）
9. 车一平六　炮9退1
10. 兵三进一　车8平7
11. 炮五退一　卒3进1
12. 炮五平三　车7平8
13. 兵七进一　车8平3
14. 马七进六　炮2平4
15. 车六平四　车3平4
16. 马六退五　车1平2
17. 车八进九　马4退2
18. 车四平七　卒1进1
19. 车七进三　车4平2
20. 马三进四　炮9进5
21. 马五进三　炮9平5
22. 车七平五　车2平2
23. 马四进三　马2进3

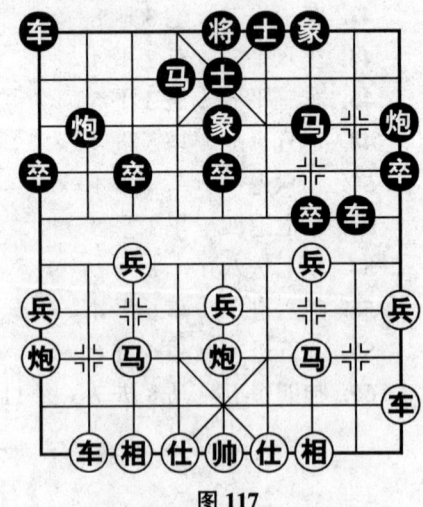

图 117

24. 后马进四　马3进4
26. 后炮平一　马9进7
28. 马三进二　车2进1
30. 前炮平五　车2退1
32. 仕四进五　马5进7
34. 炮五退一　将5平4
36. 相三进五　车2平5
38. 炮五平六　将4平5
40. 马三退四　车5平6
42. 炮三平四　车6平3
44. 仕五进六　马3退4
46. 马四进六　马4进6
48. 炮四进七　马5退4
49. 炮四退七　马4退3
50. 车八退一　马9进8
51. 相七进九　马3进4
52. 车八平六　马4进3
53. 马六退四　马3退5
54. 马四退三　马8进9
55. 炮四进七！象5进3
56. 炮四平一　马9退7
57. 炮一进一　炮4平2
58. 车六平五　将5平4
59. 车五平八　车3退3？
60. 炮一平四（图118）

25. 炮九平三　马7退9
27. 炮一平三　马7退9
29. 马四退五　马4进5
31. 马二退三　马9进7
33. 炮五进四　车2退3
35. 炮五平六　将4平5
37. 炮六平五　将5平4
39. 车五平八　前马退5
41. 炮六平五　马7退9
43. 车八退一　马5进3
45. 车八进六　炮4退2
47. 炮五退二　马6退5

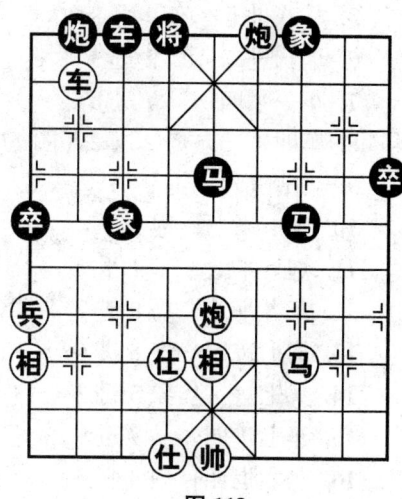

图118

第二章　巡河炮或先锋马

第 60 局　张江胜刘武鸣

1. 炮二平五　马8进7
2. 马二进三　卒7进1
3. 马八进七　车9平8
4. 兵七进一　炮8平9
5. 炮八进二　马2进3
6. 车一进一　象3进5
7. 车一平四　马7进8
8. 车四平二　炮2进2（图119）
9. 马七进六　炮9平8
10. 车二平七　炮2平4
11. 炮五平七　车1平2
12. 车九平八　马8进7
13. 炮七进四　炮8进6？
14. 兵七进一！象5进3
15. 车七进四　马7进9
16. 马六退四！炮4平5
17. 相七进五　卒7进1？
18. 炮七平一　卒7平1
19. 炮一退四　卒7平6
20. 车七进二　车8进7
21. 车七退一　炮5进3
22. 相三进五　士4进5
23. 炮八平五！（图120）

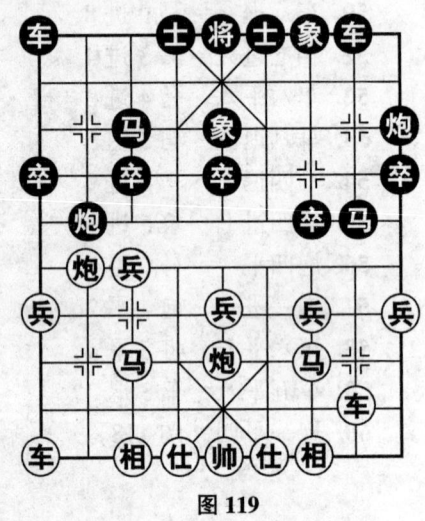

图 119

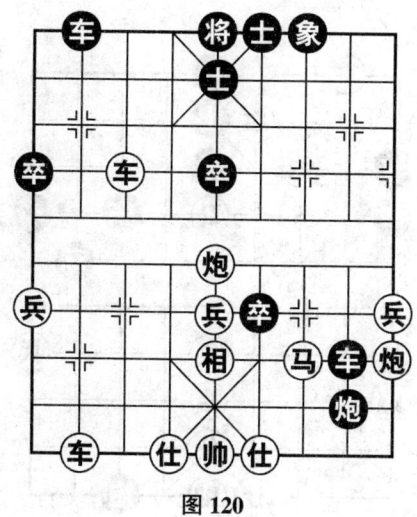

图 120

第61局　孙勇征胜尚威

1. 炮二平五　马8进7
2. 马二进三　车9平8
3. 兵七进一　炮8平9
4. 马八进七　卒7进1
5. 马七进六　象3进5
6. 车一进一　士4进5
7. 炮八平九　车8进5
8. 车一平六　马2进3（图121）
9. 兵三进一　车8退1
10. 车九平八　车1平2
11. 兵三进一　车8平7
12. 马六进七　马7进8
13. 炮五平七　炮2进5
14. 马三进四　炮9平7？
15. 马七进九！车2进2
16. 车八进二！车2平1
17. 炮七进五　象5退3
18. 车八进七　炮7进7
19. 仕四进五　象7进5
20. 马四进五　车7进1
21. 车六进七　士5退4
22. 车八平七　士6进5
23. 相七进五　车7退2

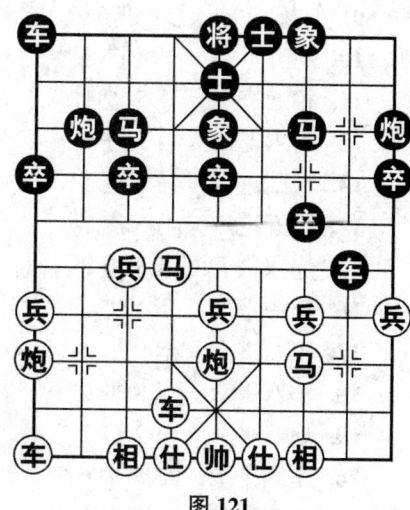

图 121

24. 车七平八（图 122）

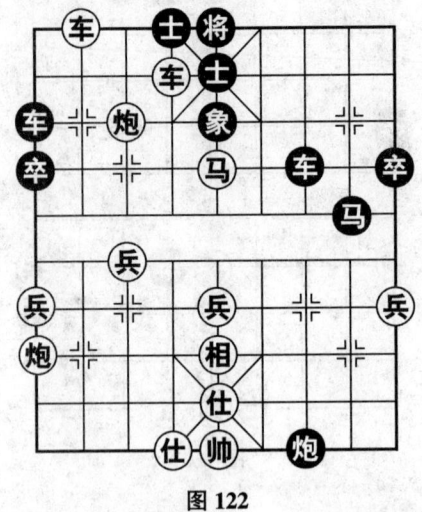

图 122

第 62 局　许银川负赵金成

1. 炮二平五	马 8 进 7	2. 马二进三	车 9 平 8
3. 兵七进一	卒 7 进 1	4. 马八进七	炮 8 平 9
5. 马七进六	象 3 进 5	6. 车一进一	马 2 进 4
7. 炮八进二	车 1 平 3	8. 车九进一	炮 2 平 4（图 123）

9. 车九平八　士 4 进 5
10. 炮五平九　车 8 进 3
11. 相七进五　卒 5 进 1
12. 马六退四　马 7 进 6
13. 马四进五　马 6 进 5！
14. 马五进六　马 5 进 7
15. 炮八进五　车 3 进 2
16. 车一平四　卒 1 进 1
17. 车八进七　炮 9 平 4
18. 车八平六　车 3 平 2
19. 炮八平九？车 2 进 5！
20. 车四平七　车 8 平 6
21. 仕四进五　车 6 进 5！

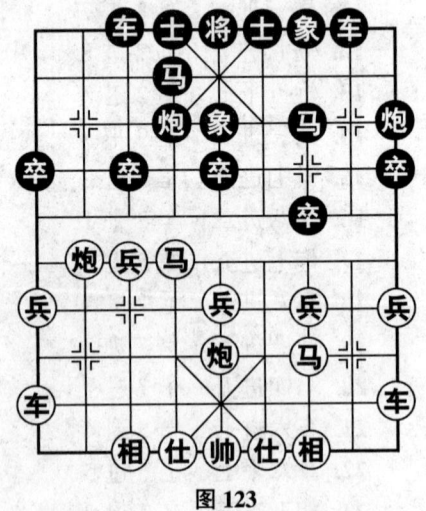

图 123

第二章 巡河炮或先锋马

22. 相三进一　象5进3
24. 后车进五　车9退1
26. 仕五退四？车2平5！（图124）

23. 车七平六　车6平9
25. 相五退三　车9进2

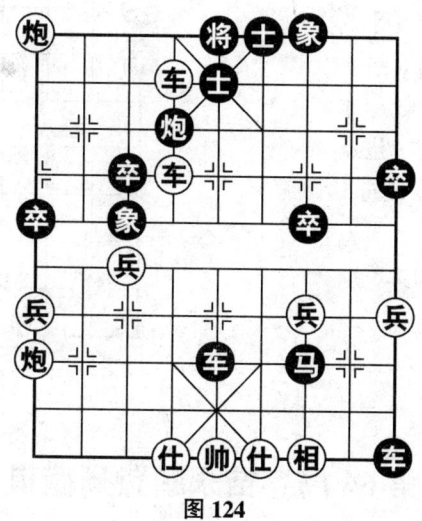

图124

第63局　万春林胜杨德琪

1. 炮二平五　马8进7
3. 兵七进一　卒7进1
5. 炮八进二　象3进5
6. 车一进一　车8进6
7. 马七进六　车8平7
8. 车九进二　马2进4（图125）
9. 炮五退一　车7平8
10. 马三进四　卒7进1
11. 马四进六　马7进8
12. 车一平四　炮9平7
13. 相三进一　炮7平6
14. 车四进四　车1平3
15. 后马退五　炮2进2？
16. 马六进五！卒3进1
17. 车四平七　车3进4

2. 马二进三　车9平8
4. 马八进七　炮8平9

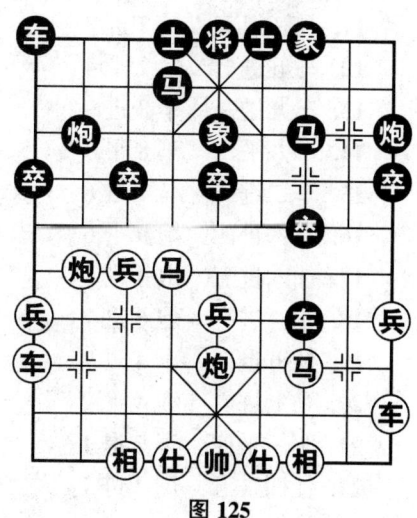

图125

18. 兵七进一　象7进5
19. 兵七平八　马4进3
20. 兵八平七！象5进3
21. 车九平七　炮6平3？
22. 炮八平七　马8进6
23. 炮七进二　象3退1
24. 炮七平八　炮3进7
25. 车七退二　马6进5
26. 炮八退五！卒7平6
27. 相一退三（图126）

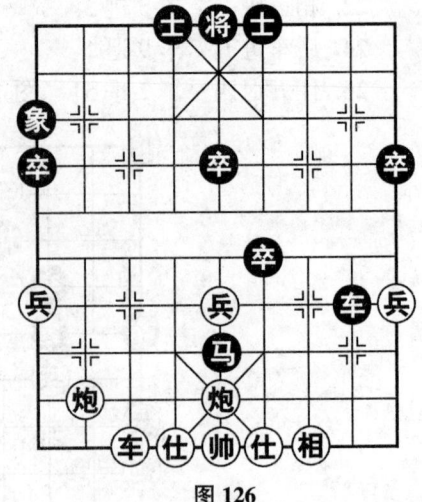

图126

第64局　苗永鹏负杨德琪

1. 炮二平五　马8进7
2. 马二进三　车9平8
3. 兵七进一　卒7进1
4. 马八进七　炮8平9
5. 炮八进二　象3进5
6. 马七进六　士4进5
7. 车一进一　马2进1
8. 马六进七　炮2进2（图127）
9. 马七退六　车1平4
10. 炮八平九　马1退2
11. 马三退五　马2进3
12. 马五进七　炮2平4
13. 车九进一　车8进9！
14. 车九平二　车8平7
15. 车二进二？马7进8
16. 马六进四　炮9平6！
17. 仕六进五　炮4进4
18. 车一进一　炮6进7！
19. 仕五退四　车4进7
20. 马七进六　炮4平2
21. 车一平四　车7退1
22. 仕四进五　炮2平1
23. 相七进九　车4进1

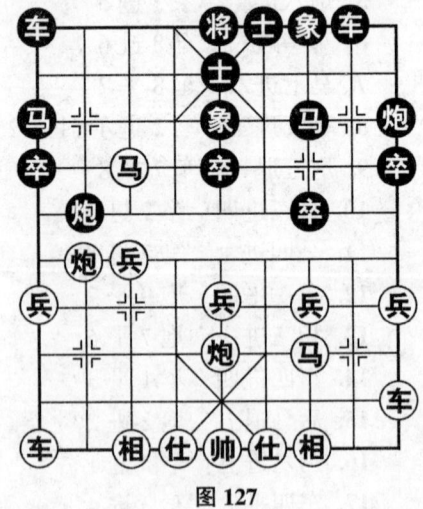

图127

24. 马六退七　车4平3　　25. 帅五平六　车7进1
26. 仕五退四　车3退1　　27. 车二进二　车7退1（图128）

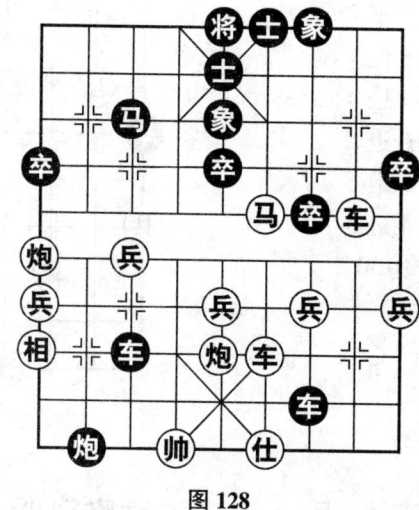

图 128

第 65 局　杨德琪胜廖二平

1. 炮二平五　马8进7　　2. 马二进三　车9平8
3. 兵七进一　炮8平9　　4. 马八进七　卒7进1
5. 炮八进二　象3进5　　6. 车一进一　车8进6
7. 马七进六　马2进3
8. 炮五平六　卒1进1（图129）
9. 相七进五　车1进3
10. 炮六平七　卒3进1?
11. 兵七进一　象5进3
12. 炮八平七　马3进2
13. 后炮进三　象7进5
14. 后炮退四!　象5进3
15. 马六进八　车1平2
16. 马八退七　炮2平3
17. 马七进六　炮3进7
18. 车九平七　卒5进1
19. 车七进五　车8平7

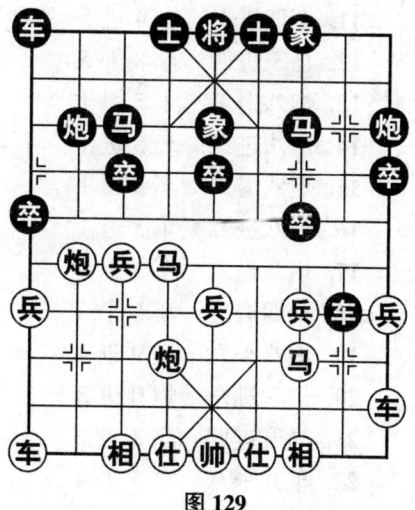

图 129

20. 车一平二！ 车2平4
21. 车二进六 马7进8
22. 马三退五 车7平8
23. 马五进七 车8退1
24. 车七平八 炮9进4
25. 马六进八 士6进5
26. 车二进二 士5退6
27. 车八平五 士4进5
28. 车二退三！（图130）

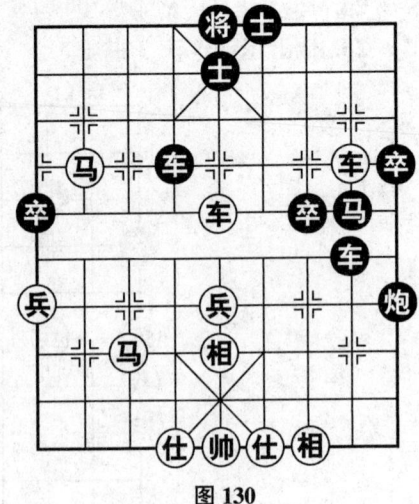

图130

第66局　张申宏胜陶汉明

1. 炮二平五 马8进7
2. 马二进三 车9平8
3. 兵七进一 炮8平9
4. 马八进七 卒7进1
5. 炮八进二 象3进5
6. 车一进一 车8进6
7. 马七进六 车8平7
8. 车九进二 马2进4
9. 炮五退一 车7平8
10. 车一平四 车1平3（图131）
11. 车四进七 士4进5
12. 马三进四 车8平5
13. 炮八退二 车5退1
14. 炮八进二 车5进1
15. 炮八退二 车5退1
16. 炮八进二 车5进1
17. 炮八退二 车5退1
18. 马四退五 车5平8
19. 炮八平六 炮9进4？
20. 炮六进六 炮9进3
21. 马五进四 车3进2
22. 车九平八 车3平4
23. 马六进七！ 车8进4

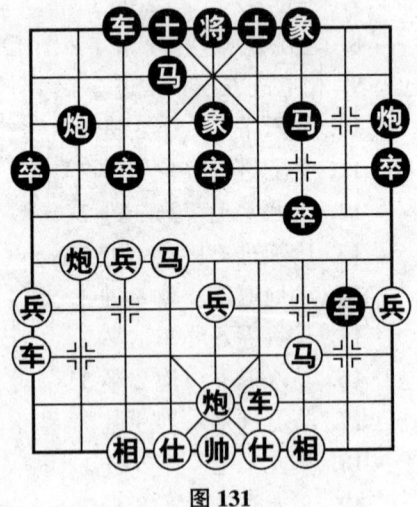

图131

24. 相七进五　车8退2	25. 炮五平三！马7退9
26. 炮六平九　车8平6	27. 马四进三　车6退6
28. 马三进四（图132）	

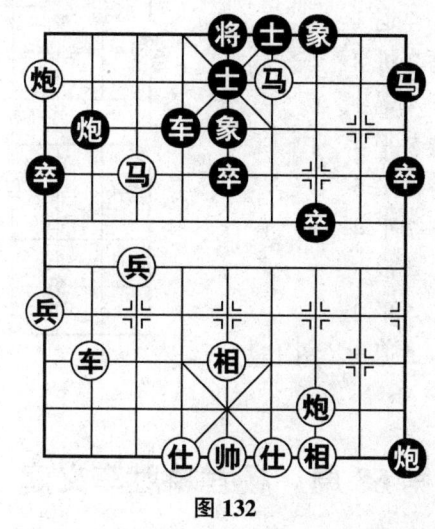

图 132

第 67 局　宋国强负李雪松

1. 炮二平五　马8进7	2. 马二进三　车9平8
3. 兵七进一　炮8平9	4. 马八进七　卒7进1
5. 炮八进二　象3进5	
6. 车一进一　士4进5	
7. 车一平四　马2进3	
8. 车九进一　车8进6（图133）	
9. 车九平六　卒3进1	
10. 兵七进一　象5进3	
11. 车六进五　车1平4	
12. 车六平七　炮2退1	
13. 炮八进三　炮2平3	
14. 车七平八　象3退5	
15. 炮八进二　车4进2	
16. 炮八平九？炮3进6	
17. 车四平八　炮3退3	

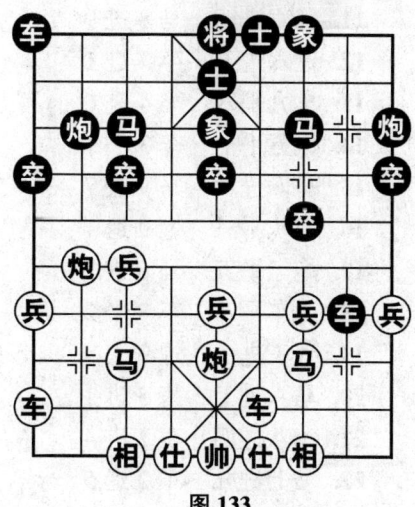

图 133

18. 兵九进一	炮3平5
19. 兵五进一	炮5进3
20. 相七进五	车8平7
21. 马三退五	车4退1
22. 马五进七	马7进8
23. 前车进三	车4退1
24. 前车平六	将5平4
25. 车八平六	将4平5
26. 车六平八	车7平4
27. 马七进八	车4退3
28. 车八平七	车4平2
29. 马八退六	车2退1（图134）

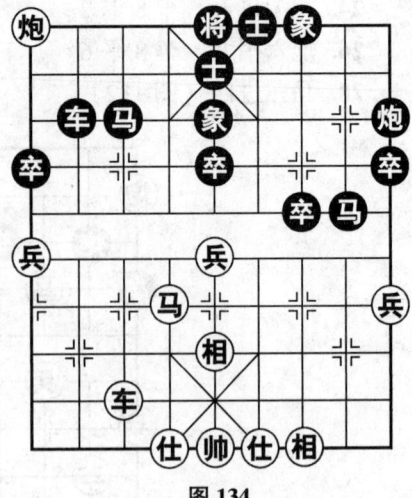

图134

第68局 杨官璘胜李义庭

1. 炮二平五	马8进7	2. 马二进三	车9平8
3. 兵七进一	卒7进1	4. 马八进七	象3进5
5. 马七进六	炮8平9	6. 车一进一	车8进1
7. 马六进七	马2进4	8. 马七退六	车1平3（图135）
9. 相七进九	炮2进3？	10. 车一平六	马7进8？

11. 马六进四	马8进9
12. 仕六进五	卒7进1
13. 车九平六	马4进6
14. 炮五平七！	车3平1
15. 马四进六	马9进7
16. 炮八平三	炮9退1
17. 炮三平五	马6进7
18. 后车平八	车8平2
19. 兵三进一	炮9平7
20. 马六进七	将5进1
21. 车八进四！	车2进4
22. 马七进九	车2退5
23. 相三进一	马7进9

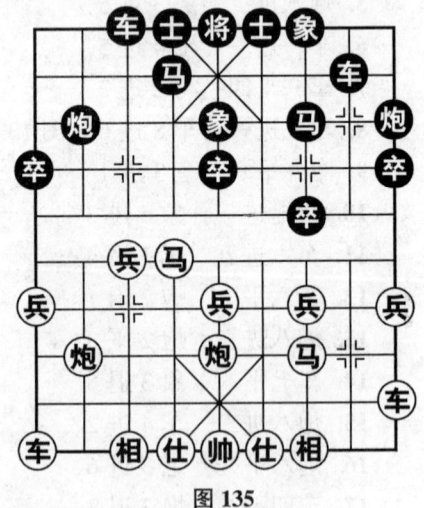

图135

第二章　巡河炮或先锋马

24. 炮五进四　象5进7	25. 车六进五　车2平1
26. 炮五退二　马9进7	27. 车六平三！炮7平6
28. 车三平五　将5平4	29. 炮五平六（图136）

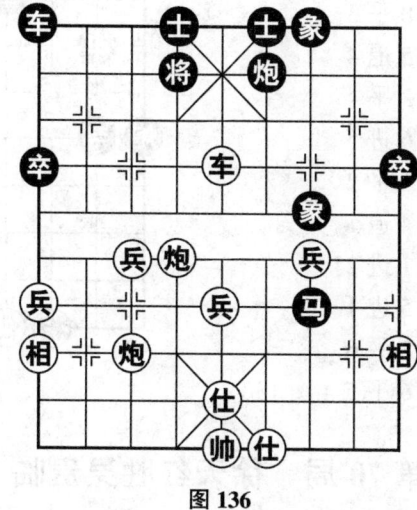

图 136

第69局　赵鑫鑫负孟辰

1. 炮二平五　马8进7	2. 马二进三　车9平8
3. 兵七进一　炮8平9	4. 马八进七　卒7进1
5. 炮八进二　象3进5	
6. 马七进六　马2进3	
7. 车一进一　士4进5	
8. 车九进一　卒1进1（图137）	
9. 炮五平七　车1进3	
10. 马六进七　马7进6	
11. 车一平四　马6进7	
12. 车四进三　车8进3	
13. 炮八退一　炮9平7	
14. 炮八平三　炮7进4	
15. 相三进五　车1平2	
16. 兵九进一　炮2平1	
17. 车九平六　卒1进1	

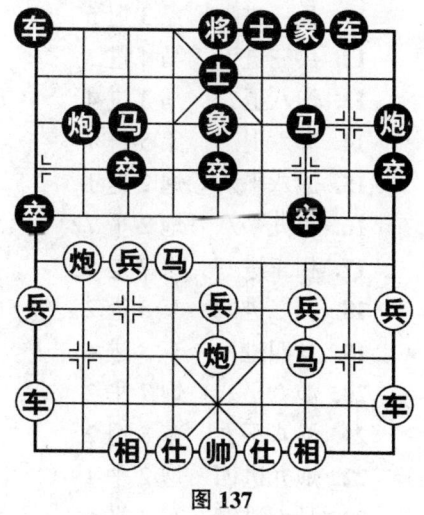

图 137

18. 车六进七　炮1进1!
19. 马七进五　象7进5
20. 炮七进五　卒5进1
21. 车六平九　车8平3
22. 车九进一　士5退4
23. 炮七平六　车3平4
24. 炮六平七　士6进5
25. 兵七进一　卒1平2
26. 车九退一　车4退1
27. 炮七进一　炮1进2!
28. 车四进一　卒5进1
29. 车四平五　将5平6
30. 车五平四　将6平5（图138）

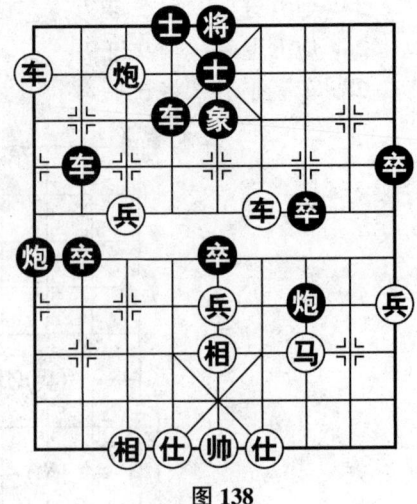

图 138

第70局　徐天红胜吴贵临

1. 炮二平五　马8进7
2. 马二进三　卒7进1
3. 兵七进一　车9平8
4. 马八进七　炮8平9
5. 炮八进二　象3进5
6. 车一进一　马2进4
7. 车一平六　车8进1
8. 车六进四　车1平3（图139）
9. 马七进六　卒3进1
10. 兵七进一　象5进3
11. 兵三进一　象3退5
12. 兵三进一　马4进3
13. 炮八退二　马3进4
14. 车六退一　象5进7
15. 炮八平六　炮2退1
16. 车九平八　炮2平7?
17. 相三进一　象7退5
18. 马三进四　车8进2
19. 马四进六　车3平4
20. 炮六平八!　炮7平2
21. 炮八平九　车8退2
22. 炮九进四　炮2平1
23. 马六进四　车3平6

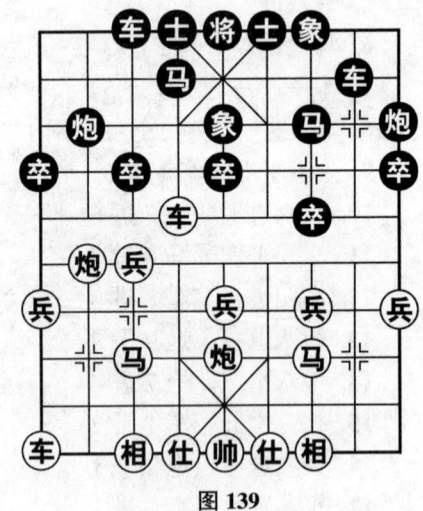

图 139

24. 车八进九 士6进5	25. 马四进五！将5进1
26. 车六进五 将5平6	27. 车六退一 马7退5
28. 仕六进五 车6平3	29. 相七进九 车8进6
30. 炮五平四（图140）	

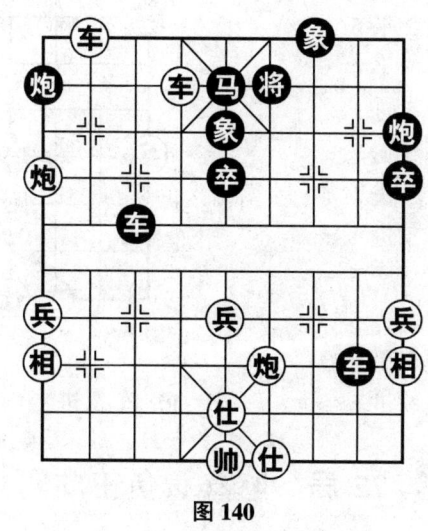

图140

第71局　张申宏胜蒋凤山

1. 炮二平五 马8进7	2. 马二进三 车9平8
3. 兵七进一 炮8平9	
4. 马八进七 卒7进1	
5. 炮八进二 马2进3	
6. 车一进一 象3进5	
7. 马七进六 士4进5	
8. 炮五平六 车8进3（图141）	
9. 相七进五 卒5进1	
10. 炮六平七 卒3进1？	
11. 兵七进一 象5进3	
12. 炮八平七 马3进2	
13. 前炮平九！车1平4	
14. 马六进八 车8平2	
15. 马八退七 车4进6	

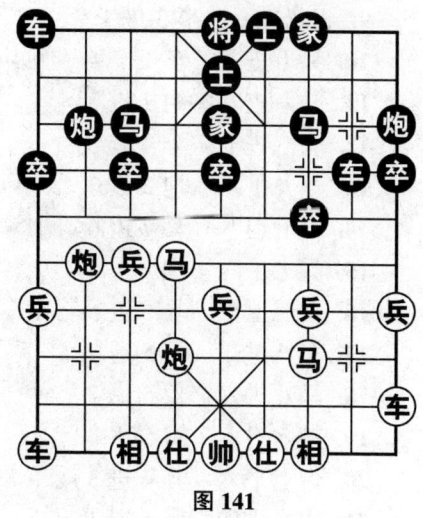

图141

16. 炮七进三　马7进5
17. 炮七进四　车4平3
18. 炮九平七　车3平4
19. 前炮平九　马5进3
20. 车一平四　炮2平5
21. 车九平七　将5平4
22. 仕四进五　卒5进1
23. 车四进四　马3退2
24. 炮九平四！卒5进1
25. 炮四退一　卒5进1
26. 相三进五　车2平5
27. 炮七平二　马5进5
28. 仕五进六　炮9平8
29. 车四平八　士5进6？

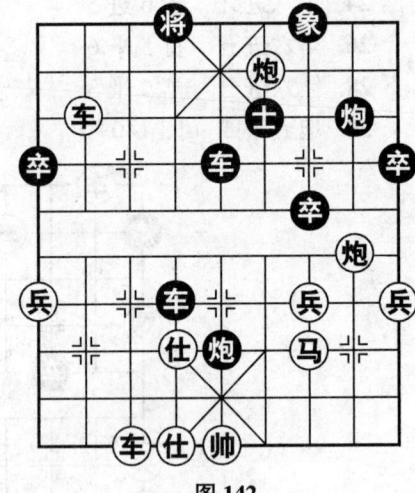

图 142

30. 车八进二！（图142）

第72局　赵鑫鑫负王向明

1. 炮二平五　马8进7
2. 马二进三　车9平8
3. 兵七进一　卒7进1
4. 马八进七　炮8平9
5. 炮八进二　象3进5
6. 马七进六　车8进8
7. 仕四进五　马2进3
8. 炮五平七　士4进5
9. 相三进五　卒3进1
10. 兵七进一　车1平4（图143）
11. 马六进八　炮2进3
12. 马八进七　车4进8
13. 车九平八　炮2进3
14. 马七退八　马7进6
15. 兵七平六　炮2平5！
16. 马三退五　马6进5
17. 车八进二　马5退4
18. 马八进六　象5退3
19. 马六进七　将5平4
20. 炮七平六　马4进3
21. 车八进四？车4退1

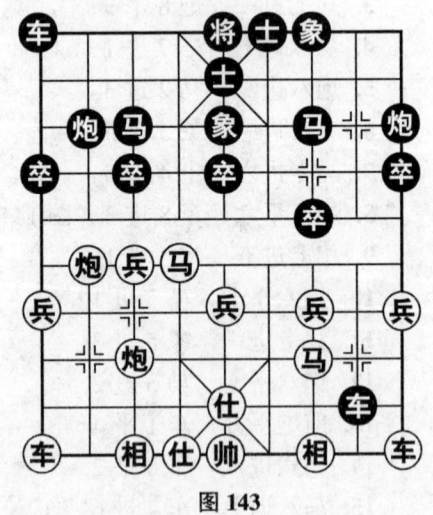

图 143

22. 车八平六　车4退4
23. 马七退六　车8退3
24. 马五进七　炮9平3
25. 马六退七　车8平4
26. 仕六进五　卒5进1
27. 车一平四　卒5进1
28. 车四进三　车4进3！
29. 相五退三　炮3进2
30. 兵九进一　车4平3（图144）

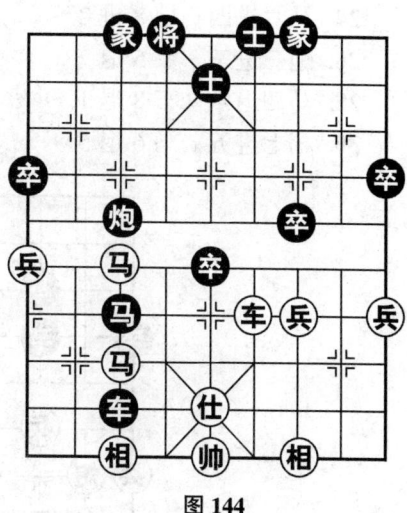

图144

第73局　赵国荣胜李来群

1. 炮二平五　马8进7
2. 马二进三　车9平8
3. 兵七进一　炮8平9
4. 马八进七　卒7进1
5. 炮八进二　象3进5
6. 马七进六　车8进8
7. 马三退五　马2进3
8. 马五进七　马7进8
9. 车九进一　车8平1
10. 马七退九　炮2进2
11. 马九进七　马8进7
12. 炮五退一　炮9平7（图145）
13. 相三进五　炮2平6
14. 车一平二　炮6进3
15. 车二进七　炮7退1
16. 车二平四　炮6平8
17. 炮五平一　车1进1
18. 炮一进五　炮7平9
19. 相五退三　车1平8
20. 炮一平三　士4进5
21. 车四退三　卒7进1
22. 车四平三　马7进6
23. 仕六进五　车8进5

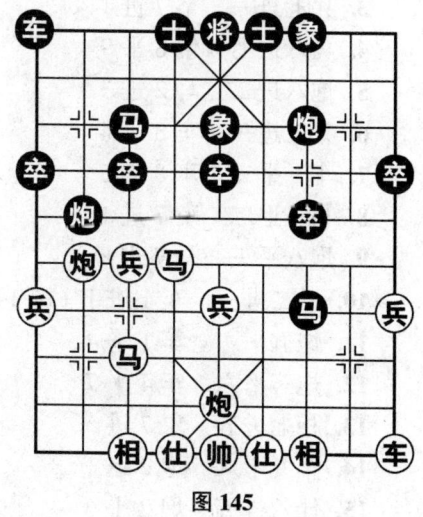

图145

24. 马六进四	炮8进2	25. 车三退三	炮9平7
26. 炮三进三	象5退7	27. 车三进七	车8进1?
28. 马四退六	车8退1	29. 炮八退一!	车8退1
30. 相七进五	马6退5	31. 马六退四!	(图146)

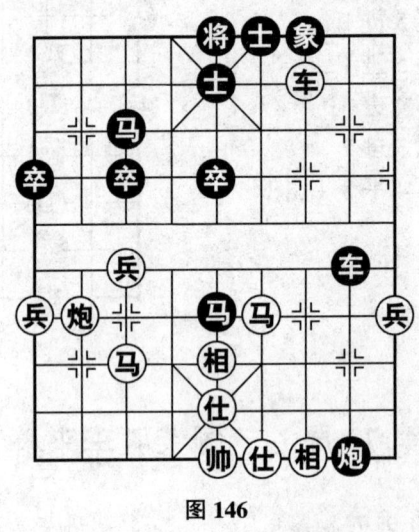

图 146

第74局　张致忠负李鸿嘉

1. 炮二平五	马8进7	2. 马二进三	车9平8
3. 兵七进一	卒7进1		
4. 马八进七	炮8平9		
5. 炮八进二	马2进3		
6. 兵三进一	车8进4		
7. 车一平二	车8进5		
8. 马三退二	卒7进1		
9. 炮八平三	马7进8		
10. 马二进三	车1进1（图147）		
11. 炮五平六	车1平4		
12. 炮三平六	车4平7		
13. 相七进五	象7进5		
14. 车九平八	炮2退1		
15. 仕六进五	炮2平6		

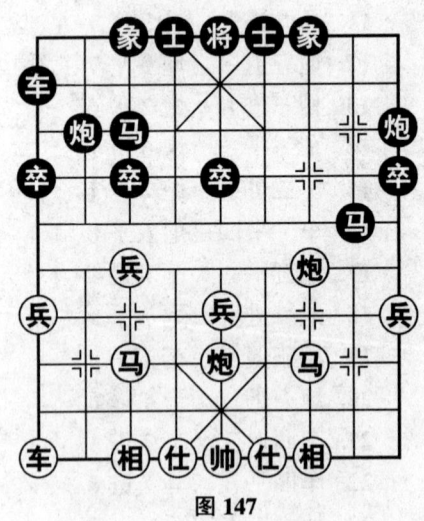

图 147

16. 车八进五　卒3进1
17. 前炮进四?　车7进6!
18. 车八平七　车7退3
19. 马七进六　车7平3
20. 兵七进一　象5进3
21. 后炮平七　马3进4
22. 炮六退二　马8进6
23. 炮七进七　将5进1
24. 炮六平一　马6进8
25. 仕五进六　马8进7
26. 帅五进一　炮6平8
27. 炮一平二　炮9平8!
28. 炮七退三　卒5进1
29. 马六进四　后炮进2
30. 马四进二　马4进5
31. 炮七平四　马5退6（图148）

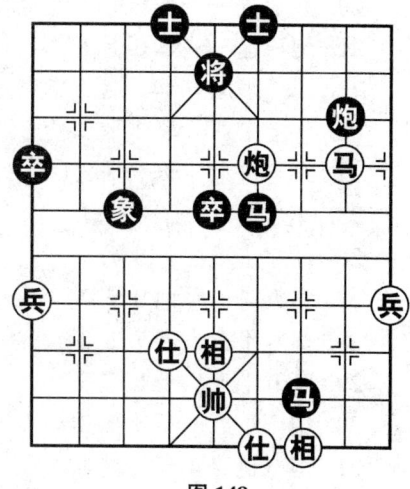

图148

第75局　刘殿中胜潘振波

1. 炮二平五　马8进7
2. 马二进三　车9平8
3. 兵七进一　卒7进1
4. 马八进七　炮8平9
5. 炮八进二　马2进3
6. 马七进六　象3进5
7. 车一进一　卒1进1
8. 炮五平七　士4进5（图149）
9. 相七进五　卒3进1
10. 兵七进一　车1平4
11. 炮八平七　车4进5
12. 车九平八　炮2退2
13. 前炮进三　炮2平3
14. 后炮平八　车4退3?
15. 炮八进七　士5退4
16. 兵七进一　车8进7
17. 炮八退二!　车4进4
18. 炮七平三　车8平7
19. 炮八进二　车7平6

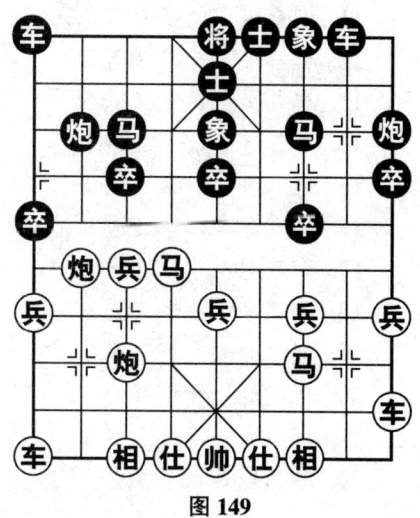

图149

20. 兵七进一　车6退5
21. 炮三退一　车6退1
22. 车一平七　车4退5
23. 兵七平八　车4平3
24. 车七进七　车6平3
25. 车八进六　卒9进1
26. 仕六进五　车3平4
27. 兵五进一　炮9平7?
28. 车八平五　炮7平2
29. 车五平七!　士6进5
30. 炮三平五　车4平2
31. 炮八退二　车2进1
32. 车七进三　(图150)

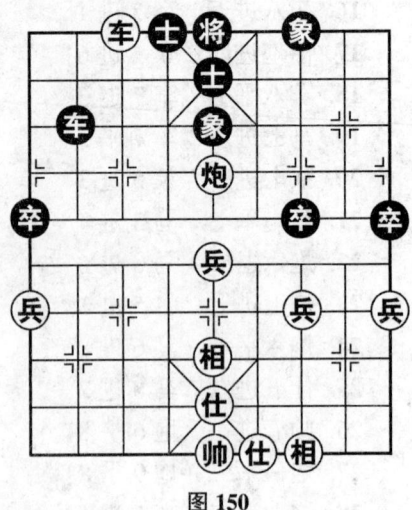

图150

第76局　朱晓虎负聂铁文

1. 炮二平五　马8进7
2. 马二进三　车9平8
3. 兵七进一　卒7进1
4. 马八进七　象3进5
5. 马七进六　炮8平9
6. 车一进一　马2进4
7. 炮五平六　车8进1
8. 炮八进二　车1平3（图151）
9. 车九进一　炮9退1
10. 相七进五　炮2退1
11. 炮八进二　卒9进1
12. 车一平二　车8进7
13. 车九平二　士4进5
14. 车二进七　卒3进1!
15. 炮六进六　卒3进1
16. 马六退四　车3进3
17. 炮八退六　卒3进1
18. 车二平三　炮2进6
19. 炮六退七　炮2平7
20. 车三退一　炮9进5
21. 车三退一　车3平2
22. 炮八平九　卒7进1!
23. 车三平四　卒7进1

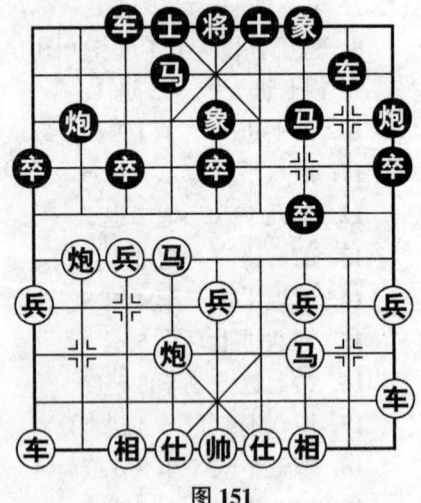

图151

24.	马四退三	炮9平5		
25.	仕四进五	卒3进1		
26.	马三进一	卒3平4		
27.	炮六平九	卒4进1!		
28.	帅五平四	车2进6		
29.	帅四进一	车2平1		
30.	车四平五	卒7平6		
31.	炮九进五	车1退3		
32.	马一进二	炮7退2!（图152）		

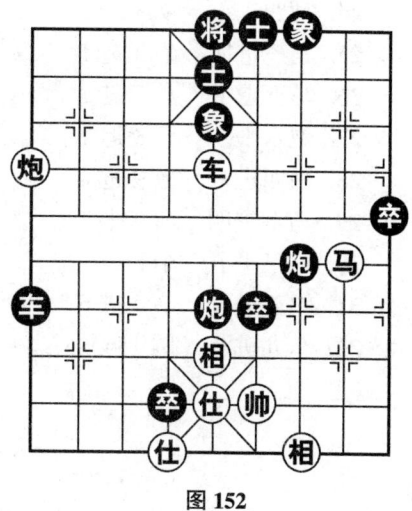

图 152

第77局　徐天红胜袁洪梁

1. 炮二平五	马8进7	2. 马二进三	车9平8
3. 兵七进一	炮8平9	4. 马八进七	卒7进1
5. 炮八进二	象3进5	6. 车一进一	车8进6
7. 马七进六	士4进5	8. 炮五平七	马2进4
9. 相七进五	卒1进1	10. 车九进一	炮9退1（图153）
11. 炮七平九	炮2平1		
12. 车九平八	卒1进1		
13. 炮八进四	卒1进1		
14. 炮九平六	卒5进1		
15. 车一平四	车8退3		
16. 车四进七	车1平2		
17. 兵三进一	卒7进1		
18. 相五进三	卒1平2		
19. 车八进二	炮1进7		
20. 仕六进五	炮9平1		
21. 车八平九	车2进1		
22. 车九退三	车2退1		
23. 马六退四!	马4进2?		

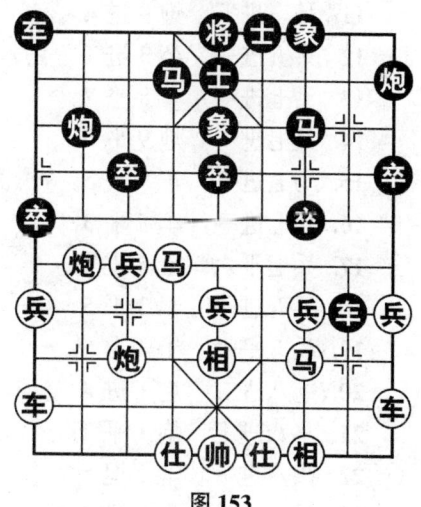

图 153

24. 马四进五　卒3进1
25. 马三进四　卒3进1
26. 马五退七　马2进3
27. 炮六平三！车8退1
28. 马四进六　炮9进4
29. 马六进四　炮9平7
30. 炮三平五　车8进1
31. 炮五进五　士5进6
32. 车九进八（图154）

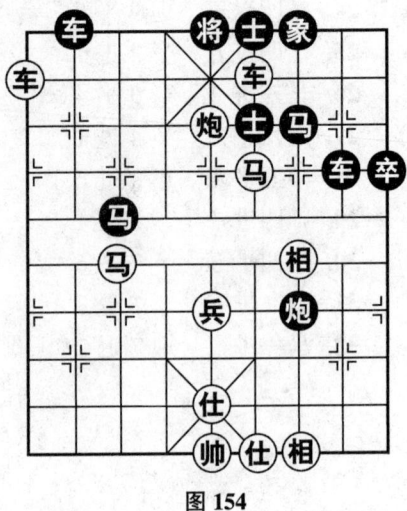

图154

第78局　张影富胜庄永熙

1. 炮二平五　马8进7
2. 马二进三　车9平8
3. 兵七进一　炮8平9
4. 马八进七　卒7进1
5. 炮八进二　马2进3
6. 车一进一　炮2平1
7. 车九平八　车1平2
8. 兵五进一　士6进5（图155）
9. 炮八进二　象3进5
10. 车一平四　车8进6
11. 马三进五　炮9进4
12. 兵五进一　卒3进1
13. 兵七进一　车8平7
14. 兵七进一　炮9平5
15. 马七进五　车7平2
16. 兵七平六　士5进4
17. 兵七平六　士5进4
18. 兵五进一　车3平5
19. 兵五平六　士4退5
20. 炮八进二　炮1进4
21. 车八进七　炮1平2
22. 兵六进一！炮2退5
23. 兵六进一　马7进5

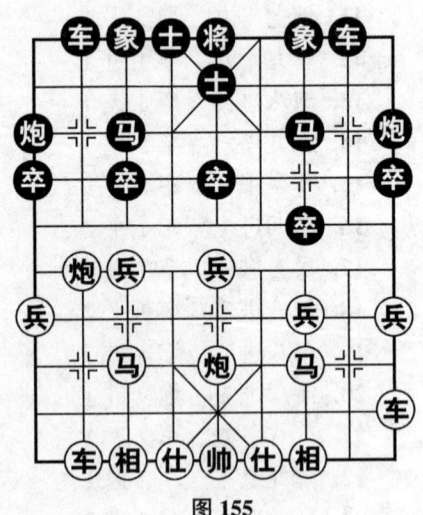

图155

第二章 巡河炮或先锋马

24. 仕四进五　马5进3
25. 车八退一　炮2平3
26. 车八平七　炮3退1
27. 车四进七　卒7进1？
28. 车七进二！车5平4
29. 兵六平五　士4进5
30. 车四平五　将5平4
31. 炮五平六　车4进1
32. 仕五进六　马3退2
33. 车七退一（图156）

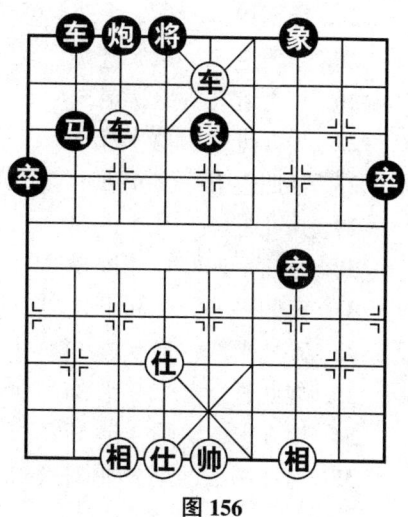

图156

第79局　胡荣华负徐天红

1. 炮二平五　马8进7
2. 马二进三　车9平8
3. 兵七进一　炮8平9
4. 马八进七　卒7进1
5. 炮八进二　象3进5
6. 马七进六　车8进8
7. 马三退五　马2进3
8. 马五进七　士4进5
9. 仕六进五　炮2进2（图157）
10. 炮五平六　卒7进1！
11. 兵三进一　炮2平9
12. 炮六平一　车1平2
13. 车九平八　车2进3
14. 相三进五　车8退4
15. 炮一进三　卒9进1
16. 车一平三　炮9平4
17. 炮八退三　马7进6
18. 马六进四　车8平4
19. 炮八平九　车2平6
20. 马七退八　车6平2
21. 马八进七　卒3进1
22. 兵三进一　卒3进1
23. 相五进七　车2进4

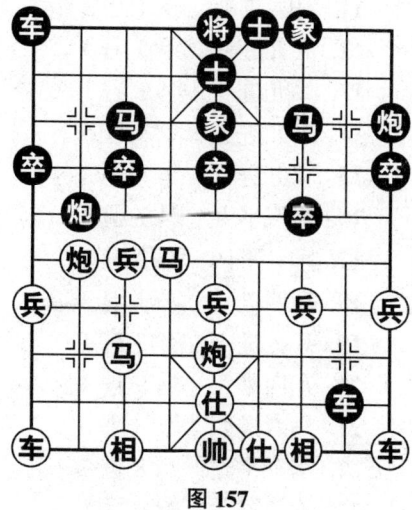

图157

24. 仕五退六	车2平3		
25. 车三进二	象5进7		
26. 相七进九	象7退5		
27. 兵九进一	马3进4		
28. 仕四进五	卒9进1		
29. 兵九进一	马4进6		
30. 车三平四?	马6进8		
31. 车四平二	卒9平8		
32. 兵九平八	炮9进1!		
33. 炮九进五	炮9平3		
34. 炮九退三	炮3退1		
35. 炮九平二	车3平2! (图158)		

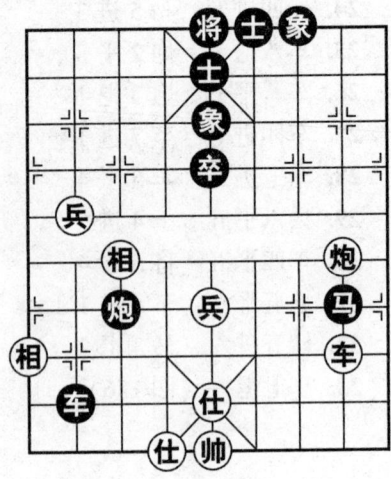

图 158

第80局 王斌胜徐超

1. 炮二平五	马8进7	2. 马二进三	车9平8
3. 兵七进一	炮8平9	4. 马八进七	卒7进1
5. 炮八进二	象3进5	6. 车一进一	士4进5
7. 马七进六	马2进1	8. 炮五平六	炮2平4 (图159)
9. 炮六进五	士5进4	10. 马三退五	士4退5
11. 马五进七	车1平2		
12. 兵九进一	象5退3		
13. 兵九进一	卒1进1		
14. 车九进五	象7进5		
15. 相七进五	车8进3		
16. 炮八平九	马7退8		
17. 车一平四	车2进3		
18. 车四进三	马1退3		
19. 兵三进一	卒7进1		
20. 车四平三	炮9进4		
21. 马六进四	车8平6		
22. 车三平一	马8进7		
23. 马四退六	炮9平8		

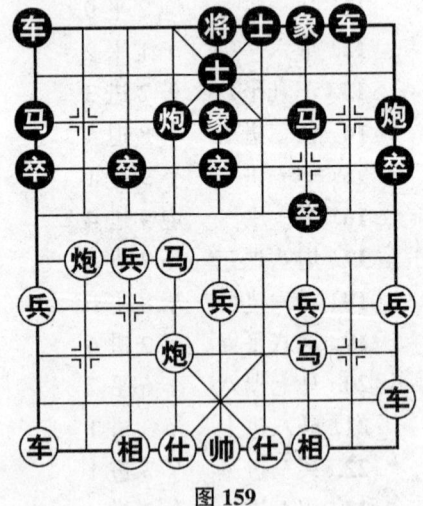

图 159

24. 车一平二	炮8平9
25. 车二进三	车6退1
26. 仕六进五	炮9退2
27. 车九平六	车2进4
28. 车二退一	卒3进1
29. 兵七进一	炮9平3
30. 车六进三	马3进1
31. 车二平三	炮3平8
32. 马六进五	炮8退3
33. 车六退六	车2退4
34. 炮九平五	马1退3？
35. 车三进一！（图160）	

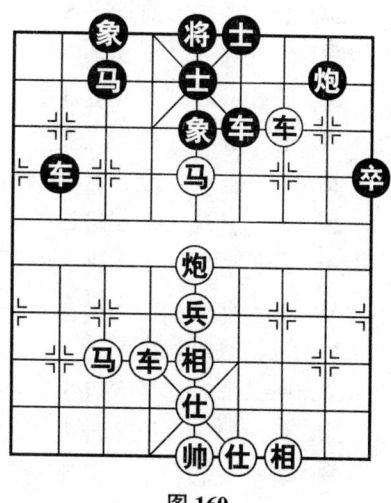

图160

第81局 陈翀负邢毅

1. 炮二平五	马8进7	2. 马二进三	车9平8
3. 兵七进一	卒7进1	4. 马八进七	炮8平9
5. 炮八进二	象3进5	6. 车一进一	车8进6
7. 马七进六	车8平7	8. 车九进二	马2进3（图161）
9. 炮五退一	车7平8	10. 马三进四	车8平5
11. 马四进三	炮9进4		
12. 马六进四	车5平4		
13. 马四进三	士4进5		
14. 车九平四	车1平4		
15. 炮八退四	后车进5		
16. 前马进四	士5退6		
17. 车四进六	士6进5		
18. 炮五进六	炮2平5		
19. 马三进五	炮9平5		
20. 马五进七	后车退4！		
21. 车一进五？	后平3		
22. 车四平三	炮5退2		
23. 炮八进一	车3平4		

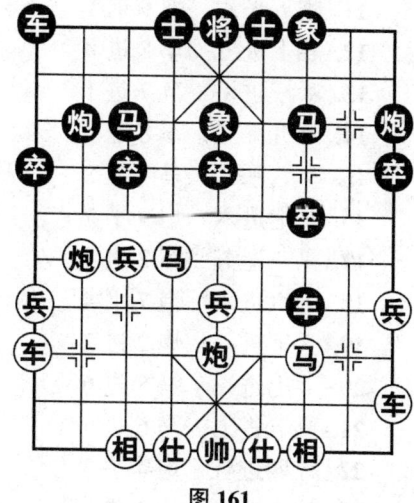

图161

24. 炮八平二	前车平5
25. 仕六进五	车5平9
26. 仕五进四	车9退3
27. 炮二进八	象7进5
28. 车三进一	士5退6
29. 车三退三	士6进5
30. 车三平一	车4进5
31. 车一进三	士5进6
32. 炮二退四	将5进1
33. 炮二平五	卒5进1
34. 车一退三	卒7进1
35. 车一平七	车4退4
36. 相三进五	卒7平6（图162）

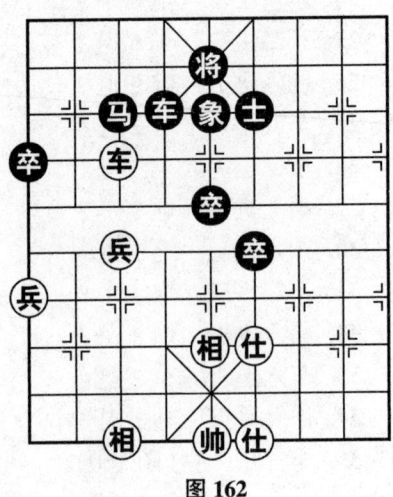

图162

第82局　陈翀胜张申宏

1. 炮二平五	马8进7	2. 马二进三	车9平8
3. 兵七进一	卒7进1	4. 马八进七	炮8平9
5. 炮八进二	象3进5	6. 车一进一	马2进4
7. 车一平六	车1进1	8. 车六进四	士4进5（图163）
9. 炮八平九	车1平2	10. 车九平八	炮2进4
11. 炮五平六	炮9退1		
12. 相七进五	车8进8		
13. 兵三进一	卒7进1		
14. 炮九平三	车8退4		
15. 车六平二	马7进8		
16. 马七进六	炮9平7		
17. 马三退五	车2进1？		
18. 炮六进六	炮7平4		
19. 兵七进一！	炮2进2		
20. 兵七进一	马8进6		
21. 马五进七	马6进4		
22. 仕四进五	炮4平3		
23. 炮三退一	炮3进6		

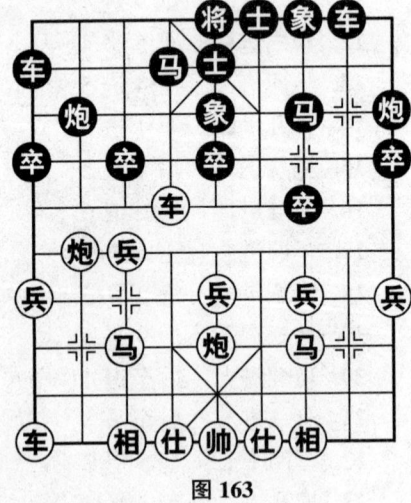

图163

第二章 巡河炮或先锋马

24. 炮三平六　炮2平4
25. 炮六平八!　炮3退1
26. 炮八进三　炮3平9
27. 马六进五　炮9平1
28. 仕五退四　卒1进1
29. 仕六进五　炮4退8
30. 兵七进一　车2退1
31. 炮八进一　士5进6
32. 车八进五　卒1进1
33. 马五退六　炮1进3
34. 马六进四　炮4平2
35. 马四进六　炮2平2
36. 兵七平八　车2平4
37. 马六进四　车4平6

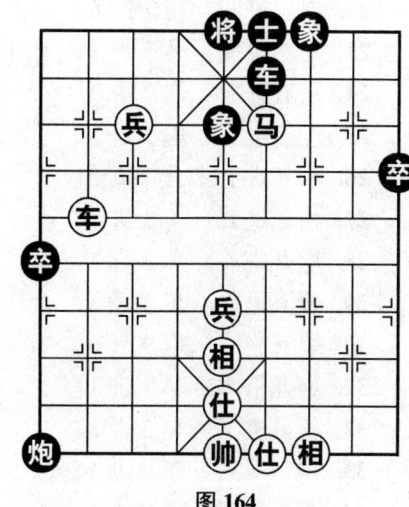
图 164

38. 兵八平七!（图164）

第 83 局　孙浩宇负窦超

1. 炮二平五　马8进7
2. 马二进三　车9平8
3. 兵七进一　卒7进1
4. 马八进七　炮8平9
5. 马七进六　象3进5
6. 车一进一　士4进5
7. 车九进一　马2进4
8. 车一平六　炮2退2（图165）
9. 炮八平六　炮2平4
10. 炮六进六　车8进5
11. 车九平八　车8平4
12. 车六进三　炮4进5
13. 兵五进一　炮4进2
14. 炮五退一　车1平3
15. 车八进一　炮4退5
16. 炮六平九　车3平1
17. 炮九平七　车1平3
18. 炮七平九　卒3进1
19. 兵七进一　象5进3
20. 兵五进一　卒5进1
21. 相七进五　象3退5

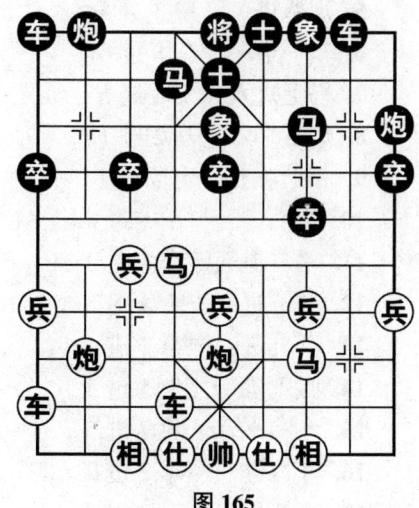
图 165

22. 炮五进四	马7进5		
23. 马三进五	马5进3		
24. 马五进七	炮4平3		
25. 仕四进五	炮3进3		
26. 相五进七	马3退2!		
27. 相三进五	车3进1		
28. 炮九进一	车3进3		
29. 炮五退一	车3平5		
30. 炮五平一	炮9平6		
31. 炮九平八	卒7进1!		
32. 相五进三	车5平8		
33. 相三退五	车8进1		
34. 车八进四	卒9进1		
35. 车八平九	卒9进1	36. 兵一进一	象5进7
37. 车九平七	炮6平5!	38. 车七进三?	士5退4
39. 车七退二	将5进1（图166）		

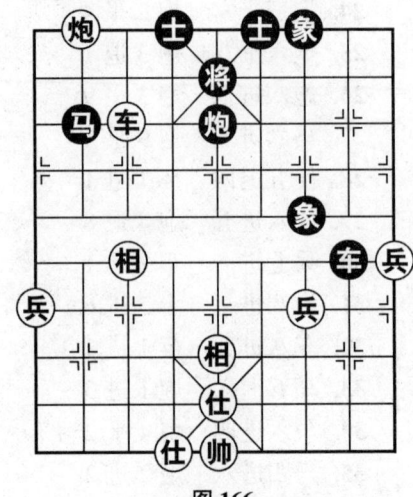

图 166

第 84 局　王斌胜金波

1. 炮二平五	马8进7	2. 马二进三	车9平8
3. 兵七进一	炮8平9	4. 马八进七	卒7进1
5. 炮八进二	象3进5		
6. 车一进一	车8进6		
7. 马七进六	士4进5		
8. 炮五平六	马2进1		
9. 相七进五	炮2平4		
10. 炮六进五	士5进4		
11. 马三退五	车1平2		
12. 马五进七	士4退5（图167）		
13. 兵九进一	卒3进1		
14. 兵七进一	象5进3		
15. 车一平八	象7进5		
16. 车九进一	车2进2		
17. 车八平二	车8退2		

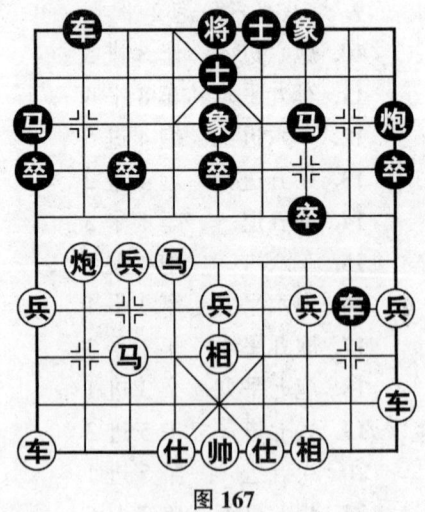

图 167

18. 炮八退一　炮9平8
20. 兵五进一　车8平6
22. 炮八平五　车2进5
24. 兵三进一　卒7进1
26. 相五进三　炮8平7
27. 相三进五　马7进6
28. 炮五进三　马6进7
29. 车二进二　马1退3?
30. 兵五进一　炮7退4
31. 炮五平三!　马7进6
32. 仕四进五　马3进4
33. 帅五平四　马4退6
34. 兵五进一　后马进5
35. 炮三进二　士5退4
36. 帅四进一　车2退6
37. 炮三平二　炮7平8
38. 炮二平六　车2平4
39. 车二进六（图168）

19. 车二平八　车8退1
21. 车八平二　炮8进2
23. 车九平三　车6进2
25. 车三进三　车6平7

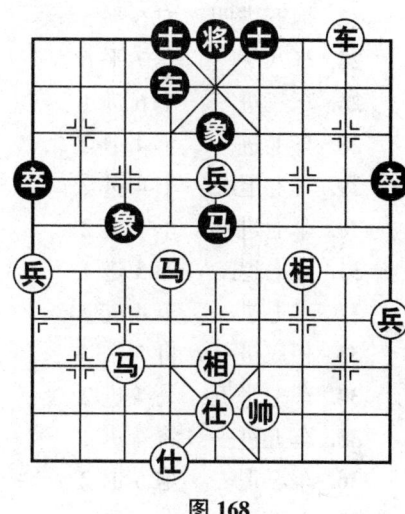

图168

第85局　潘振波负王跃飞

1. 炮二平五　马8进7
2. 马二进三　车9平8
3. 兵七进一　卒7进1
4. 马八进七　炮8平9
5. 马七进六　象3进5
6. 车一进一　士4进5
7. 马六进七　马2进3
8. 炮八平七　车8进5（图169）
9. 相七进九　炮2进4
10. 马七进五　炮9平5
11. 炮七进五　马7进6
12. 车九平八　车8平3
13. 车八进三　车3退3

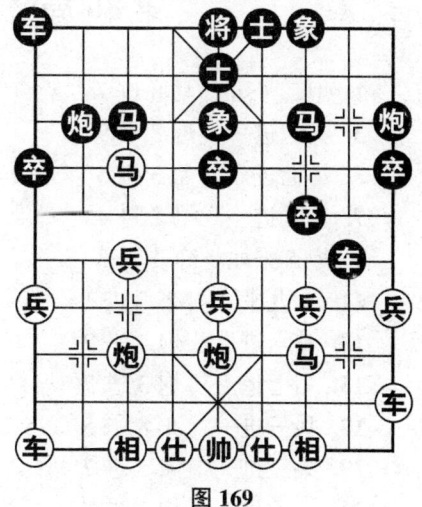

图169

· 91 ·

14. 车一平四	车3进2	15. 车四进三	车1平4
16. 兵三进一	车3平4	17. 仕四进五	马6进4
18. 车八进三？	马4进3!	19. 帅五平四	炮5平6
20. 车四平七	前车平6	21. 帅四平五	马3退4
22. 炮五进四	炮6平5	23. 炮五退二	卒7进1!
24. 车八平三	卒7平6	25. 马三进四	车6进1
26. 车三进三	车6进1	27. 车七进四	车4进2
28. 车七进一	车4退		
29. 车七退一	车4进2		
30. 车七进一	车4退		
31. 车七退二	炮5进1		
32. 车七进一	车4退		
33. 相三进五	将5平4		
34. 车七平五	马4进2		
35. 车五进一	将4进1		
36. 车三退一	炮5退2		
37. 车五平七	车4进6		
38. 车七退一	将4退1		
39. 车七进一	将4进1		
40. 车三退二	炮5进5（图170）		

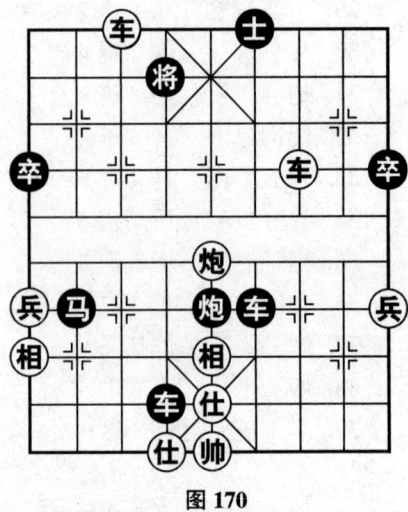

图170

第86局　李智屏胜陶汉明

1. 炮二平五	马8进7	2. 马二进三	车9平8
3. 兵七进一	炮8平9	4. 马八进七	卒7进1
5. 马七进六	象3进5	6. 车一进一	士4进5
7. 车九进一	马2进4	8. 车一平六	炮9退1（图171）
9. 炮五平六	车1平3	10. 相三进五	炮2平3
11. 车九平八	卒5进1	12. 炮六进六	炮9平4
13. 马六进七	炮4平2	14. 炮八平九	车8进3
15. 马七退五	炮3进7？	16. 仕六进五	炮2平3
17. 兵三进一	车8平5	18. 车六进四	前炮平1
19. 兵三进一	象5进7	20. 炮九平六	炮1退2
21. 炮六进二!	炮1平7	22. 炮六平五	车5平6

第二章　巡河炮或先锋马

23. 车八进七	车6进5	24. 帅五平六	炮7进2
25. 帅六进一	炮7退1	26. 帅六退一	炮7进1
27. 帅六进一	炮7退1	28. 帅六退一	炮7进1
29. 帅六进一	炮7退1	30. 帅六退一	车6退4
31. 兵七进一	炮3平4	32. 车六进三	车6平5
33. 车六退三	车5进1	34. 兵五进一	象7进5
35. 车八退二	卒1进1	36. 兵七进一	卒9进1
37. 兵五进一	炮7平8	38. 车六进三	炮8进1
39. 相五退三	炮8退5	40. 车八退一	车3平1
41. 车六平二（图172）			

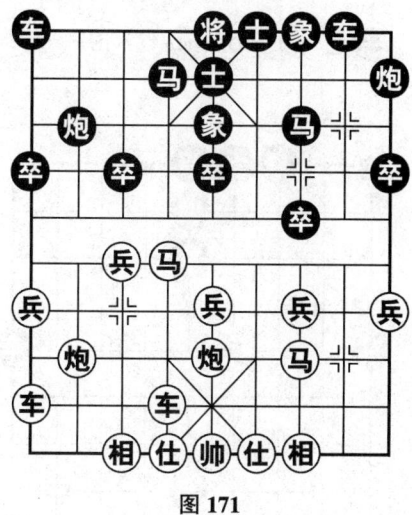

图171

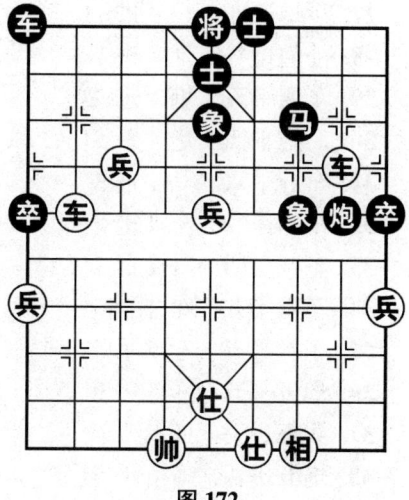

图172

第87局　柳大华负刘殿中

1. 炮二平五	马8进7	2. 马二进三	车9平8
3. 兵七进一	卒7进1	4. 马八进七	炮8平9
5. 炮八进二	象3进5	6. 兵三进一	卒7进1
7. 炮八平三	卒3进1	8. 兵七进一	马2进4
9. 马七进六	车1平3	10. 炮五平六	车3进4（图173）
11. 车九平八	马7进6	12. 马六进四	车3平6
13. 相三进五	马4进3	14. 兵五进一	车8进6
15. 车八进六	车8平3	16. 车一平二	士6进5

17. 仕四进五	炮2平4		
18. 车二平四	车6平7		
19. 炮三平二	车7平8		
20. 炮二平一	炮9平6		
21. 相五进七	卒9进1		
22. 炮一平三	炮6平7		
23. 相七进五	炮7进1!		
24. 车八进一	车3平1		
25. 车四进六	炮7进4		
26. 炮六平三	车1平7		
27. 后炮退二	马3进1!		
28. 前炮进二?	炮4进1		
29. 车四平五	炮4进3		
30. 后炮平四	炮4平5!		
31. 车五平六	马1进3		
32. 车六退二	车8进5!		
33. 车八退四	马3退1		
34. 车六平九	车7平6		
35. 车八平五	车6平5		
36. 炮三平五	车5平9		
37. 兵五进一	车9平6		
38. 炮五平八	车6平5		
39. 兵五平六	车5进1		
40. 炮八进三	象5退3		
41. 炮八平九	象7进5 (图174)		

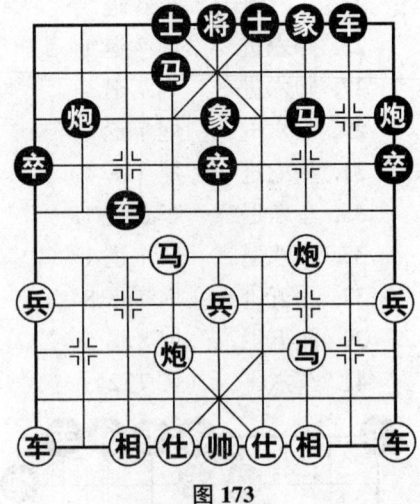

图173

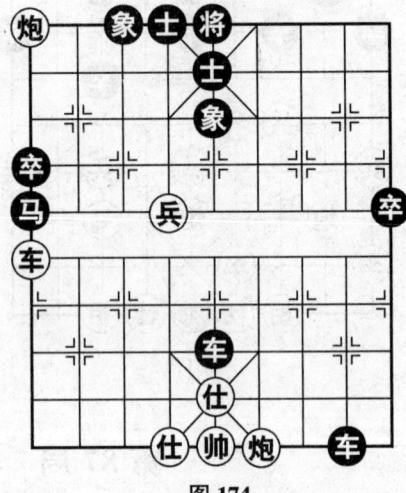

图174

第88局　柳大华负李来群

1. 炮二平五	马8进7	2. 马二进三	车9平8
3. 兵七进一	卒7进1	4. 马八进七	炮8平9
5. 炮八进二	象3进5	6. 马七进六	车8进8
7. 仕六进五	马2进1	8. 炮五平六	炮2平3 (图175)
9. 炮八退三?	车8退7	10. 相三进五	车1平2

11. 炮八平六　车2进8
12. 后炮退一　卒1进1
13. 车九平八　车2进1
14. 后炮平八　车8平2
15. 炮六退二　车2进7!
16. 车一平二　卒3进1!
17. 车二进四　卒3进1
18. 马六退四　马1进3
19. 兵三进一　卒7进1
20. 车二平三　炮9退1
21. 马四进二　卒3平4
22. 炮八平九　炮9平7
23. 车三平四　炮7平2
24. 车四退二　炮2进6
26. 车四平六　马3进2
28. 马三进四　车2平4!
29. 炮九平七　车4退1
30. 仕五进六　象5进3
31. 马四退六　炮2退1
32. 马六进七　象7进5
33. 马七退九　炮3进7
34. 炮六进一　炮2进3
35. 帅五进一　炮2退1
36. 帅五退一　马2进3
37. 炮六平三　卒3平2
38. 炮三进五　卒2平1
39. 兵九进一　马3退4
40. 兵五进一　马4进2
41. 帅五平六　炮3退7 (图176)

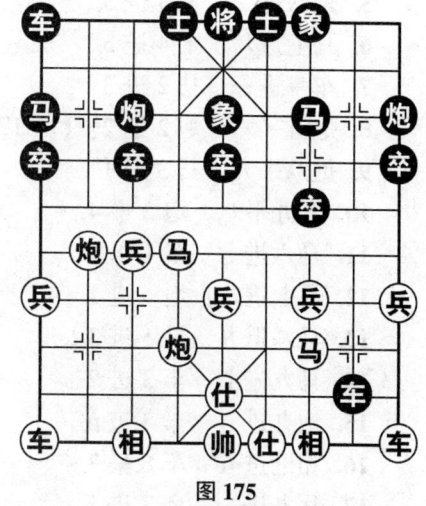

图 175

25. 相五进七　卒4平3
27. 炮九进五　士4进5

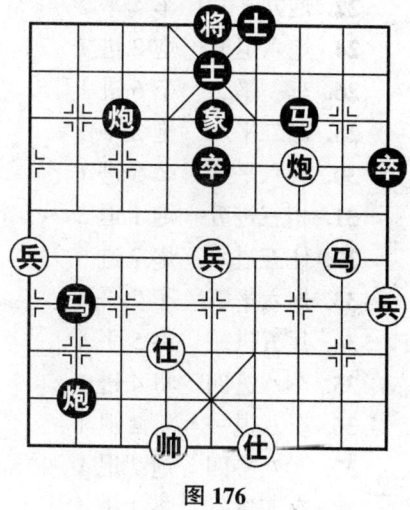

图 176

第89局　张申宏胜李智屏

1. 炮二平五　马8进7
2. 马二进三　车9平8
3. 兵七进一　卒7进1
4. 马八进七　炮8平9

5. 炮八进二　象3进5
6. 马七进六　士4进5
7. 车一进一　马2进3
8. 炮五平六　炮2退2？（图177）
9. 炮八平九　马3退1
10. 车九平八　炮2平4
11. 马六进七　车1平3
12. 马七进八！炮4进1
13. 马八退九　马1进3
14. 马九进七　车3进2
15. 炮九进五　车8进6
16. 相七进五　车8平7
17. 兵九进一　卒7进1
18. 炮六平七　车3平4
19. 兵七进一！马7进6
20. 兵七进一　马6进4？
21. 车八进九　士5退4
22. 炮九平六！车4平2
23. 车八退二　炮9平2
24. 炮六退五　炮2进7
25. 仕六进五　卒7平6
26. 车一平二　卒6进1
27. 车二进四　炮4平7
28. 车二平八　炮2平1
29. 兵七平六　卒6平5
30. 兵六平五　卒5进1
31. 相三进五　炮1退2
32. 仕五进六　炮7进6
33. 炮六平五　车7平4
34. 兵五进一　将5平4
35. 车八进四　将4进1
36. 车八退一　将4退1
37. 车八平四　炮7退1
38. 车四进一　将4进1
39. 车四退一　将4退1
40. 炮五退一！炮7退5
41. 车四进一　将4进1
42. 车四平三（图178）

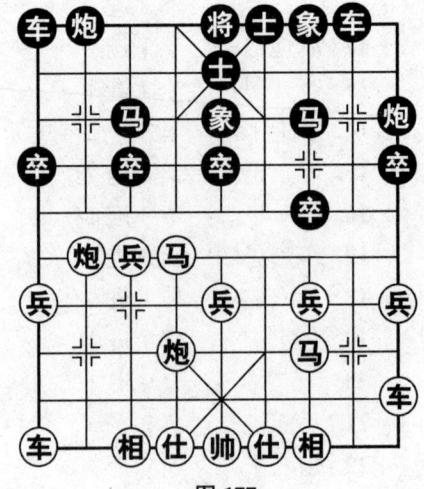

图177

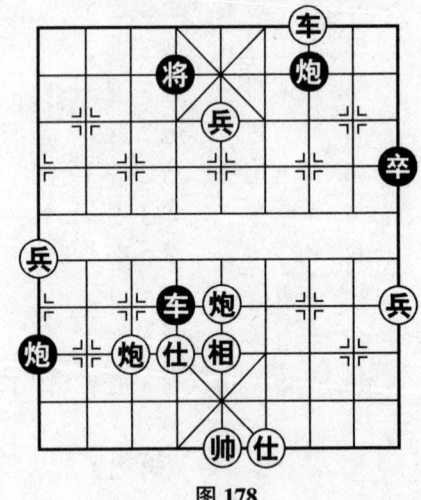

图178

第二章 巡河炮或先锋马

第 90 局　徐天红负申鹏

1. 炮二平五　马8进7
2. 马二进三　车9平8
3. 兵七进一　炮8平9
4. 马八进七　卒7进1
5. 炮八进二　象3进5
6. 车一进一　车8进6
7. 炮五平六　炮2平4
8. 车九进一　马2进1（图179）
9. 相七进五　士4进5
10. 车九平八　卒1进1
11. 炮八退二　车1平3
12. 马七进八　卒5进1
13. 炮六平七　卒5进1
14. 兵五进一　车8平7
15. 兵七进一　象5进3
16. 马八进六　车7平6
17. 马六进四　炮4平6
18. 车一平六　车4平3
19. 炮八进五　马7进6
20. 炮八平一　象7进9
21. 炮七平八　前车平2
22. 兵五进一　马6进7
23. 炮八平六　车2平4
24. 炮六平七　车3平4
25. 马四退六　前车平1
26. 马三进五　炮6进6!
27. 车六平四　马7进6
28. 车八平四　车1平4
29. 车四平九　后车平2
30. 车九进四　车2平5
31. 炮七平九?　车2平4!
32. 仕四进五　前车平5
33. 炮九进五　象3退1
34. 车九进二　象9退7
35. 车九平七　车5退2
36. 马六进八　卒3进1
37. 车七进二　士5退4
38. 车七退三　卒9进1
39. 车七平一　象7进5
40. 马八进七　车4退4
41. 马七退六　士4进5
42. 马六进八　车4平2（图180）

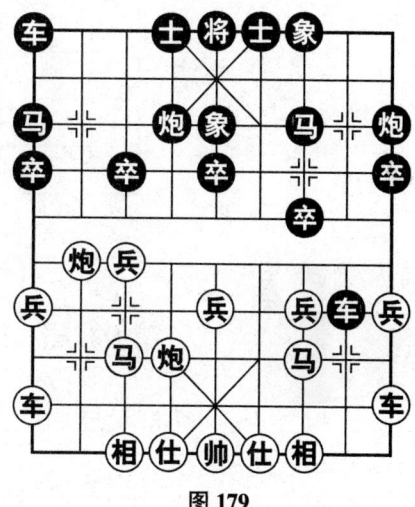

图179

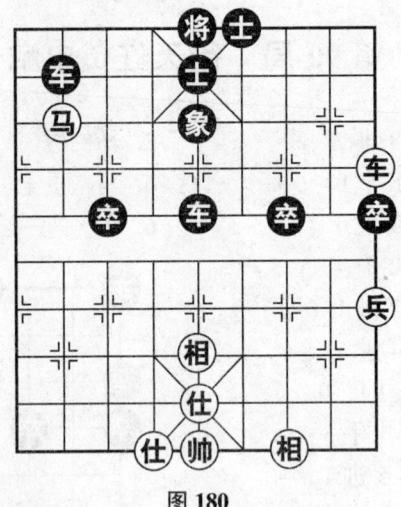

图 180

第 91 局　赵国荣负聂铁文

1. 炮二平五　马8进7
2. 马二进三　车9平8
3. 兵七进一　卒7进1
4. 马八进七　炮8平9
5. 炮八进二　象3进5
6. 车一进一　士4进5
7. 马七进六　马2进1
8. 炮五平六　炮2平4
9. 炮六进五　士5进4
10. 马三退五　车1平2
11. 马五进七　士4退5（图181）
12. 车九平八　车2进3
13. 相七进五　车8进3
14. 车一平八　卒1进1
15. 炮八退二　卒5进1
16. 炮八平九　车2进5
17. 车八进一　车8平4
18. 车八进五　车4进1
19. 车八平九　马7进8
20. 炮九进三　象5退3
21. 炮九进二　象3进1
22. 车九进一　马8进7
23. 马六退四？　卒7进1！

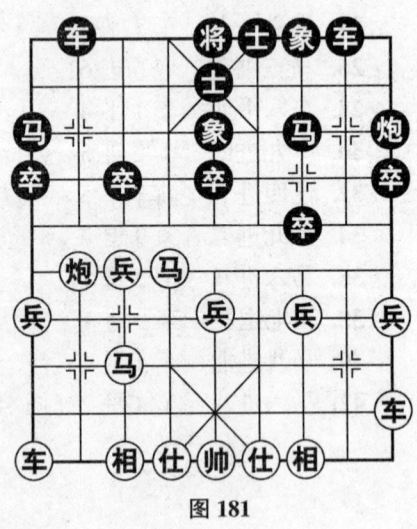

图 181

24. 车九进二	士5退4		25. 马四进三	士6进5
26. 车九退二	炮9平5!		27. 仕六进五	马7进6
28. 马三进二	马6退8		29. 马二退四	车4进4
30. 仕五进六	将5平6			
31. 仕四进五	马8进9			
32. 车九退二	马9退7			
33. 帅五平四	卒7进1			
34. 车九平五	炮5平6			
35. 马四退三	卒7平6			
36. 车五平四	卒6平5			
37. 车四平五	卒5平6			
38. 车五平四	卒6平7			
39. 车四平二	车4平2			
40. 仕五退六	车2退2			
41. 帅四进一	车2平4			
42. 帅四平五	炮6平4!（图182）			

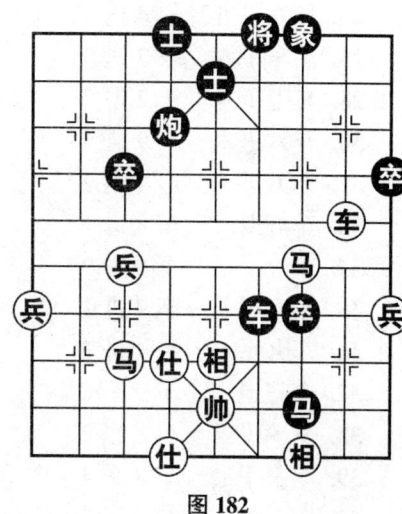

图 182

第92局 柳大华胜张强

1. 炮二平五　马8进7　　2. 马二进三　车9平8
3. 兵七进一　炮8平9　　4. 马八进七　卒7进1
5. 炮八进二　象3进5
6. 马七进六　士4进5
7. 车一进一　马2进1
8. 兵九进一　卒3进1（图183）
9. 车一平七　炮2平3
10. 炮五平八　车1平4
11. 相七进五　卒3进1
12. 车七进三　象5进3?
13. 车七进一　车4进5
14. 前炮进三!　车4平2
15. 前炮平三　车2进2
16. 炮三平九　炮9平2
17. 车七进二　炮1退1

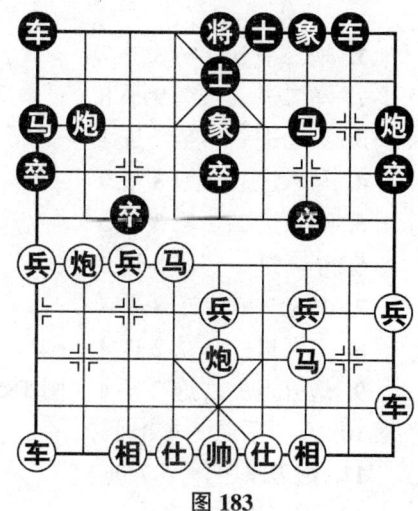

图 183

18. 马三退五	车2退4	19. 马五退七	车8进5
20. 马七进六	车8平1	21. 车九平七	车1平4
22. 马六进七	车2进3	23. 兵五进一	炮1平4
24. 仕六进五	炮4进1	25. 前车退一	车4平5
26. 后车平六	象7进5	27. 马七进八	将5平4
28. 车七平六!	车2退3	29. 前车平八	将4平5
30. 车六进六	卒9进1	31. 车六平五	车5平8
32. 车五进一	炮4退2		
33. 车五退二	车8进1		
34. 车五平三	车8平9		
35. 车八平九	卒9进1		
36. 车九平一	炮4进2		
37. 车三退一	车9平8		
38. 车一退二	车8退2		
39. 车三平七	车8平4		
40. 车一进三	炮4退2		
41. 车一平三	车4平5		
42. 兵三进一	炮4进6		
43. 车三退二 (图184)			

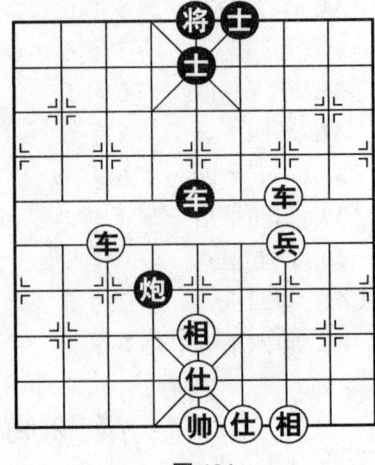

图184

第93局 万春林负王跃飞

1. 炮二平五　马8进7
2. 马二进三　车9平8
3. 兵七进一　卒7进1
4. 马八进七　炮8平9
5. 炮八进二　象3进5
6. 车一进一　车8进6
7. 马七进六　车8平7
8. 车九进二　马2进4
9. 炮五退一　炮2平4 (图185)
10. 车一平二　车1平2
11. 炮五平三　卒7进1!
12. 炮三进二　卒7进1

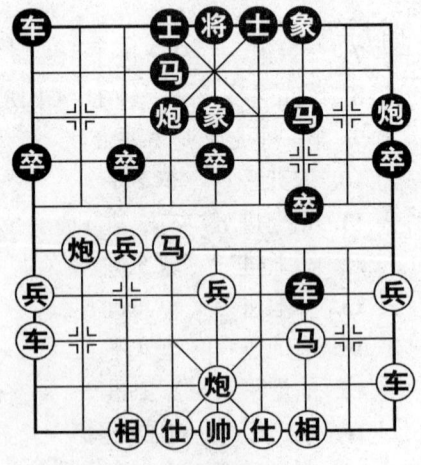

图185

13. 炮八退三	车2进6！	14. 炮八平三	车2平4
15. 车二进三	卒7进1	16. 车九平三	车4进3
17. 帅五进一	马4进6	18. 炮三进六	马6进5
19. 炮三平六	炮9平4	20. 帅五平四	车4平3
21. 仕四进五	车3退1	22. 马六退七	士4进5
23. 车二平六	炮4平3	24. 兵五进一	马5进3
25. 马七进五	卒3进1	26. 马五进三？	象5进7
27. 车三进一	车3平2	28. 兵五进一	炮3平5
29. 车三平五？	炮5平2！	30. 车五平三	炮2进3
31. 车六退一	卒5进1		
32. 车六平七	卒5进1		
33. 车三平六	炮2退3		
34. 马三退四	卒5进1		
35. 车六退一	炮2平6！		
36. 马四进五	卒5平6		
37. 马五进四	车2退5		
38. 帅四退一	车2平6		
39. 帅四平五	炮6平5		
40. 相三进五	卒6进1		
41. 帅五平六	卒6进1		
42. 仕五退四	炮5平4		
43. 帅六平五	车6平8！（图186）		

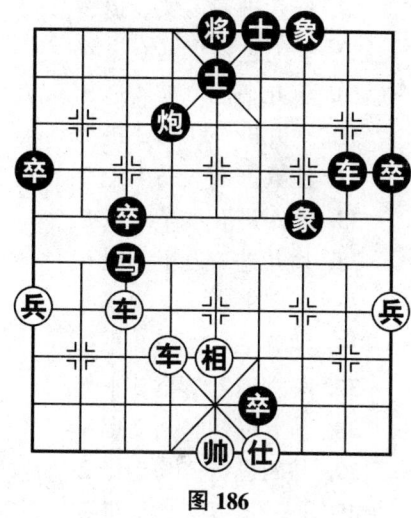

图186

第94局　赵国荣胜李雪松

1. 炮二平五	马8进7	2. 马二进三	卒7进1
3. 兵七进一	车9平8	4. 马八进七	炮8平9
5. 炮八进二	象3进5	6. 车一进一	车8进6
7. 马七进六	士4进5	8. 炮五平六	马2进1
9. 相七进五	炮2平4	10. 炮六进五	士5进4
11. 马三退五	车1平2	12. 马五进七	炮9进4？（图187）
13. 车九平八	车2进3	14. 车一平八	卒1进1
15. 炮八退一	车8退1	16. 兵三进一！	车2进3
17. 前车进二	炮9平2	18. 车八进三	卒7进1

19. 车八进四　象5退3
20. 马六进七　象7进5
21. 前马进九　象3进1
22. 车八平九　士6进5
23. 马七进六　车8进1
24. 马六进七　马7进6
25. 车九进二　士5退4
26. 车九退四　车8平6
27. 兵五进一　士4进5
28. 仕六进五　象5退3
29. 马七进六！马6进4
30. 车九平三　马4进3
31. 兵九进一　马3进1
32. 仕五进六　马1退2
33. 仕四进五　卒7平8
34. 兵九进一　士5退6
35. 车三平八　士4退5
36. 帅五平六　卒8平7
37. 马六退五　卒7平6
38. 马五退四　马2退1
39. 马四进三　马1进2
40. 马三退五　马2进3
41. 车八进四　车6平4
42. 车八平七　车4退6
43. 车七退三　车4进5
44. 马五进三　（图188）

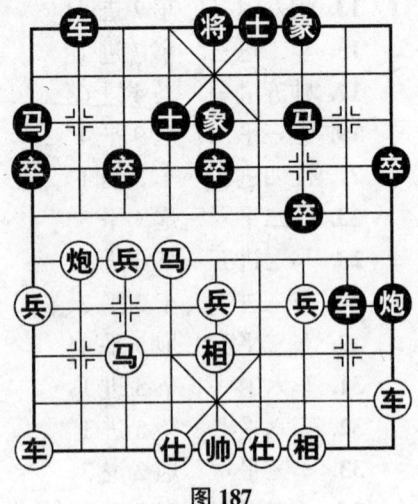

图187

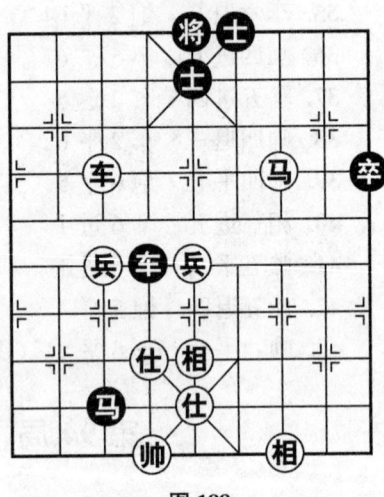

图188

第95局　陈孝坤胜胡庆阳

1. 炮二平五　马8进7
2. 马二进三　车9平8
3. 兵七进一　卒7进1
4. 马八进七　炮8平9
5. 炮八进二　象3进5
6. 兵三进一　马2进4
7. 兵三进一　象5进7
8. 马七进六　车1平3　（图189）
9. 相七进九　炮9退1
10. 炮八退一　炮2进3

11. 马六退七	炮2退3		
12. 仕六进五	士4进5		
13. 马七进六	象7退5		
14. 炮八平六	炮9平7		
15. 炮六进五	炮7进6		
16. 车九平八	炮2平4		
17. 炮五平七	炮4进2		
18. 相三进五	炮7平3		
19. 马六退七	马7进6		
20. 炮六平八	车3平2		
21. 车一平三	炮4平2		
22. 兵一进一	马6进7		
23. 车八进三	车8进6		

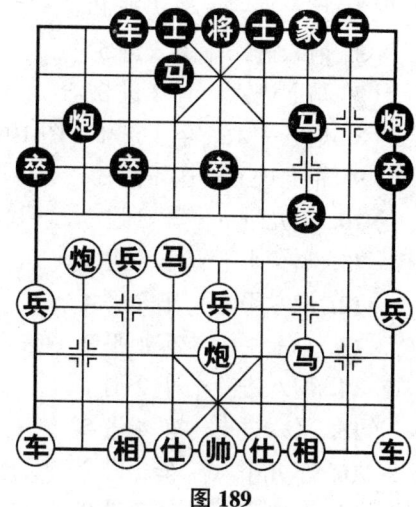

图 189

24. 相九退七	炮4退6
26. 车三进二	卒5进1
28. 兵一进一	炮4平9
30. 相五进三	炮7退3?
25. 马七进六	炮4进4
27. 车八进三	卒9进1
29. 马六进七	炮9平7
31. 车八退二!	炮7进3

32. 马七进九!	车2平3
33. 炮八平九	士5退4
34. 车八进四	马7退5
35. 车三平六	炮7平9
36. 相七进五	车8平5
37. 马九进七	车3进1
38. 炮九进一!	士4进5
39. 车八退一	士5退4
40. 车六进七	将5进1
41. 车六平五	将5平6
42. 车五平四	将6平5
43. 车八平五	将5平4
44. 车四退一 (图190)	

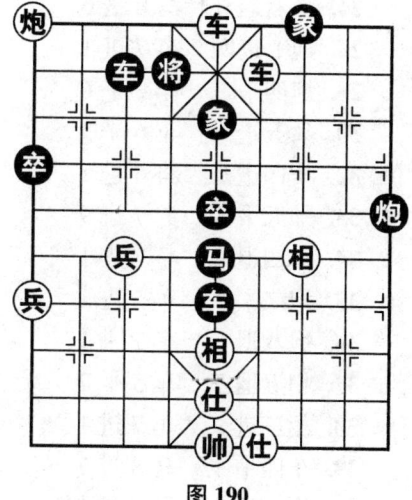

图 190

第96局 万春林胜薛文强

1. 炮二平五	马8进7	2. 马二进三	车9平8

103

3. 兵七进一　卒7进1
5. 炮八进二　象3进5
7. 马七进六　马2进3
8. 炮五平六　卒1进1（图191）
9. 相七进五　车1进3
10. 车九进一　车8进3
11. 车一平七　卒5进1
12. 炮六平七　车8平4
13. 车七平六　车1平2
14. 炮八进三　车2退1
15. 马六进七　车4进5
16. 车九平六　车2进2
17. 车六进五　马7进8
18. 车六平一　马8进7
19. 仕四进五　炮9平6
20. 车一平四　卒5进1？
22. 车四平二　卒7进1
24. 马七退五！马8进6
26. 炮七进四　卒7进1
28. 炮四平二　车2平6
30. 兵五进一！车6平5
32. 车四进三　将5进1
33. 帅五平四　象7进9
34. 车四退六　卒7进1
35. 炮二平八　车5平1
36. 炮八退七　卒7进1
37. 相五退三　车5平7
38. 相三进五　车7进1
39. 车四平三　马8进7
40. 炮八平九　马7进8
41. 帅四平五　马8退9
42. 炮九进三　马9进7
43. 炮九平五　将5平4
44. 相五退七（图192）

4. 马八进七　炮8平9
6. 车一进一　士4进5

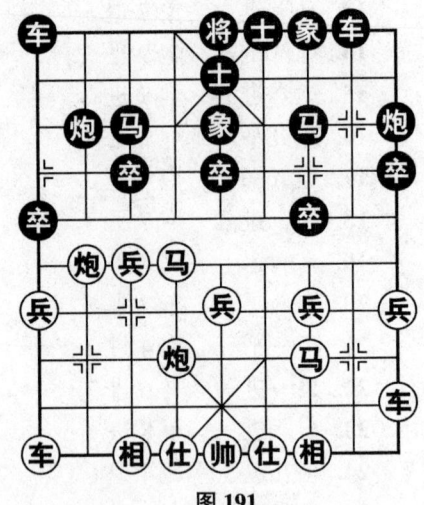

图191

21. 炮七进一！马7退8
23. 兵五进一　卒7进1
25. 马五进四　士5进6
27. 炮七平四　士6进5
29. 炮二进二　士5退6
31. 车二平四　马6退8

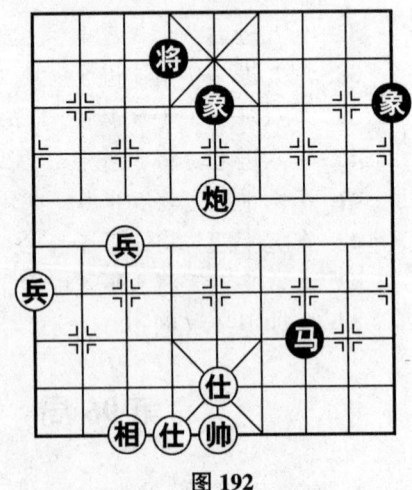

图192

第二章　巡河炮或先锋马

第97局　徐天红负柳大华

1. 炮二平五　马8进7
2. 马二进三　车9平8
3. 兵七进一　卒7进1
4. 马八进七　炮8平9
5. 炮八进二　象3进5
6. 马七进六　马2进3
7. 车一进一　士4进5
8. 车九进一　卒1进1（图193）
9. 炮五平六　车1进3
10. 相七进五　车8进3
11. 炮八退四　卒5进1
12. 炮八平七　车1平2
13. 车一平二　车8平7
14. 兵九进一　卒1进1
15. 车九进三　炮2退2
16. 兵七进一　象5进3
17. 马六退四　马3进1
18. 马四进五　车7平5
19. 马五退四　象3退5

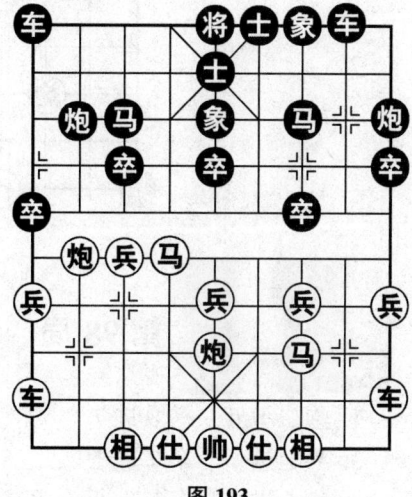

图193

20. 兵三进一　炮2平1
21. 车九平四　卒7进1
22. 车四平三　马7进6
23. 兵五进一　马6退8
24. 兵五进一　马8进7
25. 兵五进一　车2进3
26. 马四进二　马7退5
27. 车二平四　马1进3
28. 兵五进一　象7进5
29. 仕四进五　车2平4
30. 车四进三　炮1进9
31. 车四平八　马3进2
32. 炮六平八　炮1平2
33. 车八平五？车4进3！
34. 仕五退六　马2进4
35. 帅五进一　马4退5
36. 马二进四　象5进7
37. 炮八进三　前马进3
38. 炮八退二　炮9平6
39. 炮七进二　炮2平1
40. 炮八平九　将5平4
41. 马三进二　卒9进1
42. 马二进三　炮6进1
43. 马三退一　马3退2
44. 炮九平五　马2进4（图194）

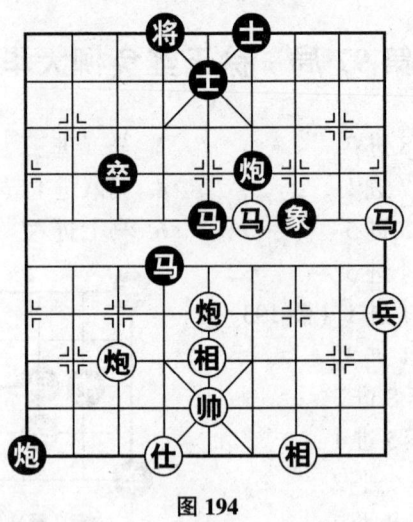

图194

第98局　许银川胜张申宏

1. 炮二平五　马8进7
2. 马二进三　车9平8
3. 兵七进一　卒7进1
4. 马八进七　炮8平9
5. 炮八进二　车8进8？（图195）
6. 车一进一　车8平9
7. 马三退一　马2进3
8. 兵三进一　卒7进1
9. 炮八平三　马7进8
10. 车九平八　车1平2
11. 车八进六　炮2退1
12. 马一进二　象3进5
13. 马七进六　炮2平5？
14. 车八进三　马3退2
15. 马二进三！　马2进3
16. 炮五平四！　炮5平4
17. 马三进四　将5进1
18. 马四退二　马8进9
19. 炮三退三　炮4进2
20. 马二退四　炮4退2
21. 炮四平五　将5退1
22. 马六进五　马3进5
23. 炮五进四　炮4平5

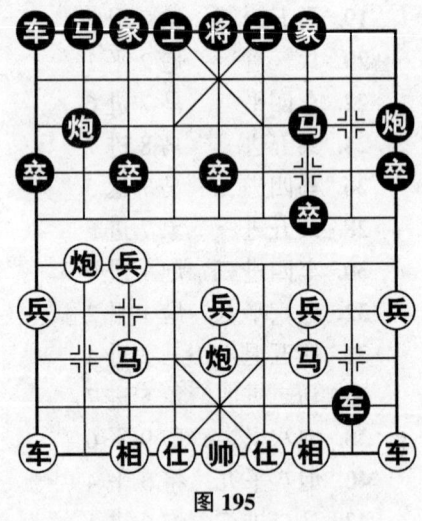

图195

第二章 巡河炮或先锋马

24. 炮五平九	马9退7	25. 相七进五	马7进6
26. 帅五进一	马6退8	27. 炮三进三	马8退6
28. 炮九进三	象5退3	29. 兵五进一	卒9进1
30. 帅五退一	炮9平8	31. 炮九退四	卒9进1
32. 马四进六	象7进5		
33. 马六进四	炮5平6		
34. 炮九平四	士6进5		
35. 炮四进三	马6退7		
36. 马四退五	马7退6		
37. 马五进七	马6退7		
38. 仕六进五	卒9平8		
39. 炮三退一	炮8平9		
40. 炮三平八	炮9进7		
41. 炮八进一	马7退6		
42. 兵五进一	马6进5		
43. 炮八平二	马5进7		
44. 帅五平六	马7退6		
45. 炮二平五	(图196)		

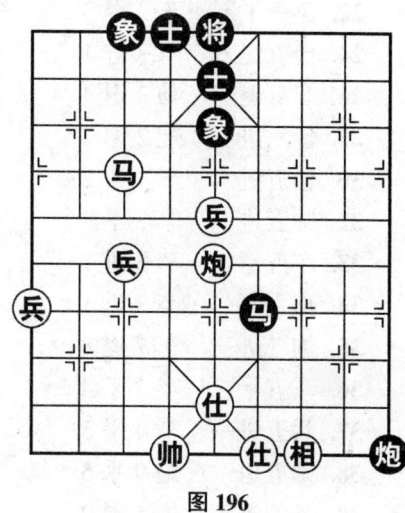

图 196

第 99 局　李少庚胜陶汉明

1. 炮二平五　马8进7
2. 兵七进一　车9平8
3. 马二进三　炮8平9
4. 马八进七　卒7进1
5. 马七进六　象3进5
6. 车一进一　士4进5
7. 车九进一　马2进4
8. 车一平六　炮9退1　(图197)
9. 相三进一　炮2退2
10. 车六平二　车8进8
11. 车九平二　炮2平4
12. 车二进六　炮4进5
13. 车二平三　炮4进3

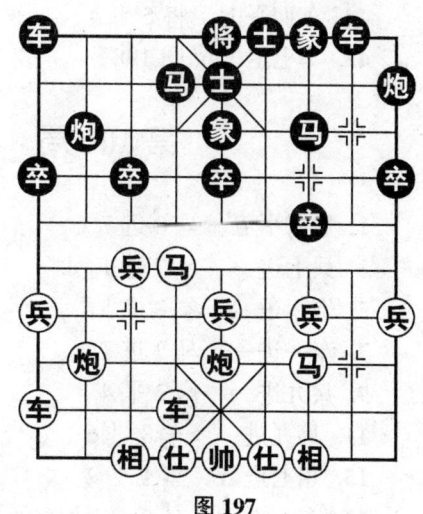

图 197

107

14. 兵三进一　车1平2
16. 兵三进一　车2平3
18. 兵四进一　炮2进1
20. 前兵进一！炮9平5
22. 车三平五　车3退3
24. 仕五退六　卒3进1
26. 车五退一　马3退4
28. 仕六进五　炮2退2?
30. 仕五进六　车3进2
32. 帅五进一　车3平7
33. 车五退二　卒3进1
34. 炮六平二　卒3进1
35. 炮二进三　车7退8
36. 车五平二！卒3平4
37. 兵五进一　卒4平5
38. 帅五退一　炮9平5
39. 马四进三　炮5退2
40. 帅五平四　马4进5
41. 马三进一　炮5平6
42. 车二平四　炮6平8
43. 车四退一　马5进3
44. 车四平七　将5平4
45. 车七退一（图198）

15. 炮八平六　车2进9?
17. 兵三平四　炮4平2
19. 兵四平五　炮9进1
21. 炮五进五　象7进5
23. 仕六进五　车3进3
25. 马三进四　马4进3
27. 车五进一　车3退2
29. 炮六进四！炮2平9
31. 帅五进一　车3退1

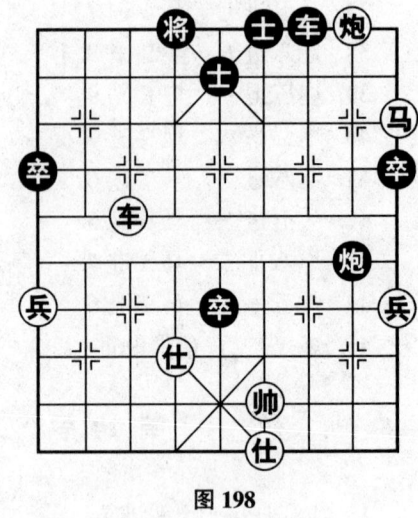

图198

第100局　胡荣华胜徐天红

1. 炮二平五　马8进7
3. 兵七进一　卒7进1
5. 炮八进二　象3进5
7. 车一进一　马2进1
9. 兵九进一　炮2平4
11. 兵九进一　车8进6
13. 相七进五　车1平2
15. 车一平四　马6进7

2. 马二进三　车9平8
4. 马八进七　炮8平9
6. 马七进六　士4进5
8. 马六进七　卒1进1?（图199）
10. 马七进九　车1进2
12. 炮五平六　马7进6
14. 车九进四　炮4退2
16. 车四进二　炮9平7

17. 兵七进一　车 8 退 1？
18. 兵九平八！车 2 平 4
19. 炮六进七　车 4 退 2
20. 仕四进五　车 8 平 4
21. 炮八平七　炮 7 进 1
22. 车九进三　卒 9 进 1
23. 车四进五　后车进 2
24. 车九平六　士 5 进 4
25. 车四退二　马 7 进 5
26. 相三进五　炮 7 进 4
27. 兵七进一　车 4 平 8
28. 帅五平四　士 6 进 5
29. 兵七平六　卒 5 进 1
30. 兵八平七　车 8 进 4
32. 帅四退一　卒 7 进 1
34. 炮七退一　车 8 进 1
35. 帅四进一　车 8 退 3
36. 兵六进一　炮 7 平 9
37. 炮七平三！车 8 平 7
38. 兵六进一　车 7 退 4
39. 兵七进一　炮 9 平 8
40. 兵六平五　将 5 进 1
41. 车四进二　将 5 退 1
42. 兵七进一　炮 8 退 6
43. 车四平二　车 7 平 6
44. 仕五进四　将 5 平 6
45. 车二平六　车 6 进 5
46. 帅四平五（图200）

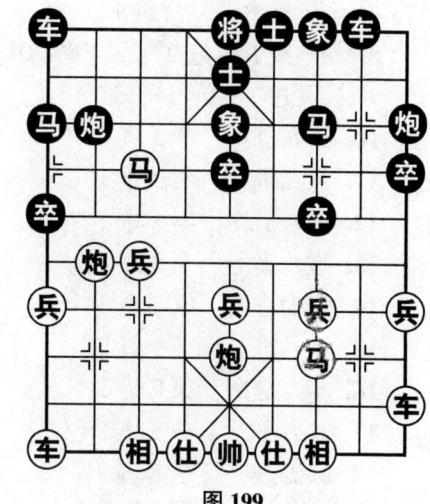

图 199

31. 帅四进一　车 8 退 1
33. 兵七进一　卒 7 进 1

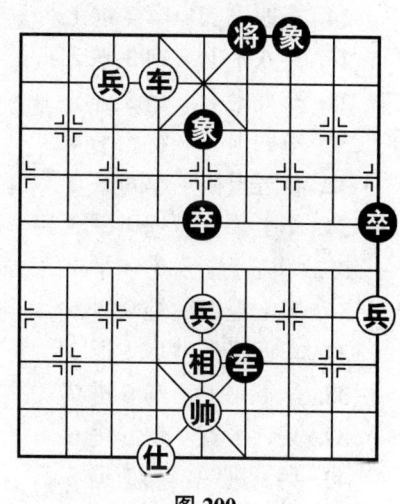

图 200

第 101 局　宋国强胜潘振波

1. 炮二平五　马 8 进 7
2. 马二进三　卒 7 进 1
3. 兵七进一　车 9 平 8
4. 马八进七　炮 8 平 9
5. 炮八进二　象 3 进 5
6. 车一进一　士 4 进 5

中炮进七兵对左三步虎

7. 炮五平六　马2进1
8. 相七进五　炮2平4（图201）
9. 兵九进一　车1平3
10. 兵九进一　卒3进1
11. 兵九进一　卒3进1
12. 炮八退四　卒3进1
13. 炮八平七！卒3进1？
14. 炮七进九　象5退3
15. 炮六进一　马1进3
16. 车九进四　象7进5
17. 兵九平八　马3进5
18. 兵五进一　车8进7？
19. 车一进一　车8进1
20. 兵五进一　车8平4
22. 车一退一　车4退2
24. 车四进三！卒4进1
26. 兵八平七　炮3平2
28. 车九平七　炮3平2
30. 车四退一　将5平4
32. 仕五退四　车4平2
34. 车七平九　炮1平3
35. 车九平七　炮3平1
36. 车七退四　炮9平6
37. 车四平九　炮1退2
38. 炮五平七　马6进7
39. 兵六平五　炮6进6
40. 兵五进一　马7退5
41. 炮七平二！车2平8
42. 兵五进一　士6进5
43. 车七进九　士5退4
44. 车九进三　车8平4
45. 车九平五　将5平6
46. 车五退二（图202）

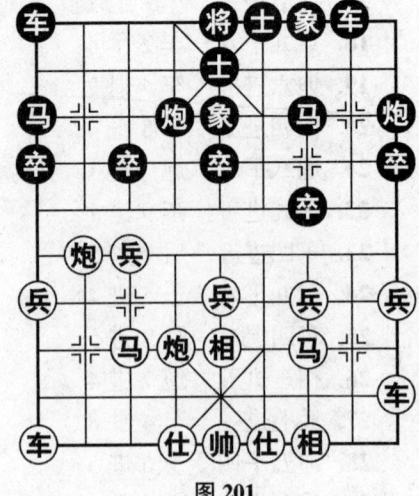

图 201

21. 炮六平五　卒5进1
23. 车一平四　卒3平4
25. 仕四进五　炮4平3
27. 兵七平八　炮2平3
29. 兵八平七　马7进6
31. 车四进一　将4平5
33. 兵七平六　炮3平1

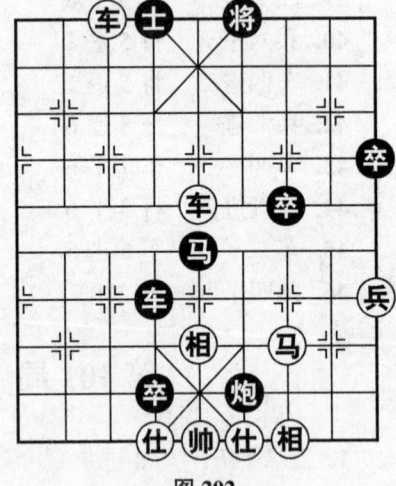

图 202

第二章 巡河炮或先锋马

第102局 柳大华负李来群

1. 炮二平五　马8进7
2. 马二进三　车9平8
3. 兵七进一　炮8平9
4. 马八进七　卒7进1
5. 马七进六　象3进5
6. 车一进一　马2进4
7. 炮八进二　车1平3
8. 炮五平六　卒3进1（图203）
9. 兵七进一　车3进4
10. 相七进五　马7进6
11. 马六进四　车3平6
12. 车九平七　车6平2
13. 炮八平六？马4进6
14. 车一平四　车8进3！
15. 车七进六　卒1进1
16. 仕四进五　士6进5
17. 前炮进四　炮2退1
18. 前炮平七　车2平4
19. 炮六平七　炮2进8
20. 相五退七　象5退3
21. 车四进三　车4平2
22. 前炮平六　象3进1
23. 炮六平九　象7进5
24. 兵九进一　卒1进1
25. 车四平九　马6进5！
26. 车七退三　马5进6
27. 炮七平四？车8进5
28. 兵五进一　车2进4
29. 车七平五　车8平7
30. 车九退三　车7进1
31. 马三退四　车2平1
32. 炮九退七　炮9进4！
33. 车五退一　炮9进3
34. 车五平八　车7退3
35. 马四进五　车7进3
36. 炮四退二　炮2平1
37. 车八退二　马6退8！
38. 炮九进一　炮1退1
39. 车八进一　炮1进1
40. 车八进五　车7退2
41. 炮四进二　马8进9
42. 炮四平一　车7平5
43. 车八退六　车5平9
44. 车八平九　车9平8
45. 炮九平五　车8进2
46. 仕五退四　象1退3
47. 车九进六　卒9进1
48. 车九平五　卒7进1
49. 兵五进一　卒7进1（图204）

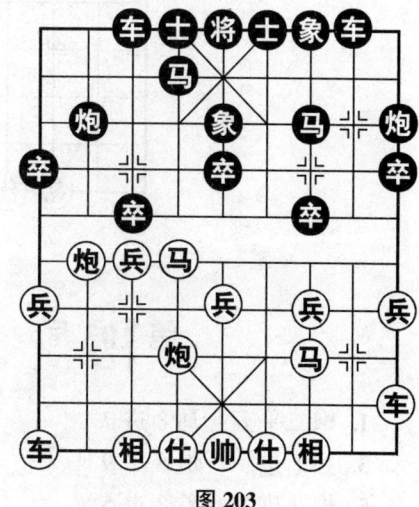

图203

中炮进七兵对左三步虎

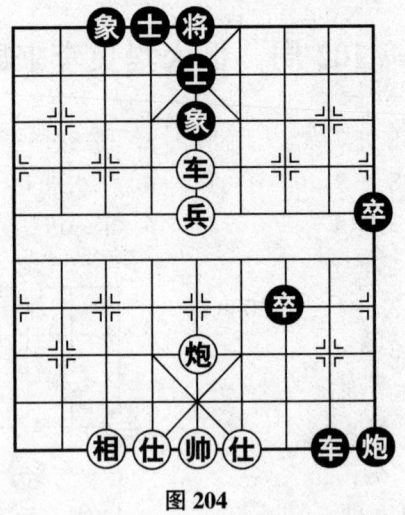

图 204

第 103 局　赵国荣胜李来群

1. 炮二平五　马8进7
2. 马二进三　车9平8
3. 兵七进一　炮8平9
4. 马八进七　卒7进1
5. 炮八进二　象3进5
6. 车一进一　士4进5
7. 马七进六　马2进1
8. 马六进七　炮2进2（图 205）
9. 马七退六　车1平4
10. 兵九进一　炮2平4
11. 车一平八　车8进6
12. 炮五平七　卒5进1
13. 相七进五　马7进5
14. 仕六进五　车4平2
15. 车九平八　车2进3
16. 马六退四　炮4进2
17. 马四进五　炮4平7
18. 兵七进一！马5进3
19. 炮八平五　车2进5
20. 马五进四！将5平4
21. 车八进一　士5进6
22. 车八平六　马3进4
23. 炮七平六　马4退5

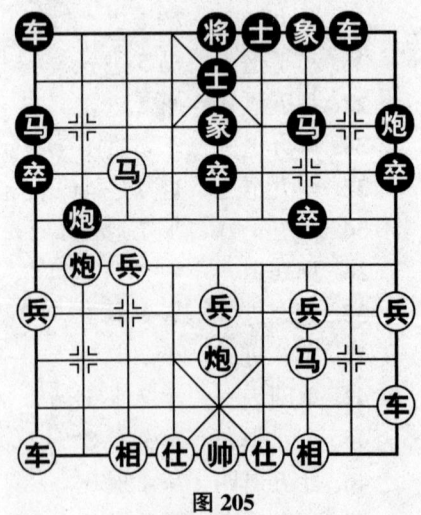

图 205

112

24. 炮六进四　炮9退1
26. 炮六平五　炮9平4
28. 后炮平八　马1进3
30. 车八平六　炮2平4
32. 炮五退二　马3退2?
34. 车六平八　车8平7
36. 车八进一　将4进1
38. 相五退三　车7平3
39. 炮八退一　车3进1
40. 炮八进一　车3进1
41. 仕五退六　车3退2
42. 相三进五　炮4平1
43. 车八退六　炮1平5
44. 车八平五　车3平2
45. 炮五平七　将4退1
46. 车五进三　卒9进1
47. 仕四进五　将4平5
48. 炮七进四　车2退1
49. 车五平九　(图206)

25. 车六进四！车8退3
27. 车六平五　士6退5
29. 车五平八　炮4平2
31. 炮八进二　车8进3
33. 炮八退二！车8进2
35. 车八进三　炮4进5
37. 炮八退二　炮7进3

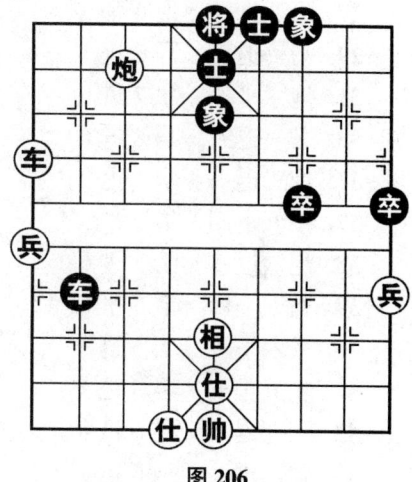

图 206

第104局　于幼华负徐天红

1. 炮二平五　马8进7
2. 马二进三　车9平8
3. 兵七进一　卒7进1
4. 马八进七　炮8平9
5. 炮八进二　象3进5
6. 马七进六　车8进8
7. 仕四进五　马2进1
8. 炮五平六　炮2平3　(图207)
9. 相三进五　车1平2
10. 车九平八　车2进3
11. 车一平四　卒1进1
12. 车四进八　士4进5

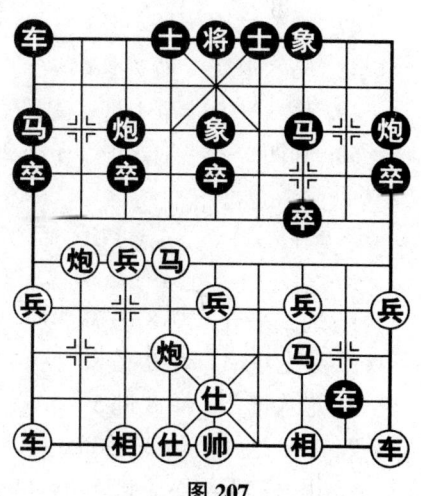

图 207

13. 兵三进一　车8退4　　　14. 车八进三　炮3退1
15. 车四退四　卒7进1　　　16. 车四平三　马7进6
17. 马六进五　炮3平2！　　18. 马五退四　炮2进4
19. 兵五进一？车2进1　　　20. 兵七进一　车2退4
21. 兵七平六　炮2平6　　　22. 车八进六　马1退2
23. 车三平四　炮9平6　　　24. 车四平三　车8平7！
25. 车三进一　象5进7　　　26. 马三进二　马6进7
27. 兵五进一　炮6平9　　　28. 马二进一　炮9进4
29. 马一退三　马2进1　　　30. 炮六进二　马1进3
31. 炮六平三　象7进9　　　32. 炮三平二　马7退8
33. 马三退五　马8进6　　　34. 炮二平三　马2进1
35. 炮三退一　马1退2　　　36. 炮三平六　马2进4
37. 兵五平四　炮9平5
38. 炮六退一　士5进6
39. 帅五平四　炮5平6
40. 兵六平五　士6进5
41. 相五进七　卒3进1
42. 相七退九　马6进8
43. 帅四进一　炮6退1
44. 兵五平六　马8进7
45. 炮六平三　马7退9
46. 帅四进一　马9退7！
47. 马五进六　马4退6
48. 马六退四　马7退6
49. 兵六平七　卒1进1
50. 帅四平五　炮6平5（图208）

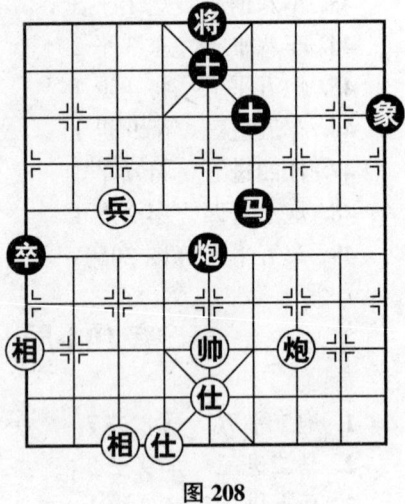

图 208

第105局　葛维蒲负潘振波

1. 炮二平五　马8进7　　　2. 马二进三　卒7进1
3. 兵七进一　车9平8　　　4. 马八进七　炮8平9
5. 炮八进二　象3进5　　　6. 马七进六　士4进5
7. 车一进一　马2进3　　　8. 炮五平六　炮2退1（图209）
9. 相七进五　卒1进1　　　10. 车一平四　车1进3

第二章 巡河炮或先锋马

11. 车九进一　车8进3
12. 车四平二　车8进5
13. 车九平二　炮2平1
14. 炮八退四　车1平2
15. 炮八平七　车2进3
16. 仕四进五　车2平4
17. 车二进三　卒3进1
18. 兵七进一　象5进3
19. 马六进七　炮1进5
20. 兵三进一　马7进6!
21. 兵三进一　马6进5
22. 车二退一　卒1进1
23. 马三进四　车4平3
24. 炮六进一　车3退1
26. 马三进四　炮4退1
28. 马七进五　炮4平6
30. 相五退七　炮6平4
32. 相三进五　卒1平2
34. 马三退二　象7进5
36. 车三退三　卒2平3
38. 车三平九　卒3进1
39. 帅五平四　卒3平4
40. 车九退三　士5退4
41. 相五进七　炮1平2
42. 车九进二　炮4平6
43. 帅四平五　炮6平3
44. 帅五平四　炮3平3
45. 车九平六　炮2平4
46. 车六平四　士4进5
47. 马二退三　炮3退1
48. 马三进一　马3进2
49. 马一进三　马2进3
50. 帅四进一　炮4平2（图210）

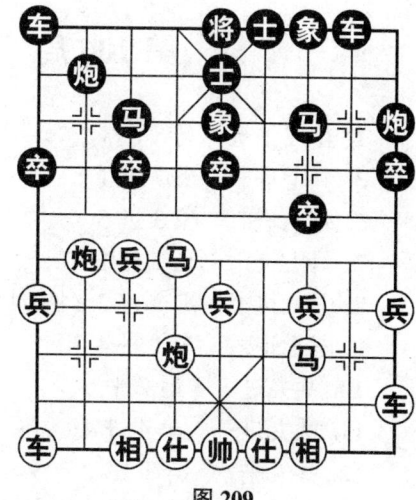

图209

25. 马四进三　炮9平4
27. 车二进四?　象3退5!
29. 炮六进五　车3进4
31. 马五退三　马5退4
33. 兵三平四　炮1退3
35. 车二平三　卒2进1
37. 兵一进一　卒3进1

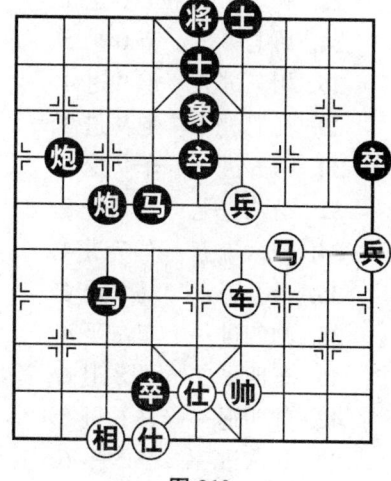

图210

第106局　徐健秒负聂铁文

1. 炮二平五　马8进7
2. 马二进三　车9平8
3. 兵七进一　卒7进1
4. 马八进七　炮8平9
5. 炮八进二　象3进5
6. 车一进一　士4进5
7. 马七进六　马2进1
8. 马六进七　炮2进2（图211）
9. 马七退六　车1平4
10. 兵九进一　炮2平5
11. 兵九进一　车4进4
12. 兵九平八　车4平2
13. 车九进六　车2进1
14. 车九进一　炮5进3
15. 相七进五　车8进6
16. 车一平九?　士5退4
17. 前车进一　士6进5
18. 马三退五　车8平7
19. 马五进七　车2进2
20. 前车退三　卒7进1!

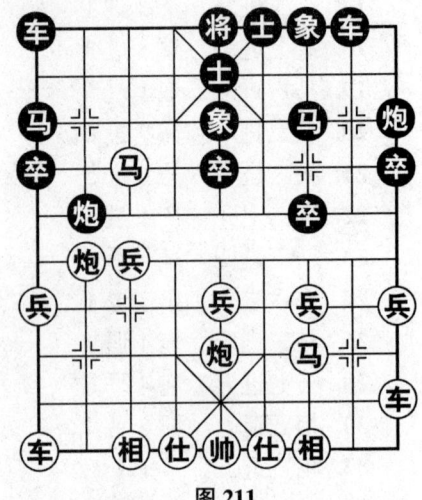

图211

21. 兵七进一　卒7平6
22. 后车平四　卒6进1
23. 车九平八　车2退3
24. 兵七平八　卒6平5
25. 车四进三　前卒进1
26. 相三进五　炮9平4
27. 仕四进五　卒9进1
28. 马七进八　炮9进3
29. 仕五进四　车7退3
30. 帅五进一　车7退5
31. 兵八进一　卒5进1
32. 马八进七　马7进8
33. 车四平二　卒5进1!
34. 马六进五　车7平4
35. 帅五退一　卒5进1
36. 马七退六　马8退6
37. 帅五平四　车7平1
38. 帅四进一　车7平4
39. 车二平四　马6进8
40. 车四平二　马8退6
41. 车二退一　车4退3
42. 帅四退一　马6进5
43. 仕四退五　卒9进1
44. 兵八进一　卒5平6
45. 兵八平七　车4平1!
46. 马五退四　卒6平7
47. 车二退二　车1进3
48. 帅四进一　炮9平2
49. 车二进五　炮2退1

· 116 ·

50. 仕五退四　车1平4　　　51. 马六进八　车4退1（图212）

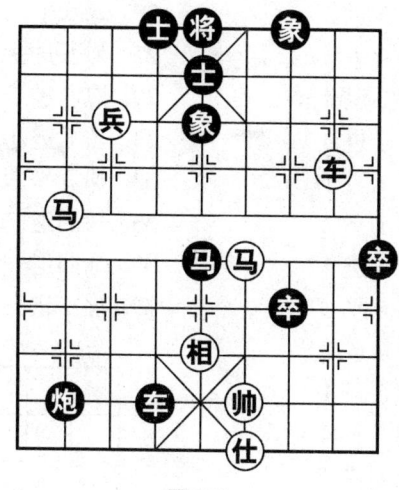

图212

第107局　柳大华负于幼华

1. 炮二平五　马8进7
2. 马二进三　卒7进1
3. 兵七进一　车9平8
4. 马八进七　炮8平9
5. 炮八进二　象3进5
6. 兵三进一　车8进4
7. 车一平二　车8进5
8. 马三退二　马2进4（图213）
9. 兵三进一　象5进7
10. 马七进六　卒3进1
11. 兵七进一　车1平3
12. 相七进九　车3进4
13. 车九平七　车3进5
14. 相九退七　炮9进4
15. 炮五平六　将5进1
16. 马二进三　炮9平1
17. 相三进五　炮1退1
18. 炮八退三　炮2进3
19. 马六退七　炮2平9
20. 马三进四　马4进2
21. 马四进六　炮1平8

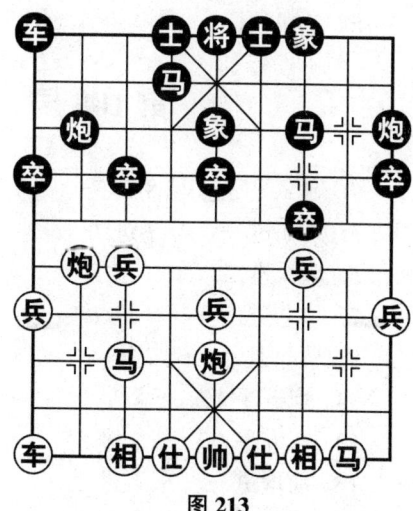

图213

22. 马七进八	马2进3	23. 马六进四	将5平6
24. 马八进六	马3进2	25. 炮八平四	马7进6
26. 炮六退一	炮9进4	27. 帅五进一	炮9退1
28. 炮四进二	马2退4	29. 炮六进二	炮9退2
30. 马六进七	象7进9	31. 马七进六	将6进1
32. 马六退七	卒1进1	33. 帅五平六	卒1进1
34. 马七退六	卒1平2	35. 马四退二	马4进6
36. 炮六平四	马6进4	37. 炮四退一	炮9退2
38. 马六退四	将6平5	39. 马二进三	炮8进3
40. 帅六平五	马4进2		
41. 炮四平一	卒5进1		
42. 帅五平四	将5平4		
43. 炮一平二?	炮9进4		
44. 帅四进一	马2退4		
45. 炮二进三	马4进6!		
46. 炮二进三	将4退1		
47. 马四进五	将4退1		
48. 炮二进二	士6进5		
49. 马三进四	象9退7		
50. 马四退三	象7进5		
51. 马三进四	象5退7		
52. 马四退三	象7进5 (图214)		

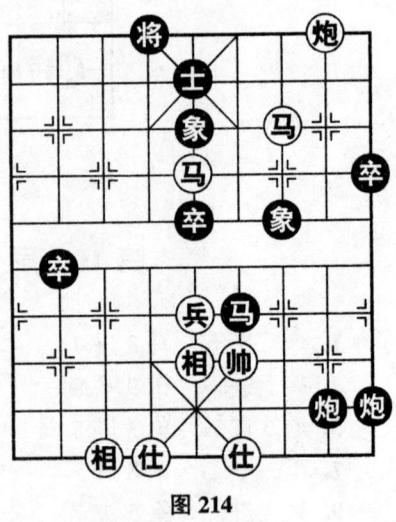

图214

第108局 曾东平负阎文清

1. 炮二平五	马8进7	2. 马二进三	车9平8
3. 兵七进一	卒7进1	4. 马八进七	炮8平9
5. 炮八进二	象3进5	6. 车一进一	士4进5
7. 马七进六	马2进1	8. 马六进七	卒1进1 (图215)
9. 马七退九	炮2平3	10. 炮八平九	车8进6
11. 炮五平九	车8平7	12. 相七进五	马6进6
13. 车九平八	马6进5	14. 马三进五	车7平5
15. 前炮进三	车1进2	16. 兵七进一	象5进3
17. 车一平六	炮9平4	18. 车八进九	炮4退2

第二章 巡河炮或先锋马

19. 车六进四	象7进5
20. 马九退七？	炮3进3!
21. 炮九进五	炮3平5
22. 仕四进五	象3退1
23. 兵九进一	车5平7
24. 帅五平四	车7平6
25. 帅四平五	炮4平3
26. 车六进一	士5退4!
27. 车八退九	士6进5
28. 车六平五	炮5进1
29. 兵一进一	炮3进6
30. 车八平七	将5平6
31. 车五退三	车6平5
32. 仕五进四	车5平6
34. 车七平八	炮3平2
36. 车七进四	卒7平6
38. 帅五平六	将6平5

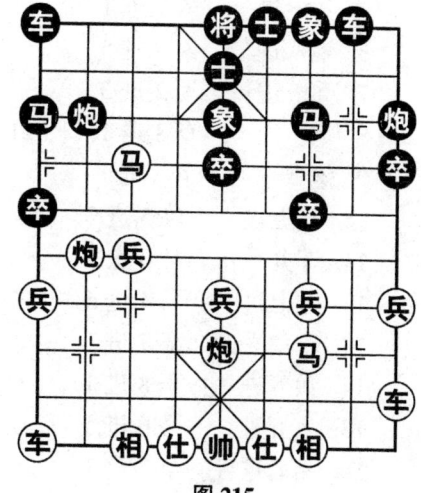

图215

33. 仕六进五	卒7进1
35. 车八平七	象1进3
37. 车七平八	炮2平5
39. 车八进二	炮5平1

40. 车八平一	车6平4
41. 帅六平五	车4平2
42. 帅五平六	车2进3
43. 帅六进一	炮1平9
44. 车一平二	炮9进2
45. 车二退五	炮9进1
46. 车二进八	士5退6
47. 车二退九	炮9退1
48. 车二进一	炮9进1
49. 车二退一	炮9退1
50. 车二进一	炮9进1
51. 车二进三	车2退1
52. 帅六进一	卒6进1（图216）

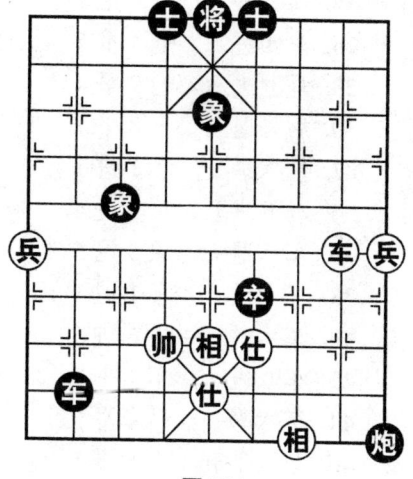

图216

第109局 蒋川胜张强

1. 炮二平五	马8进7	2. 马二进三	车9平8

3. 兵七进一　卒7进1
5. 炮八进二　象3进5
7. 兵五进一　马2进3
8. 炮八退一　车8退1（图217）
9. 炮八平七　卒3进1
10. 兵七进一　象5进3
11. 车九平八　马3进4
12. 炮七进一　马4进6
13. 车一平四　卒7进1
14. 兵五进一!　车8进1
15. 兵五进一　马6进5
16. 相七进五　卒7进1
17. 马三进五　炮2平3
18. 炮七平五　士4进5
19. 兵五平六　象7进5
20. 兵六平七　卒7平6?
22. 前马进五!　马7进6
24. 兵七平六!　马6退7
26. 车四进二　炮4平5
28. 马七进六　炮9平4
30. 后马退三　车8平7
32. 仕六进五　卒1进1
34. 马五进七　车7进4
36. 车六退一　象3退5
38. 马七进八　车1退1
40. 车六进二　士6进5
42. 车八进一　车1平3
44. 车六平一　后车平9
46. 车八平五　士6进5
48. 车九进二　士5退4
50. 车五平二　车5平6
52. 车二进六　车6退4

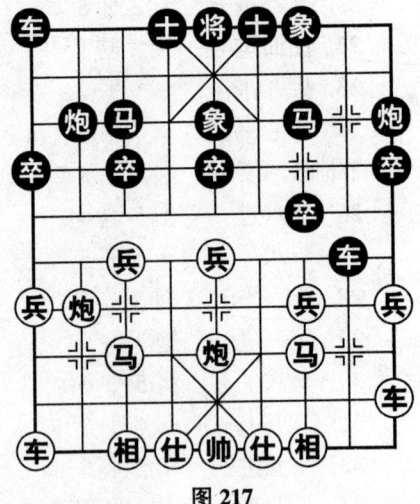

图 217

4. 马八进七　炮8平9
6. 车一进一　车8进6

21. 马五进七　炮3平4
23. 兵七进一　炮4进1
25. 车八进六　车8退3
27. 炮五进二　马7进5
29. 马六进五　车1平4
31. 车四进三　车7退3
33. 车四平一　车4平1
35. 车一平六　象5退3
37. 马三进五　车1进2
39. 马五进六　士5进4
41. 车六退四　车7平3
43. 兵一进一　士5退6
45. 马八退九!　象3进1
47. 车五平九　车3平4
49. 车一平五　车9平5
51. 兵一进一　车6进3
53. 车二退三（图218）

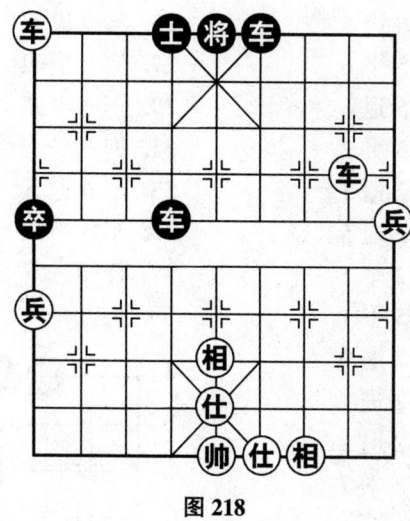

图 218

第110局　赵国荣胜黄仕清

1. 炮二平五　马8进7
2. 马二进三　车9平8
3. 兵七进一　卒7进1
4. 马八进七　炮8平9
5. 炮八进二　士4进5
6. 马七进六　象3进5
7. 车一进一　马2进1
8. 马六进七　卒1进1
9. 马七退九　炮2平4
10. 炮五平九　车1平2（图219）
11. 炮八进三　马7进6
12. 车九平八　车8进6
13. 马九进七！车8平7
14. 相七进五　象5退3？
15. 马七进六！车2进1
16. 炮九进五　车2平4
17. 炮九进二　士5退4
18. 炮八进二　车4平3
19. 车一平六　象7进5
20. 车八进五　车7平6
21. 马三进二　卒7进1
22. 马二进三　炮9平6
23. 仕六进五　士6进5

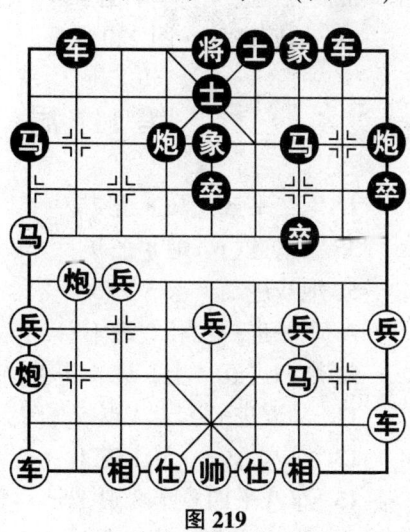

图 219

24. 炮九退四	马6进5	25. 马三进五！	炮6进2
26. 马五进三	将5平6	27. 炮九平四	车6退2
28. 车八平四	马5退6	29. 车六进四	马6进5
30. 车六退二	车3平2	31. 炮八平九	马5进7
32. 相五进三	车2退1	33. 炮九退五	车2进9
34. 仕五退六	车2退5	35. 车六平四	炮4平6
36. 马三退二	车2平5	37. 仕四进五	车5进2
38. 车四进三	车5平1	39. 炮九平八	车1平2
40. 炮八平九	马7退9		
41. 炮九退二	车2进1		
42. 炮九进一	车2退1		
43. 炮九退一	车2平7		
44. 相三进一	炮6退1		
45. 炮九平四	士5进6		
46. 车四进一	车7平8		
47. 车四退一	马9进8		
48. 车四退一	马8进9		
49. 马二进三	车8进3		
50. 仕五退四	车8退5		
51. 车四退二	车8平7		
52. 马三进一	车7退4		
53. 炮四进六（图220）			

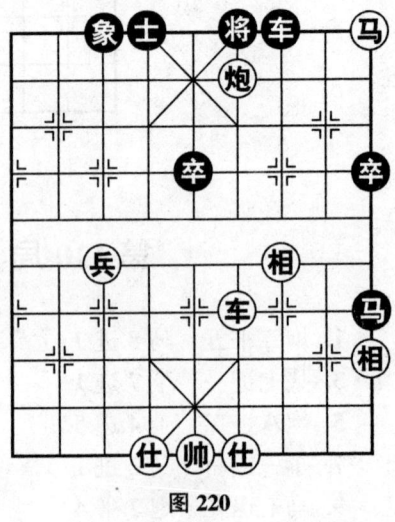

图 220

第 111 局　赵国荣胜王跃飞

1. 炮二平五	马8进7	2. 马二进三	车9平8
3. 兵七进一	炮8平9	4. 马八进七	卒7进1
5. 炮八进二	象3进5	6. 马七进六	士4进5
7. 车一进一	马2进1	8. 炮五平六	炮2平4
9. 炮六进五	士5进4	10. 马三退五	车1平2
11. 马五进七	士4退5（图221）	12. 车九平八	车2进3
13. 车八进一	卒1进1	14. 相七进五	车8进4
15. 车八平四	车8退1	16. 炮八退四	卒5进1
17. 炮八平七	马7进5	18. 车一平二	车8进5

19. 车四平二　车2进4
20. 车二进五！卒5进1
21. 兵五进一　马5进4
22. 马七进六　炮9进4
23. 车二退三　炮9退1
24. 车二进一　炮9进1
25. 车二退一　炮9退1
26. 兵五进一　炮9平5
27. 仕四进五　车2平4
28. 马六进五　车4平3
29. 炮七平八　车3平2
30. 炮八平七　车2平2
31. 炮七进二　车2退5？
32. 兵七进一！车2进2
34. 马五进三　马1进2
36. 马四进二　车2平6
38. 马二进三　将5平4
40. 相三进一　卒7平6
42. 炮七平六　车3平4
43. 炮六平七　车4平3
44. 炮七平六　炮5平2
45. 炮六进一　炮2进4
46. 相五退七　马1进2
47. 马四进六　车3平5
48. 炮六退一　车5平4
49. 车二平六！马2退3
50. 马六退八　将4平5
51. 车六平一　将5平4
52. 车一平六　将4平5
53. 炮六进一　马3进2
54. 马八进七　将5进1
55. 车六进三　(图222)

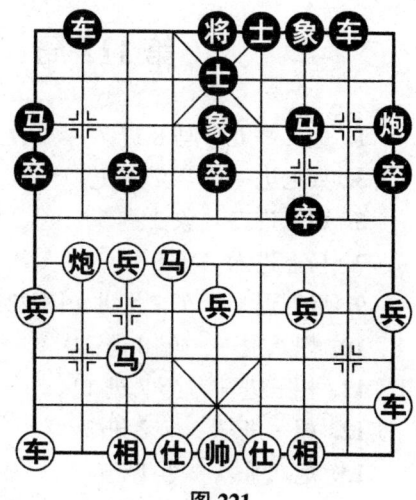

图221

33. 兵七平六　卒7进1
35. 马三退四　马2进1
37. 炮七退一　士5进4
39. 车二进三　车6平7
41. 马三退四　车7平3

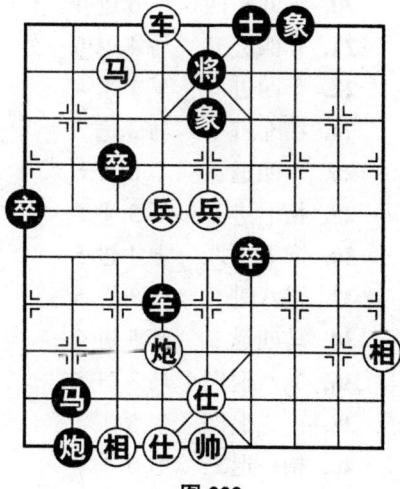

图222

第112局　万春林负徐天红

1. 炮二平五	马8进7		2. 马二进三	车9平8
3. 兵七进一	卒7进1		4. 马八进七	炮8平9
5. 炮八进二	象3进5		6. 车一进一	车8进6
7. 马七进六	车8平7		8. 车九进二	马2进4
9. 炮五退一	车7平8（图223）			
10. 炮八退一	车8退2			
11. 相三进一	卒7进1!			
12. 相一进三	炮2进3			
13. 炮八平六	车1进1			
14. 炮五平六	炮2平4			
15. 后炮进三	马7进6			
16. 前炮进一	马6退8			
17. 前炮退一	马4进2			
18. 车一平四	车8平6			
19. 车四进四	马8进6			
20. 车九平四	马6进4			
21. 车四进二	马4退6			

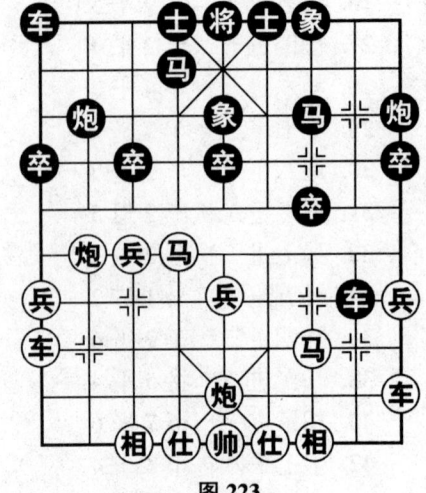

图223

22. 车四进一	车1平4		23. 炮六平七	卒3进1
24. 兵七进一	马2进3		25. 炮七进一	车4平8!
26. 车四退二	车8进6		27. 马三进四?	车8平3
28. 相七进五	车3平5		29. 仕四进五	车5平3
30. 炮七平八	士4进5		31. 兵五进一	车3退2
32. 炮八进二	车3平5		33. 相三退一	炮9平6
34. 马四退二	卒5进1		35. 车四平七	车5平8
36. 炮八退四	马3进5		37. 车七平八	马5退7
38. 马二退四	卒5进1		39. 炮八平五	车8进4
40. 相一退三	炮6平7		41. 仕五退四	士5退4
42. 相三进一	士6进5		43. 车八进三	马7进6
44. 仕六进五	卒5进1		45. 炮五平八	卒5进1!
46. 车八平四	马6退5		47. 马四进五	卒5进1
48. 帅五进一	车8退4		49. 马五退四	车8平2

124

第二章　巡河炮或先锋马

50. 炮八平六	马5进3	51. 马四进五？	车2进3
52. 帅五退一	车2退2	53. 仕四进五	车2平5
54. 马五进六	马3进4	55. 帅五平六	马4进2（图224）

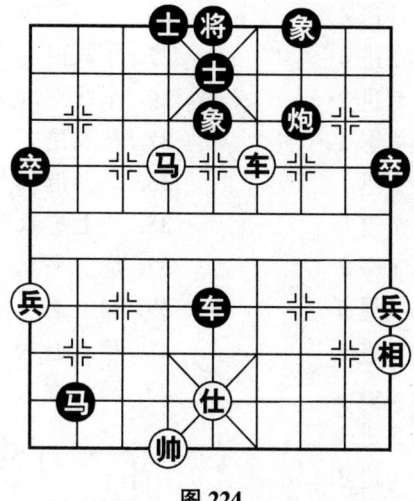

图224

第113局　李来群负胡荣华

1. 炮二平五	马8进7	2. 马二进三	车9平8
3. 兵七进一	炮8平9	4. 马八进七	卒7进1
5. 炮八进二	象3进5		
6. 马七进六	马2进3		
7. 车一进一	炮2退1		
8. 炮五平七	炮2平3（图225）		
9. 相七进五	车8进3		
10. 车九平八	车1平2		
11. 炮八进二	车8进4		
12. 车一平六？	车2平3		
13. 炮八进一	车8退6		
14. 兵七进一	车8平4！		
15. 炮八进一	车4进1		
16. 兵七平六	马3退4		
17. 炮七进六	车3进1		

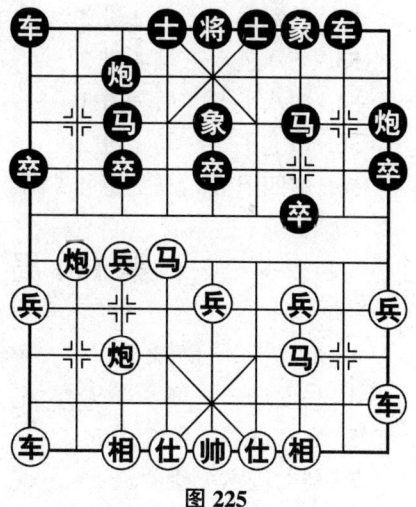

图225

18.	车八进五	卒3进1	19. 马六退四	车3平4
20.	炮八进一	马1退3	21. 车八退一	前车进2
22.	车六进四	车4进3	23. 兵三进一？	马7进6！
24.	兵三进一	马6进4	25. 马三进四	车4退1
26.	后马退五	炮9进4	27. 车八退三	炮9平1
28.	马五退七	象5进7	29. 车八平六	士6进5
30.	兵五进一	车4退1	31. 车六进二	炮1退1
32.	仕四进五	卒5进1	33. 马四退二	卒5进1
34.	马二进三	象7进9	35. 马七进八	象9进7
36.	马八进九	车4平2	37. 炮八平九	车2进3
38.	车六退一	象7退5	39. 马九退八	车2退5
40.	炮九退二	车2进6	41. 马八退六	马3进1！
42.	车六平八	车2进1	43. 马六进八	将5平6

44. 马八进九 卒5进1
45. 马九退七 马1进3
46. 炮九平五 马4进2
47. 马七退六 马3进4
48. 炮五退一 卒9进1
49. 炮五平八 卒5平4
50. 马六进八 卒4平3
51. 马八退六 前卒进1
52. 马六进八 马2进3
53. 马八进六 马4进3
54. 炮八平七 后马进1
55. 炮七平四 马1进2
56. 炮四退五 马2退4（图226）

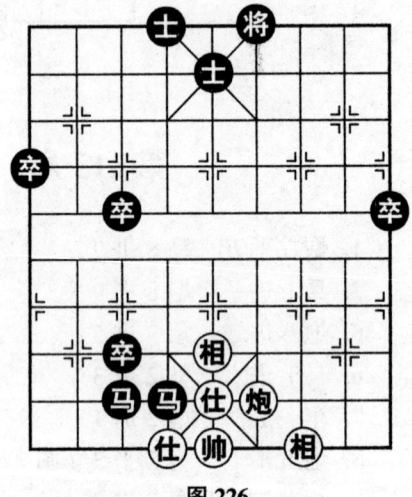

图226

第114局 赵国荣负吕钦

1. 炮二平五 马8进7
2. 马二进三 车9平8
3. 兵七进一 炮8平9
4. 马八进七 卒7进1
5. 炮八进二 象3进5
6. 车一进一 马2进3
7. 马七进六 士4进5
8. 炮五平六 车8进3（图227）
9. 车九进一 卒1进1
10. 相三进五 车1进3

第二章 巡河炮或先锋马

11. 车一平二　车8进5
12. 车九平二　炮2平1
13. 炮八退三　车1平2
14. 炮八平三　车2进1
15. 兵三进一　卒7进1
16. 车二进六？马7进8
17. 相五进三　马3退2
18. 车二退一　炮9平7！
19. 相七进五　马2进3
20. 炮三平九　炮1进4
21. 马六进七　炮7进5
22. 炮六平三　马8进6
23. 炮三退一　马6进4
24. 仕四进五　炮1平3
26. 帅五平四　炮3平2
28. 炮三退二　炮2平3
30. 帅四平五　卒1进1
32. 车二平六　马4退5
34. 马九进八　车2退2
36. 车八平九　马5进7
38. 相五进七　马3进4
40. 兵一进一　马4进6
42. 炮四进二　马5退4
44. 炮四进二　马5退3！
46. 仕五进六　马6进8
48. 炮九平六　马8退7
50. 炮八进八　车1平2
52. 炮九退五　马7进6
54. 仕五退六　马6进7
56. 帅四进一　马7退6
58. 车七平四　卒5进1（图228）

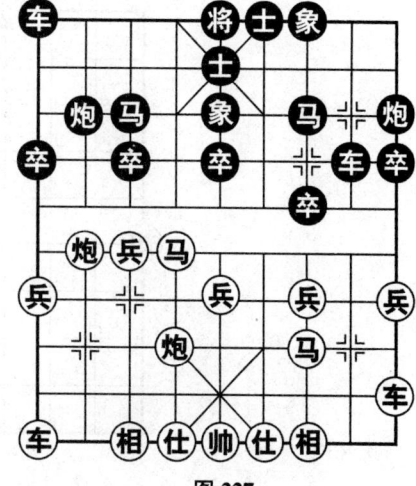

图227

25. 马七进九？车2退2！
27. 炮三进二　马4进3
29. 相五退七　前马退4
31. 车二退四　卒1平2
33. 车六平八　炮2平1
35. 车八退二　卒2平3
37. 相七进五　马7进5
39. 车九平七　车2进6
41. 炮三平四　卒5进1
43. 炮四退二　马4进5
45. 车七进四　车2平6
47. 仕六进五　车6平1
49. 炮六平八　卒5进1
51. 炮八平九　将5平4
53. 车七退二　车2进3
55. 帅五平四　车2平4
57. 仕六退五　车4平7

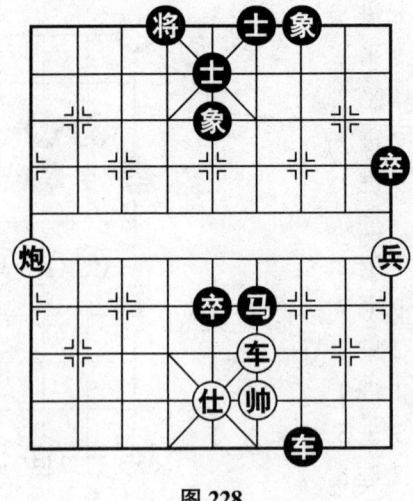

图 228

第 115 局　胡荣华胜李来群

1. 炮二平五　马 8 进 7
2. 马二进三　车 9 平 8
3. 兵七进一　炮 8 平 9
4. 马八进七　卒 7 进 1
5. 炮八进二　象 3 进 5
6. 马七进六　马 2 进 1
7. 炮五平六　炮 2 平 3
8. 车九平八　车 1 平 2（图 229）
9. 车一进一　车 2 进 3
10. 车一平八　卒 1 进 1
11. 相七进五　士 6 进 5
12. 炮八退一　卒 3 进 1
13. 兵七进一　象 5 进 3
14. 炮八平六　车 2 进 5
15. 车八进一　炮 3 平 4
16. 前炮进四　炮 9 平 4
17. 炮六进五　士 5 进 4
18. 马三退五　车 8 进 6
19. 马五进七　车 8 平 7
20. 车八平四　象 7 进 5？
21. 车四平五！车 7 平 9
22. 车四平三　马 7 退 6
23. 车三平五　士 4 退 5

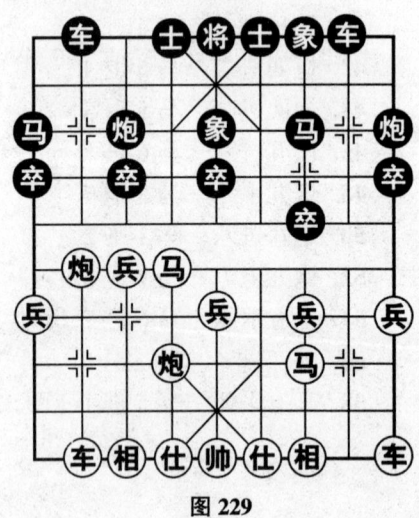

图 229

第二章　巡河炮或先锋马

24. 马六退八	卒7进1	
26. 马八进九	马6进7
28. 马九进八	车5退1
30. 相三退五	马7进9
32. 仕六进五	马7进8
34. 马七进六	车5平6
36. 车八进六	车6进2
38. 车八退四	车1进4
40. 帅五进一	象3退5
42. 马七进六	车1退2
44. 帅四平五	马7退6
46. 仕六进五	卒9进1
48. 车八平一	马6进8
50. 马七退五	士4进5
52. 车一平七	象3进1
53. 车七平八	车1进3
54. 帅六退一	车1退1
55. 兵五进一	卒9平8
56. 车八平四	马6退7
57. 车四退二	卒8平7
58. 马七进八	将5平4
59. 车四平六	士5进4
60. 车六进四	将4平5
61. 马八进七	将5进1
62. 车六平三	将5平4
63. 车三进一	士6进5
64. 马七退六	（图230）

25. 相五进三　车9退2
27. 车五平八　车9平5
29. 车八退三　卒9进1
31. 兵九进一　马9进7
33. 兵九进一！马1退2
35. 马八退七　象5进3
37. 马六退七　车6平1
39. 仕五退六　马8进7
41. 帅五平四　车1退2
43. 马六进七　车1平6
45. 帅五平六　象5退3
47. 仕五进六　车6平1
49. 仕四进五　士5退6
51. 马五退七！马8进6

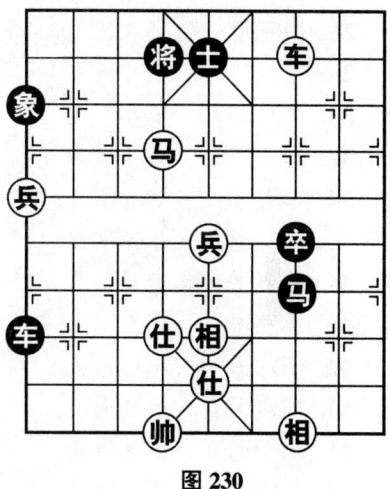
图230

第116局　赵庆阁负胡荣华

1. 炮二平五　马8进7
2. 马二进三　车9平8
3. 兵七进一　卒7进1
4. 马八进七　炮8平9
5. 炮八进二　象3进5
6. 车一进一　马2进3
7. 马七进六　炮2退1
8. 炮五平七　炮2平3（图231）

9. 车九平八　士4进5
10. 车一平四　卒1进1
11. 兵七进一　象5进3
12. 炮八平七　车8进1
13. 车八进八　士5进6
14. 后炮进三？卒3进1
15. 炮七进三　车1平4
16. 马六进五　士6退5！
17. 车四进五　马7进5
18. 车四平五　车8进6
19. 车五平三　炮9退1
20. 车八退六　卒3进1！
21. 相七进九　卒3进1
22. 炮七平三　象7进5
24. 车五平三　卒3平4
26. 炮三退一　卒4进1！
28. 仕六进五　炮9进5
30. 车八平六　卒4平5
32. 马三退四　车4进7
34. 车五平一　炮3平5
36. 车一退六　车4平5
38. 帅五平六　炮5平3
40. 兵三进一　车5退1
42. 车六退一　车5进1
44. 车六平五　炮3退2
46. 相七进五　车9进1
48. 马四进六　炮3平2
50. 车五进二　卒1进1
52. 帅六平五　卒1平2
54. 帅五退一　将5平4
56. 帅四平五　车2平9
58. 帅五退一　车3平2
60. 车五平六　卒2平1
62. 帅四平五　卒2进1

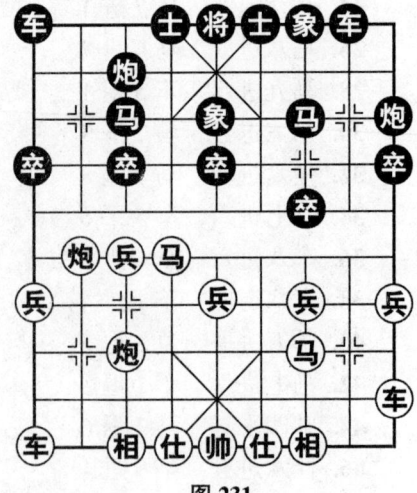

图231

23. 车三平五　象5退7
25. 炮三退二　象7进5
27. 相九进七　卒4进1
29. 车三平五　炮3进3
31. 仕四进五　炮9进3
33. 仕五进六　车8平4
35. 炮三平五　车4退2！
37. 车一进五　车5进1
39. 马四进五　士5进4
41. 车一平六　士6进5
43. 相三进一　车5平1
45. 马五进四　车1平9
47. 车五进一　车9平6
49. 马六进五　炮2平5
51. 车五退四　车6退3
53. 帅五进一　车6平2
55. 帅五平四　将4平5
57. 帅五进一　车9平3
59. 帅五平四　卒2进1
61. 车六退一　车2平6
63. 车六退一　将5平6

第二章　巡河炮或先锋马

64. 车六平二　卒2平3
65. 帅五进一　车6平4
66. 车二平四　将6平5
67. 帅五退一　车4平8
68. 车四平三　士5进6
69. 帅五平四　车8进3
70. 兵三进一　卒3平4
71. 兵三平四　士6退5
72. 相五退三　车8平4
73. 帅四平五　将5平4
74. 兵四平五　士5退6
75. 帅五平四　士4退5
76. 车三平四　将4平5
77. 车四平三　士5进6
78. 帅四平五　车4退1
79. 帅五平四　卒4进1
80. 车三平四　车4平5（图232）

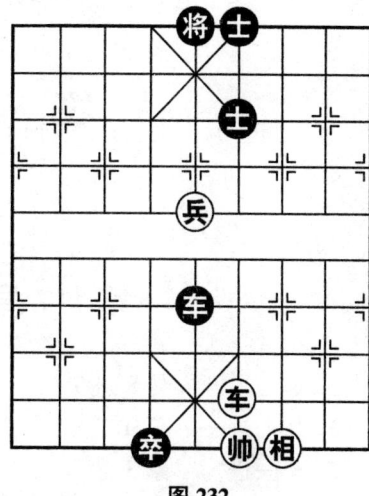

图232

第三章 横 车

第117局 柯善林胜丰鹤

1. 炮二平五　马8进7
2. 马二进三　卒7进1
3. 兵七进一　车9平8
4. 马八进七　炮8平9
5. 车一进一　象3进5
6. 兵五进一　马2进3（图233）
7. 马七进五　士4进5
8. 兵五进一　卒5进1
9. 车九进一　炮2进4
10. 马五进六　车1平3
11. 炮八平七　车8进5
12. 车一平六　马3进5
13. 车九平八　炮2平9
14. 马三进一　炮9进4
15. 炮五进四　马7进5
16. 炮七平五　车8平5?
17. 马六进八　炮9平8
18. 车六进五　炮8退1
19. 炮五退一　马5退7
20. 相七进五　车5平6
21. 炮五进四　马7进5
22. 车六平五　车6退1
23. 仕六进五　炮8平5
24. 车五平七!　车6平5
25. 车七进三（图234）

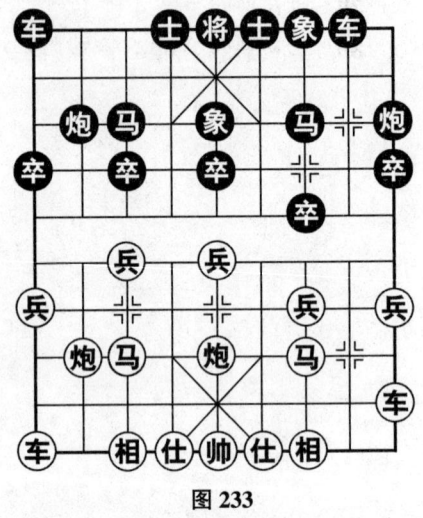

图233

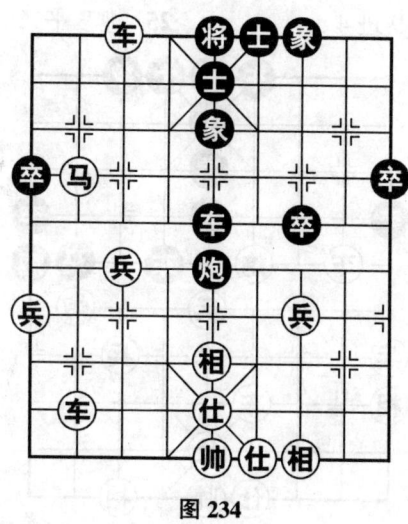

图 234

第118局 窦超负王跃飞

1. 炮二平五　马8进7
2. 马二进三　车9平8
3. 兵七进一　炮8平9
4. 马八进七　卒7进1
5. 车一进一　车8进5
6. 相七进九　士4进5
7. 车九进一　马2进3
8. 炮八进二　车8退1（图235）
9. 马七进六　象3进5
10. 车一平六　炮2退1
11. 炮五平七　卒3进1
12. 兵七进一　象5进3
13. 炮八平七　马3进4
14. 后炮平六　卒7进1
15. 炮七平三　象3退5
16. 车九平八　炮2平4
17. 车八进四　炮4进4
18. 炮六进三　炮4平6
19. 车六平四?　车8平6!
20. 仕四进五　马7进8
21. 车四进一　车1平4
22. 车四平六　炮6进1
23. 兵五进一　炮6平9

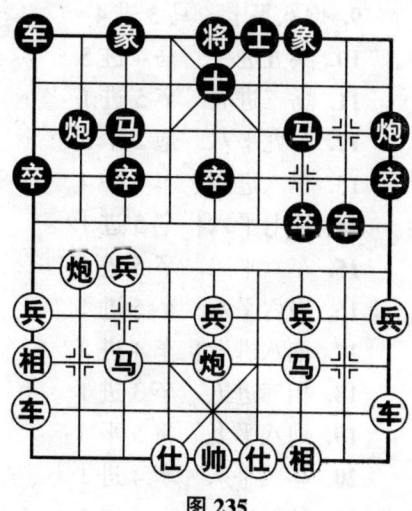

图 235

24. 马三进一　炮9进4　　　25. 炮三平二　炮9退2！（图236）

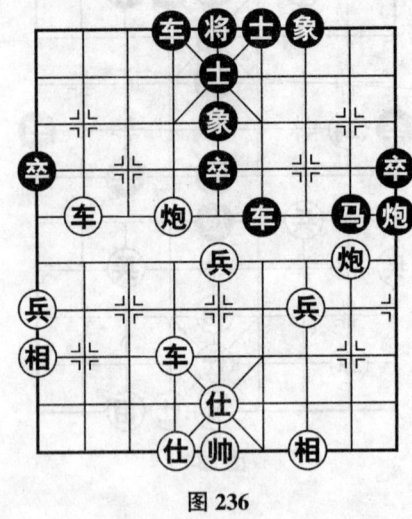

图236

第119局　柳大华胜黄国棣

1. 炮二平五　马8进7
2. 马二进三　车9平8
3. 兵七进一　炮8平9
4. 马八进七　马2进3
5. 车一进一　车8进4
6. 兵五进一　士4进5
7. 车一平六　卒3进1
8. 马七进五　象3进5（图237）
9. 炮八平七　马3进4
10. 兵五进一　马4进5
11. 马三进五　卒5进1
12. 车九平八　炮2平3
13. 车六进四　车1平4
14. 炮七平六！卒5进1？
15. 车六平二　卒5进1
16. 炮六平八　卒5进1
17. 炮八进七！车4进8
18. 相三进五　卒3进1
19. 炮八平九　将5平4
20. 车二平八　车4进1
21. 帅五进一　车4退1

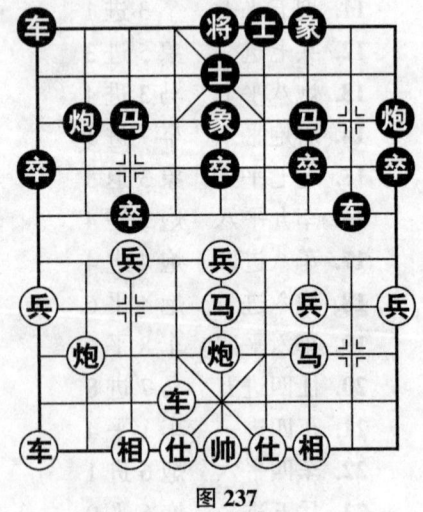

图237

22. 帅五退一　象 5 进 3
24. 后车进八　将 4 进 1
26. 车八退三　炮 9 平 5
23. 前车进四　将 4 进 1
25. 后车平七　马 7 退 8
27. 相五退三（图 238）

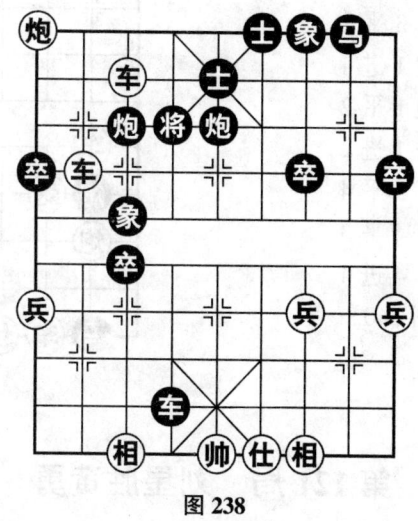

图 238

第 120 局　柳大华胜李群

1. 炮二平五　马 8 进 7
3. 兵七进一　炮 8 平 9
5. 车一进一　士 4 进 5
6. 炮八进二　马 2 进 1（图 239）
7. 兵三进一　卒 3 进 1
8. 兵三进一　卒 3 进 1
9. 炮八进二　炮 2 平 3
10. 马七退五　车 1 平 2
11. 车九平八　车 8 进 6
12. 兵三进一　车 8 平 7？
13. 兵三进一　象 3 进 5
14. 兵三进一　马 1 进 3
15. 车一平四　马 3 进 2
16. 炮八平一　车 2 进 4
17. 炮五平八　车 2 平 4

2. 马二进三　车 9 平 8
4. 马八进七　卒 7 进 1

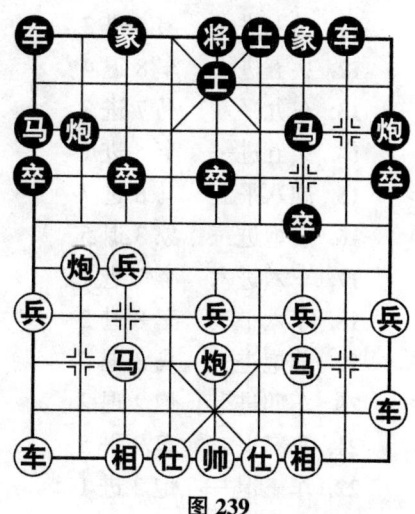

图 239

18. 车四进三　将5平4
19. 相七进五　马2进1
20. 车八平九　卒3进1
21. 车四平八　炮3平1
22. 炮一平九　炮1进4
23. 车九平七　炮1平2
24. 车八平九!　马1进2
25. 车九平七　卒3平4
26. 前车平八　卒4平3
27. 炮九退三!　车4进4
28. 炮九平七（图240）

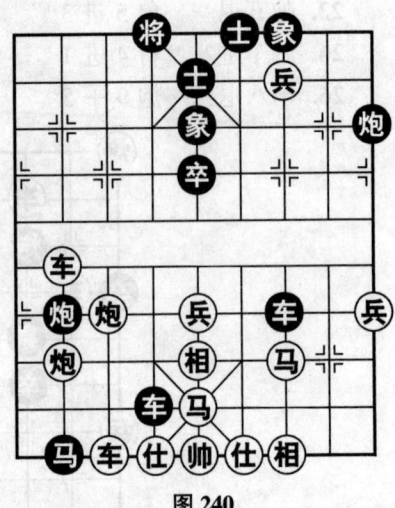

图240

第121局　刘星胜黄勇

1. 炮二平五　马8进7
2. 马二进三　车9平8
3. 兵七进一　炮8平9
4. 马八进七　卒7进1
5. 车一进一　车8进5
6. 相七进九　士4进5
7. 车一平四　象3进5
8. 炮八进二　车8进1
9. 炮八退一　马2进3
10. 仕六进五　卒3进1（图241）
11. 兵七进一　象5进3
12. 兵五进一　车8退4?
13. 车九平六　马7进8
14. 兵五进一　卒5进1
15. 炮八平五　马8进7
16. 后炮进三　象3退5
17. 车六进六　卒7进1
18. 车六平三　车8进2
19. 前炮进三　马3退5
20. 车四进七!　炮2退2
21. 车三退二　车8平5
22. 车三退一　炮2进1
23. 车四退二　炮9平7

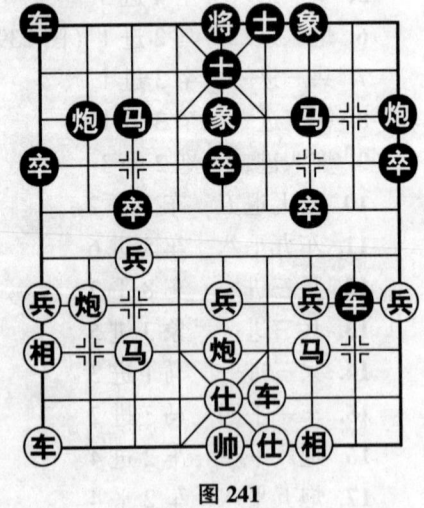

图241

24. 炮五退一　炮7进4
25. 马七进五　车5平2
26. 马五进七　车1平4
27. 马七进六　车2进5
28. 仕五退六　车4进2
29. 车三平七！炮7退6
30. 车七进六　车4退2
31. 车七平六（图242）

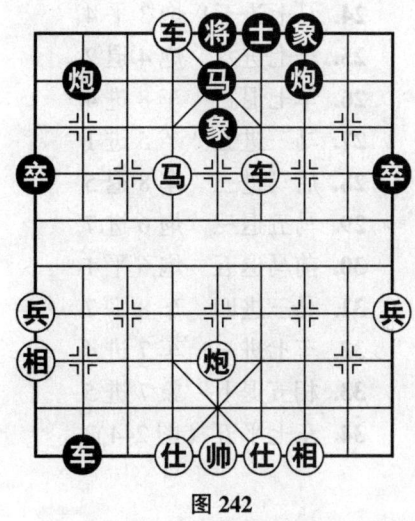

图242

第122局　谢业枧胜王向明

1. 炮二平五　马8进7
2. 马二进三　车9平8
3. 兵七进一　卒7进1
4. 马八进七　炮8平9
5. 车一进一　士4进5
6. 炮八平九　炮2平6
7. 车九平八　马2进3
8. 车一平四　象3进5（图243）
9. 马七进六　车8进3
10. 兵五进一　卒3进1
11. 兵七进一　象5进3
12. 炮九平七　象3退5
13. 马六进七　车1平4
14. 车八进三　车4进3
15. 车八平七　炮9退1
16. 车四进二　马7进8
17. 车四平六！车4进3
18. 车七平六　炮9平7
19. 兵五进一　马8进7
20. 车六平四　卒7进1
21. 炮七进五　炮7平6
22. 车四平七　马7进5
23. 相七进五　前炮平3

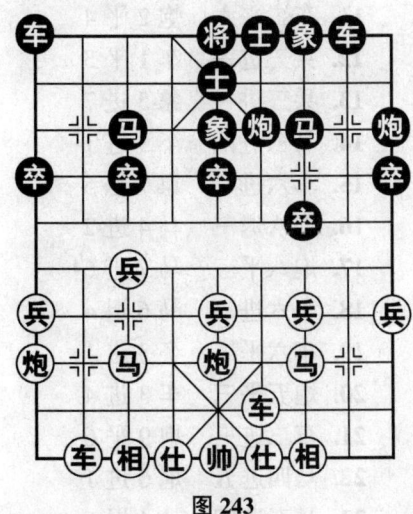

图243

24. 马七进五！ 炮3平4
25. 车七进六 炮4退2
26. 车七退三 车8进4
27. 马三进五 卒5进1
28. 后马进三 车8退5
29. 马五退三 炮6进7
30. 前马退五 炮6平1
31. 马三进四 车8平7
32. 车七进一！ 车7进4
33. 相五退七 象7进5
34. 车七平五（图244）

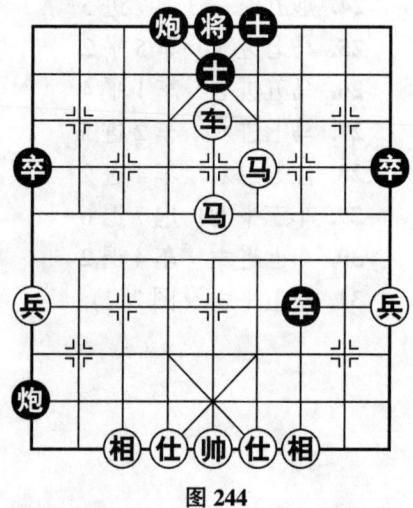
图244

第123局　陈翀负王跃飞

1. 炮二平五 马8进7　　2. 马二进三 车9平8
3. 兵七进一 炮8平9　　4. 马八进七 卒7进1
5. 车一进一 车8进5　　6. 相七进九 士4进5
7. 炮八进二 车8进1　　8. 车九进一 象3进5（图245）
9. 车一平二 车8进2　　10. 车九平二 马2进4
11. 车二平六 炮2平4
12. 兵三进一 车1平3
13. 兵三进一 象5进7
14. 马三进四 卒3进1
15. 车六进三 象7退5
16. 炮八退三 马4进2
17. 炮八平三？ 马7进6！
18. 车六进一 马6退4
19. 车六平二 卒3进1
20. 炮五平三 车3平4
21. 车二进三 炮9平1
22. 马四进五 炮6进1
23. 马五退四 马4退6

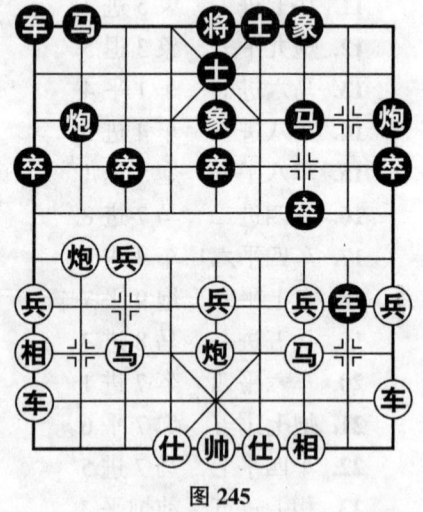
图245

24. 马四进三　卒3进1
25. 马七退五　炮4进1
26. 马三进四　将5平4
27. 后炮进八　将4进1
28. 前炮退二　车3平4!
29. 马五进四　炮4平5
30. 相三进五　车4进5
31. 帅五进一　车4退1
32. 帅五退一　车4进1
33. 帅五进一　卒3平4
34. 前炮平五　卒4进1
35. 后马进五　车4退1
36. 帅五退一　卒4平5（图246）

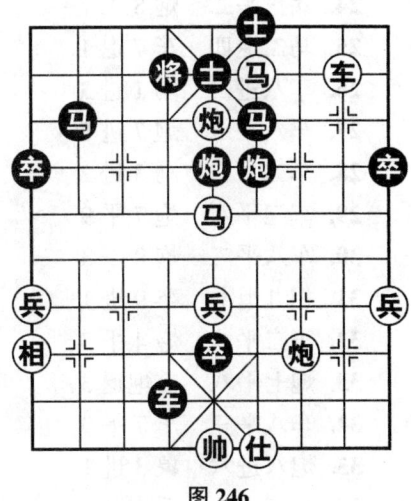

图246

第124局　胡荣华胜李来群

1. 炮二平五　马8进7
2. 马二进三　车9平8
3. 兵七进一　炮8平9
4. 马八进七　卒7进1
5. 车一进一　车8进5
6. 相七进九　士4进5
7. 车一平六　马2进1
8. 车六进四　炮2平4（图247）
9. 炮八退一　车1平2
10. 炮八平三　车8平6
11. 兵三进一　车6进2
12. 马三退一　炮9平8
13. 仕六进五　车6进1
14. 马一进二　象7进5
15. 兵三进一　车2进6?
16. 兵三进一　马7退8
17. 炮五平四　卒3进1
18. 车九平八　车2平3
19. 车八进二　卒3进1
20. 炮三进二　车6平8
21. 炮四进一!　车8进1
22. 炮四平七　卒3进1
23. 炮三平七　车8平7

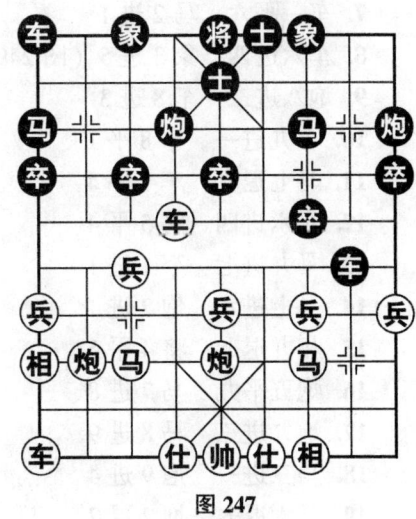

图247

24. 兵三平二　炮8平7
25. 马二退四　车7退1
26. 车八进二　马1进3
27. 车八平二　炮7进5
28. 车二平三！马3进2
29. 车三平八　炮7平9
30. 车八平二　炮9平3
31. 相九退七　卒9进1
32. 车二平八　炮4平3
33. 炮七平八　前炮退3
34. 车八平三　车7平9
35. 炮八进六　象3进1
36. 车三平八　后炮平4
37. 炮八平九　将5平4
38. 车八进五　将4进1
39. 炮九平四　（图248）

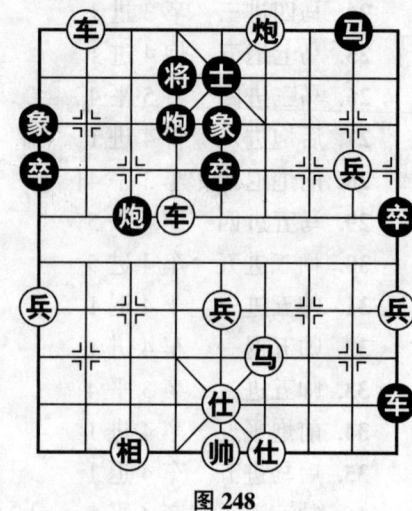

图248

第125局　李林负陶汉明

1. 炮二平五　马8进7
2. 马二进三　车9平8
3. 兵七进一　炮8平9
4. 马八进七　卒7进1
5. 车一进一　车8进5
6. 相七进九　士4进5
7. 车一平六　马2进1
8. 车六进四　象3进5（图249）
9. 炮八进二　车8进3
10. 车九进一　车8平1
11. 马七退九　车1平4
12. 车六进四　将5平4
13. 马九进七　卒1进1
14. 马七进六　炮2进1
15. 相九退七　将4平5
16. 炮五平九　马7进8
17. 炮九进三　马8进9
18. 马三进一　炮9进4
19. 马六退七　炮2退2

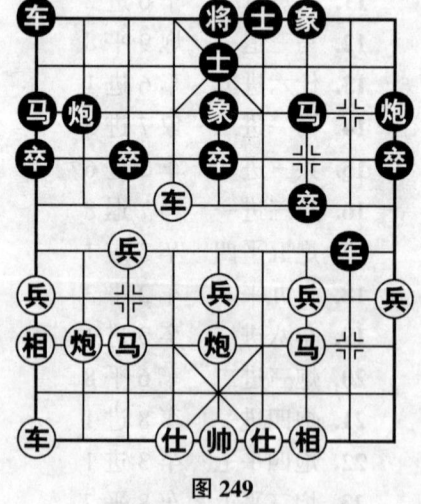

图249

140

20. 炮九进一	炮2平3!	21. 炮八平九	马1退2
22. 前炮进三	马2进1	23. 后炮平八	士5进6
24. 相七进九	卒3进1	25. 炮八进五	将5进1
26. 炮八退一	将5退1	27. 马七进六	卒3进1
28. 相九进七	卒5进1		
29. 相七退九	炮9平5		
30. 炮八退一	卒5进1		
31. 马六进七	马1进2		
32. 兵九进一	炮3平7		
33. 马七退八	卒5平4		
34. 马八进六	马2进3		
35. 炮八进二	将5进1		
36. 马六进七	将5平4		
37. 帅五进一	炮5退2!		
38. 炮八退三	卒4平5		
39. 相三进五	马3进5		
40. 炮八平四	马5退7（图250）		

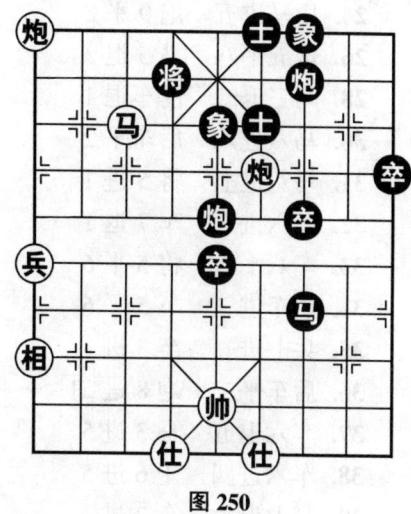

图 250

第126局 刘星负万春林

1. 炮二平五	马8进7	2. 马二进三	车9平8
3. 兵七进一	炮8平9		
4. 马八进七	卒7进1		
5. 车一进一	车8进5		
6. 相七进九	士4进5		
7. 车一平四	象3进5		
8. 炮八进二	车8进1		
9. 炮八退一	车8退1		
10. 炮八进一	车8进1		
11. 炮八退一	车8退1（图251）		
12. 兵五进一	马2进3		
13. 仕六进五	卒7进1		
14. 兵三进一	车8平7		
15. 马七进五	车7退1		

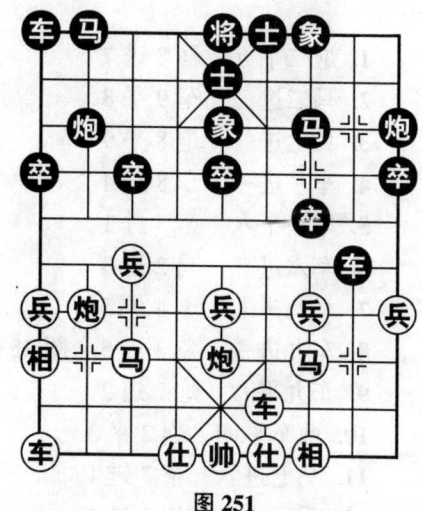

图 251

16. 车九平六	炮2平1	17. 兵五进一	卒5进1
18. 车四进三	车1平2	19. 炮八平七	车2进6
20. 炮七平六？	马3进5	21. 马五进三	炮1进4
22. 炮六平九	车2平1	23. 车四平六	车1平7
24. 后马进五	炮9平8！	25. 后车平八	士5退4
26. 炮五平八	马5退3	27. 炮八进一	前车进3
28. 马三退二	前车退1	29. 马五进六	卒5进1
30. 马六进八	后车平2		
31. 马八进七	将5进1		
32. 车六进五	车7退1		
33. 车八平六	将5平6		
34. 后车进三	卒5平6		
35. 兵七进一	卒3进1		
36. 后车平二	炮8进2！		
37. 车六退五	马3进5		
38. 车六进四	士6进5		
39. 马七退六	车2进1		
40. 马六进五	马5进4！		
41. 炮八平五	马4进6（图252）		

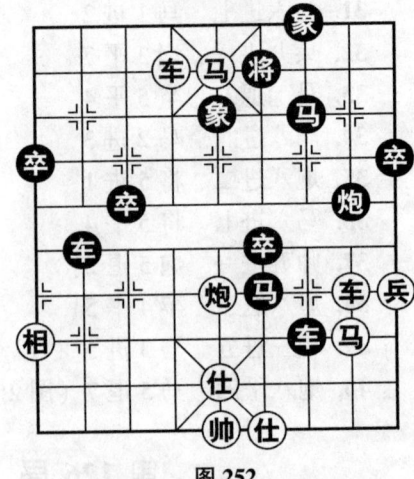

图252

第127局　孙启忠负蔡福如

1. 炮二平五	马8进7
2. 马二进三	车9平8
3. 兵七进一	炮8平9
4. 车一进一	车8进4
5. 车一平六	卒3进1
6. 车六进三	马2进3
7. 马八进七	士4进5
8. 车九进一	象3进5（图253）
9. 车九平六	炮2退2
10. 前车平四	炮2平3
11. 马七进六	卒7进1
12. 兵七进一	炮3进4

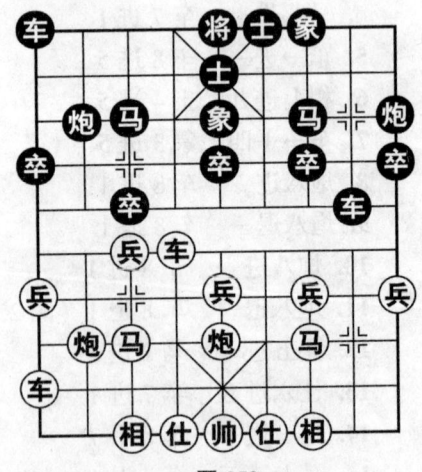

图253

13. 马六退八　卒7进1
15. 车三平七　马7进6
17. 相三进一　马6进7
19. 相三进五　马3进4
21. 后车平四　车4平3
23. 马八退七　炮7进5
25. 车四平一　车3平5
27. 炮三退一　车5平6
29. 车一进二?　车6平9
30. 车六平四　车8平3
31. 马七进九　车3进5!
32. 车四平五　车9平4
33. 炮六进一　车3退5
34. 仕六进五　车4平1
35. 马九退八　车3平5
36. 车五平七　车1进3
37. 车七平八　车5进3
38. 炮六退二　车1退1
39. 车八平六　车1平3
40. 马八进六　卒5进1
41. 车六退一　卒5进1（图254）

14. 车四平三　炮3平7
16. 兵三进一　炮7退2
18. 相一退三　马7进5
20. 车七平六　车1平4
22. 炮八平六　车3进6
24. 炮六平三　炮9进4
26. 兵九进一　卒9进1
28. 炮三平六　马4进6

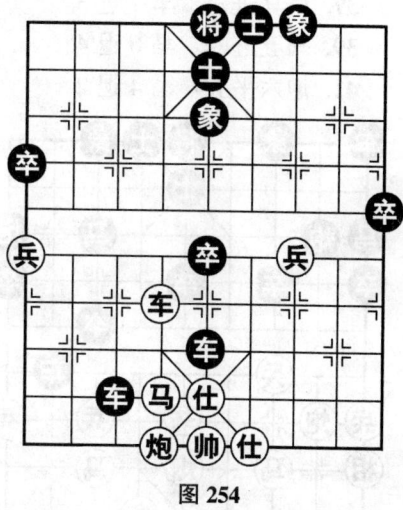

图254

第128局　于幼华胜李来群

1. 炮二平五　马8进7
3. 兵七进一　炮8平9
5. 车一进一　车8进5
7. 车一平四　马2进1
9. 炮八退一　车8退1（图255）
11. 兵五进一　卒7进1
13. 车四进七　象3进5
15. 炮八平三　马7退9
17. 车九平八　车1平2
19. 车四退四　炮9平7

2. 马二进三　车9平8
4. 马八进七　卒7进1
6. 相七进九　士4进5
8. 炮八进二　车8进1
10. 兵三进一　车8退1
12. 马三进五　卒7平8
14. 炮八退二　炮2退1
16. 车四退二　炮2退2
18. 车四进二　炮2退2
20. 相三进一　炮2平4

21. 车八进九	马1退2	22. 兵五进一	卒5进1
23. 炮三平五！	炮4进6	24. 前炮进三	炮4平1
25. 后炮进一	炮1平5	26. 炮五退三	马9进8
27. 车四进二	卒8进1	28. 车四平三	马8退9
29. 车三平四	炮7平6	30. 马五进三	车8平4
31. 仕四进五	将5平4	32. 车四平一	马9进7
33. 车一平三	车4平7？	34. 车三平六	士5进4
35. 马七进五	士6进5	36. 马三进五	马7进6
37. 后马进六	车7进3	38. 炮五平六	车7平5
39. 马五进四	马6退4？	40. 炮六进四	马2进4
41. 炮六平五！	马4退2	42. 马六进七（图256）	

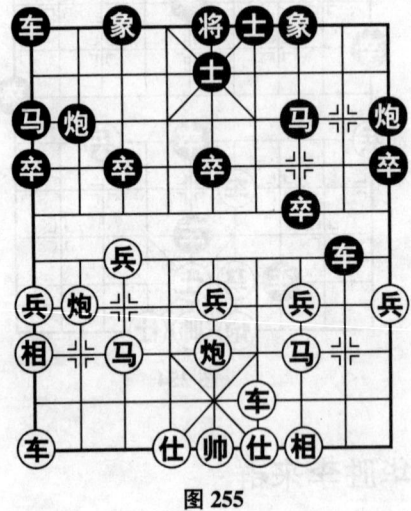

图255

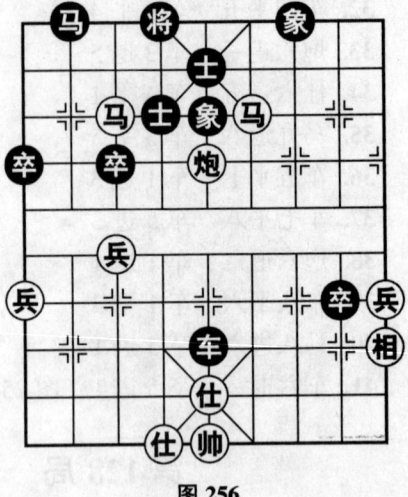

图256

第129局　柳大华负李鸿嘉

1. 炮二平五	马8进7	2. 马二进三	车9平8
3. 兵七进一	卒7进1	4. 马八进七	炮8平9
5. 车一进一	马2进3	6. 马七进六	车1进1
7. 炮八进二	卒3进1	8. 车一平七	卒3进1
9. 车七进三	车8进8（图257）	10. 炮五平七	车8平2
11. 相七进五	马3退5	12. 车九进二	炮2平7
13. 仕四进五	马5进4	14. 车七进二	炮3进5

15. 车九平七　车2退3
16. 前车平六　象3进5
17. 车七平六　士4进5
18. 马六进五　马7进6
19. 前车退一　马6进7
20. 后车进二　车2平4
21. 车六退一　卒1进1
22. 马五退三?　象5进7
23. 车六平三　马7进5
24. 相三进五　象7进5!
25. 车三平八　车1进2
26. 兵五进一　车1平8
27. 车八退一　车8进4
28. 马三退四　车8平9
30. 兵五进一　卒9进1
32. 兵四平三　象5进7
33. 车二进二　炮9平2
34. 车二平三　炮2进3
35. 相五退七　炮2平1
36. 车三平八　车9退3
37. 马四进三　车9平7
38. 仕五退四　将5平4
39. 车八平六　将4平5
40. 车六平八　将5平4
41. 车八平六　将4平5
42. 车六平八　将5平4
43. 车八退五　炮1退1
44. 车八进一　炮1进1
45. 车八平九?　炮1退3!（图258）

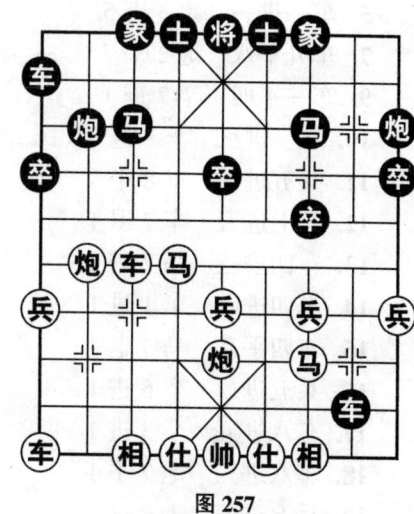

图257

29. 车八平二　车9进2
31. 兵五平四　炮9进4

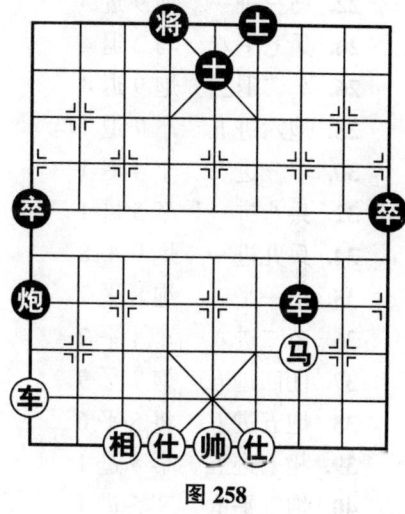

图258

第130局　万春林负徐超

1. 炮二平五　马8进7
2. 兵七进一　车9平8
3. 马二进三　炮8平9
4. 马八进七　卒7进1

5. 车一进一　象3进5
7. 车九平八　炮2平7
9. 车一平四　卒7进1
10. 相一进三　车8进5（图259）
11. 兵五进一　车8平7
12. 马七进五　车7退1
13. 车四进三　马7进8
14. 车四进四　车1进1
15. 车四平九　马3退1
16. 兵五进一　卒5进1
17. 车八进五　卒3进1
18. 车八进三　炮7平1
19. 兵七进一　士6进5
20. 马五进七　炮9退1
21. 车八退五　炮1平9!
22. 马三进一　炮9进5
24. 兵七平八　马2退4
26. 车二退三　炮9退4
28. 炮六进五　车7退1!
30. 车三进三　车4退1
32. 兵八进一　卒5进1
34. 兵九进一　炮9平8
35. 车一平二　炮8平7
36. 车二进六　车4平7
37. 仕四进五　炮7平9
38. 炮五进五　将5平6
39. 相七进五　卒5进1
40. 炮五平七　卒5进1
41. 车二平三　车7退3
42. 炮七进二　将6进1
43. 炮七平三　炮9平5
44. 炮三退三　士5进4
45. 炮三平四　炮5退2
46. 兵九进一　卒9进1（图260）

6. 炮八平九　炮2进4
8. 相三进一　马2进3

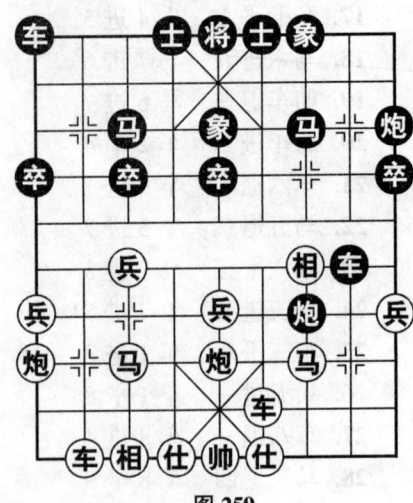

图259

23. 车八平二　马1进2
25. 马七进六　炮9进3
27. 炮九平六　马8进7
29. 车二平三　车7平4
31. 车三平一　炮9退1
33. 兵八平九　车4进1

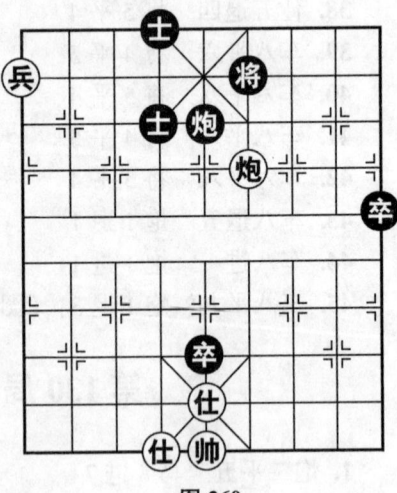

图260

第131局　汪洋负李群

1. 炮二平五　马8进7
2. 马二进三　车9平8
3. 兵七进一　炮8平9
4. 马八进七　卒7进1
5. 车一进一　象3进5
6. 马七进六　士4进5
7. 车九进一　马2进4
8. 车一平六　炮9退1（图261）
9. 炮五平六　卒3进1
10. 兵七进一　车8进5
11. 兵三进一　车8平7
12. 炮六平七　炮2平4
13. 相三进五　炮4进6
14. 相五进三　炮4退2
15. 相三退五　炮4平3
16. 相七进五　象5进3
17. 炮七进三　车1平3
18. 炮八平七　马4进2
19. 前炮进一　车3平4
20. 车九平八　车4进5
21. 车八进六　马7进6
22. 车八退二　车4退5
23. 前炮进三　车4进1
24. 前炮退五　车4退1
25. 前炮进五　车4进1
26. 后炮平九　车4平2
27. 炮七平四　车2退1
28. 炮四平八　马6进4
29. 炮九进四　士5进6
30. 马三进四　炮3平9
31. 兵九进一　前炮退2
32. 炮九平一　后炮平5
33. 炮一进三　象7进5
34. 仕六进五　象5进3
35. 马四退二？炮9退3
36. 马二进三　炮5进5！
37. 马三进四　炮9平6
38. 相一退三　马4进2
39. 帅五平六　炮5平4！
40. 帅六进一　象3退5
41. 仕五进四　炮4退4
42. 马四退二　马2进3
43. 帅六平五　炮4平2
44. 帅五平六　炮6平4
45. 马二进三　将5平6
46. 马三退五　将6平5（图262）

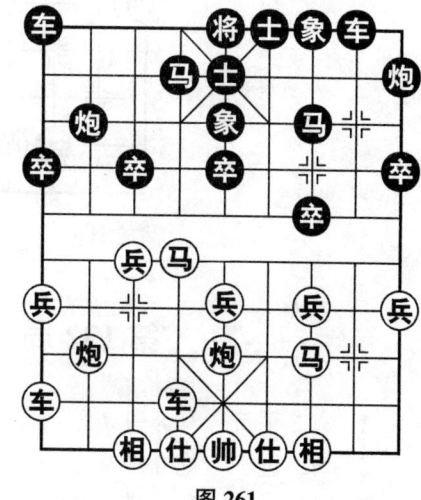

图261

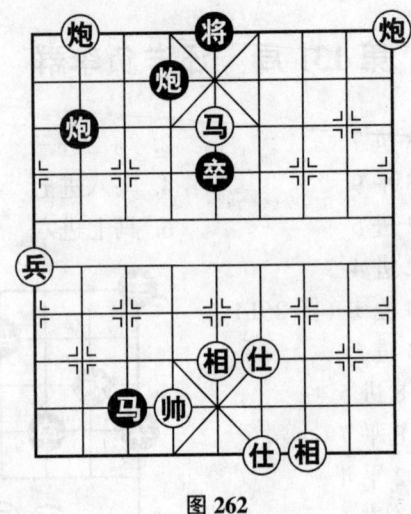

图262

第132局　陶汉明胜徐超

1. 炮二平五　马8进7
2. 兵七进一　车9平8
3. 马二进三　炮8平9
4. 马八进七　卒7进1
5. 车一进一　象3进5
6. 炮八平九　炮2进4
7. 车九平八　炮2平7
8. 相三进一　马2进3（图263）
9. 车八进七　车1平3
10. 车一平四　卒7进1
11. 相一进三　车8进4
12. 兵五进一　马7进6
13. 车八退四　炮9平6
14. 车四平六　炮7平8
15. 炮九进四！　士4进5
16. 炮九退一　炮8进3
17. 马三退二　车8进5
18. 仕六进五　马6退8
19. 车八平三　车8退4
20. 炮九退一　马8进6
21. 车三平六　炮6平8
22. 兵五进一！　卒5进1
23. 前车平四　马6退7

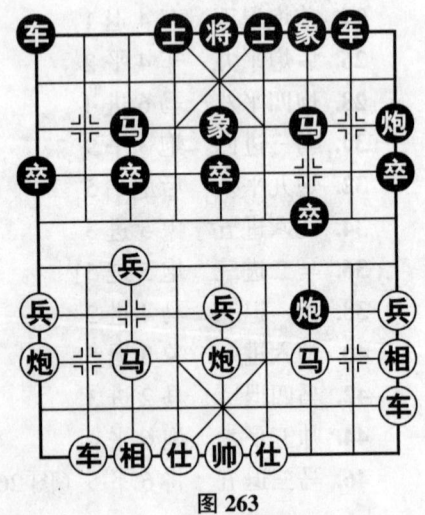

图263

24. 车六进五	车8退1	25. 车六平三	车8平7
26. 车三平二	炮8平9	27. 炮五平三	车7平8
28. 车二平三	马7退8	29. 相三退一	炮9平6
30. 马七进六	马8进9	31. 车三平一	车8平7
32. 炮三平五	马9退7	33. 马六进七	炮6平8
34. 车四平二	炮8进1	35. 车一退二	炮8平5
36. 车二平六	车7退1？		
37. 马七退五	车7进1		
38. 马五进七	车3平2		
39. 车一平三	车2进9		
40. 车三进一	象5进7		
41. 车六平七	马7进6？		
42. 帅五平六	炮5退1		
43. 炮九进五	马6进4		
44. 马七进九！	马3进5		
45. 马九进八	士5退4		
46. 马八退七	士4进5		
47. 炮五进五（图264）			

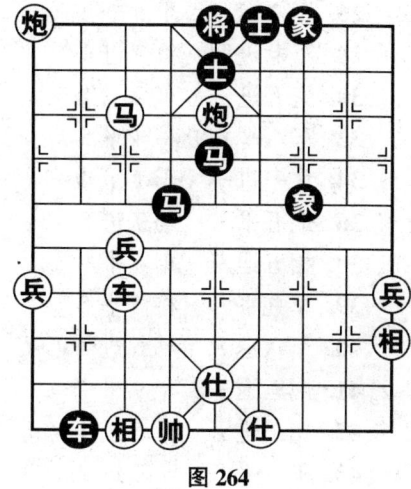

图 264

第133局　李艾东负胡荣华

1. 炮二平五　马8进7
2. 马二进三　车9平8
3. 兵七进一　炮8平9
4. 马八进七　卒7进1
5. 车一进一　车8进5
6. 相七进九　士4进5
7. 车一平六　马2进1
8. 车六进四　炮2平4（图265）
9. 炮八进二　车8进1
10. 炮八退一　车1平2
11. 车九平八　车8进2
12. 炮八进四　炮4退2！
13. 炮八平一　车2进9

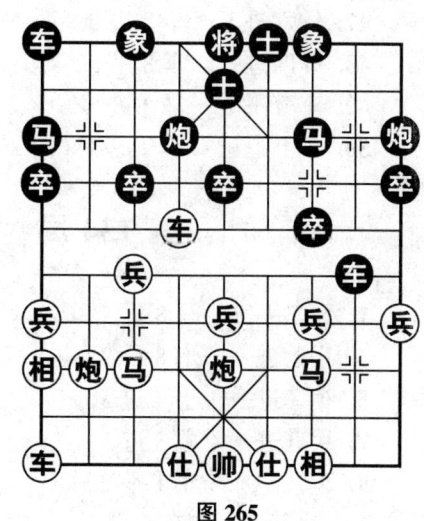

图 265

中炮进七兵对左三步虎

14. 马七退八	象7进9	15. 马八进七	车8平7
16. 马三退五	车7退2	17. 兵七进一	卒7进1
18. 马七进八	车7平5	19. 马五进七	车5平3
20. 兵七平八	卒7平6	21. 炮五退一	卒6平5
22. 相三进五	炮4进2	23. 兵八进一	炮4平6
24. 兵八进一?	炮6进5!	25. 兵八平九	炮6平3
26. 车六退三	车3平2	27. 车六平七	车2退1
28. 车七进四	象3进1	29. 相九进七	车2平1
30. 炮五进三	车2平1	31. 车七平八	将5平4
32. 车八平六	将4平5	33. 车六平八	将5平4
34. 兵一进一	车1平4	35. 仕四进五	卒5进1
36. 炮五平三	马7进8	37. 车八平九	马8进6
38. 相五退三	车4平9		
39. 车九平六	将4平5		
40. 车六退二	马6进4		
41. 炮三退三	车9平7		
42. 相三进五	卒5进1!		
43. 车六平五	车7进2		
44. 车五退一	马4进3		
45. 帅五平四	车7退4		
46. 仕五进四	车7平8		
47. 仕六进五	车8进5		
48. 帅四进一	车8平9		
49. 车五平七	马3进5		
50. 车七退三	车9退4（图266）		

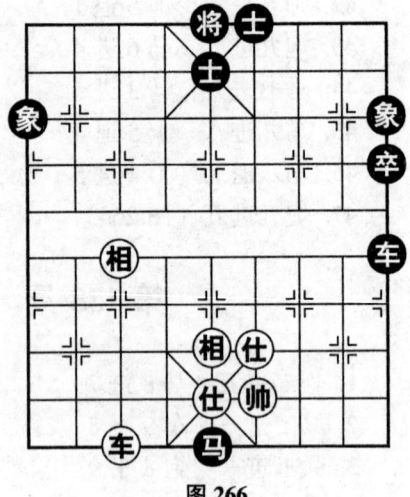

图 266

第134局　郑海文胜胡荣华

1. 炮二平五	马8进7	2. 马二进三	车9平8
3. 兵七进一	炮8平9	4. 马八进七	卒7进1
5. 车一进一	士4进5	6. 车一平四	马2进3
7. 兵五进一	象3进5	8. 炮八平九	车8进6（图267）
9. 车九平八	车1平2	10. 车八进三	马7进8
11. 兵五进一	卒5进1	12. 车八平五	车8平7

13. 炮五进三　卒7进1
14. 车五平三　卒7进1
15. 马三进五　车2平4
16. 马五进四　马8退6
17. 马四退三　车4进6
18. 车四进五　车4平7
19. 相三进五　车7平3
20. 马七退五　炮2进7
21. 车四平七　炮2平1
22. 马五进三　车3进1?
23. 帅五进一！车3平4
24. 兵七进一　车4进2
25. 马三进五　车4平5
26. 帅五平六　车5平4
28. 帅五平六　车5平6
30. 马五进六　车6退2
32. 炮九平八　炮9平6
34. 相五进七　炮1退1
36. 炮八进四　车5平4
38. 车七进三　将4进1
39. 车七退一　将4退1
40. 车七平九　车4平3
41. 炮八退六　车3进3
42. 帅五退一　车3进1
43. 帅五进一　车3退1
44. 帅五退一　车3平4
45. 炮八平三！炮1平3
46. 炮三进五　士5进4
47. 车九平四　士6进5
48. 马六进五　将4平5
49. 马五退四　将5平4
50. 炮三退二（图268）

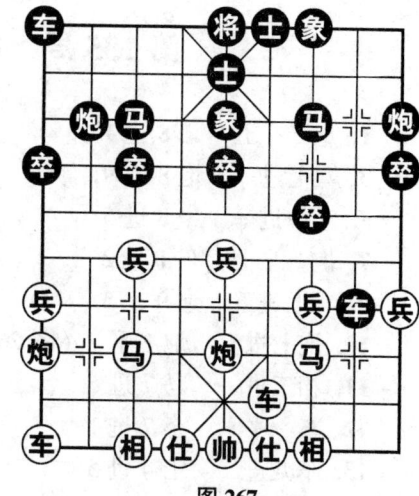

图267

27. 帅六平五　车4平5
29. 炮九退一　车6退3
31. 炮五退二　车6平5
33. 炮八进四　车5进1
35. 炮五退一　马3退1
37. 帅六平五　将5平4

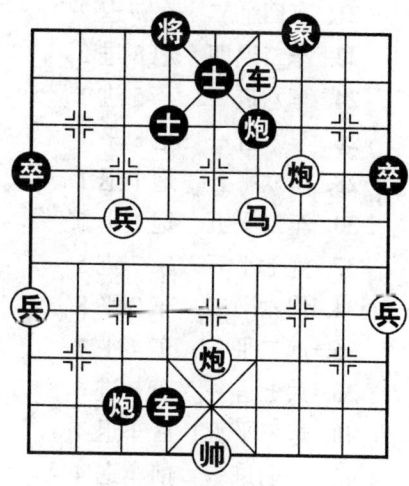

图268

第135局 柳大华胜王天一

1. 炮二平五	马8进7		2. 马二进三	车9平8
3. 兵七进一	炮8平9		4. 马八进七	卒7进1
5. 车一进一	象3进5		6. 马七进六	马2进3
7. 炮八平七	车1平2		8. 马六进七	炮2进4
9. 马七进五	炮9平5			
10. 炮七进五	炮2平7（图269）			
11. 相三进一	马7进6			
12. 车一平六	卒7进1			
13. 车九进二	士4进5			
14. 相一进三	车8进6			
15. 车六平四	马6进4			
16. 车四进三	马4进5			
17. 相三退五	炮7退2			
18. 兵五进一	车2进6			
19. 仕四进五	车8平7			
20. 马三退四	炮7平8			

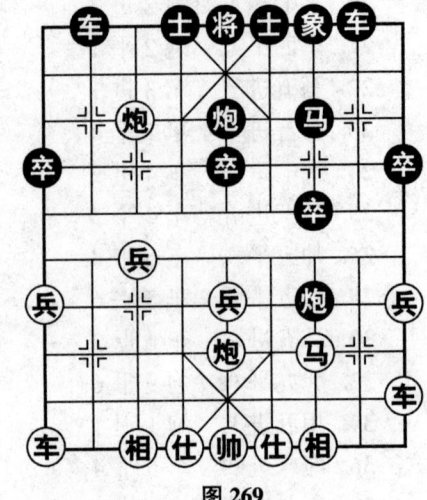

图269

21. 车四平二	车7退2			
22. 车二退四	炮8进2		23. 车九平六	炮5进3
24. 车六进二	卒5进1		25. 炮七退二！	车7进4
26. 车六进一	炮8平1		27. 车二进一	车7进1?
28. 车六平五	炮1退1		29. 车二进三	车7退6
30. 车二平五	炮1平5		31. 车五退一	车2平9
32. 炮七平五	象7进5		33. 炮五平六	车9平4
34. 炮六平二	车7平8		35. 炮二退四	象5退7
36. 炮二平三	车4平7		37. 炮三进一	卒9进1
38. 兵七进一	车8进6		39. 相五退三	车8平7?
40. 炮三平五！	后车退4		41. 车五平八	士5进4
42. 兵七进一	前车退4		43. 车八进五	将5进1
44. 车八退一	将5进1		45. 兵七平六	将5平6
46. 兵六平五	后车进1		47. 车八退二	将6退1
48. 兵五平四	后车退1		49. 车八进二	士6进5

50. 炮五平四　前车平6　　　　**51.** 兵四平三（图270）

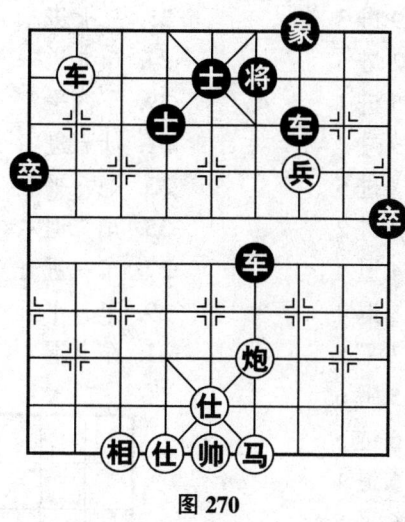

图270

第136局　蔡忠诚负陶汉明

1. 炮二平五　马8进7　　　　**2.** 马二进三　车9平8
3. 兵七进一　炮8平9　　　　**4.** 马八进七　卒7进1
5. 车九进一　士4进5　　　　**6.** 车九平六　象3进5
7. 兵五进一　马2进3　　　　**8.** 兵五进一　卒5进1（图271）
9. 马七进五　卒5进1
10. 炮五进二　马3进5
11. 炮五进一　卒3进1
12. 车六进五　卒9进1
13. 兵七进一　车1平3
14. 兵七平六？　炮9进1！
15. 车六进二　车3进9
16. 仕四进五　车3平2
17. 炮八平七　车2平1
18. 马五进七　车2退4
19. 相三进五　炮1进4
20. 车一平四　炮1进1
21. 炮七退一？　炮1平7

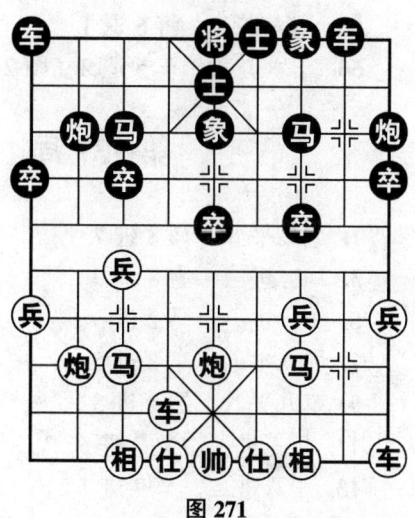

图271

22. 车六平九	车 2 退 5	23. 兵六进一	车 8 进 5
24. 车四进六	炮 9 进 3	25. 马七进八	车 8 平 4
26. 炮五平六	车 2 进 3	27. 车九进一	士 5 退 4
28. 车九平六	将 5 进 1	29. 车四平二	马 7 进 9!
30. 兵六平五	炮 9 进 3	31. 仕五进六	车 2 进 5!
32. 兵五进一	象 7 进 5	33. 炮六平五	象 5 退 7
34. 车六退五	炮 7 进 2	35. 车二退六	炮 7 平 4!
36. 车二平一	炮 4 退 4	37. 车一进五	车 2 平 3
38. 车一进一	车 3 退 4	39. 车一平五?	象 7 进 5
40. 车五平九	车 3 平 4	41. 车九退二	炮 4 平 5
42. 帅五平六	将 5 平 6		
43. 车九平六	士 6 进 5		
44. 帅六进一	将 6 退 1		
45. 帅六退一	将 6 平 5		
46. 帅六进一	象 5 退 7		
47. 帅六退一	车 5 退 2		
48. 帅六进一	炮 5 退 1		
49. 车六进一	象 7 进 9		
50. 帅六退一	士 5 进 6		
51. 帅六进一	将 5 进 1		
52. 帅六退一	将 5 平 6		
53. 车六进三	将 6 退 1		
54. 车六退三	车 5 退 2（图 272）		

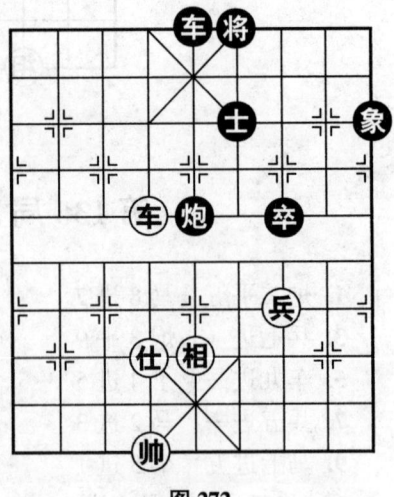

图 272

第 137 局　孙浩宇负王天一

1. 炮二平五	马 8 进 7	2. 兵七进一	车 9 平 8
3. 马二进三	炮 8 平 9	4. 马八进七	卒 7 进 1
5. 车一进一	马 2 进 3	6. 马七进六	象 3 进 5
7. 炮八平七	车 8 进 5	8. 车一平六	车 1 平 2（图 273）
9. 车九平八	炮 2 进 3	10. 兵七进一	象 5 进 3
11. 相三进一	象 7 进 5	12. 车八进一	士 4 进 5
13. 车八进二	卒 9 进 1	14. 兵三进一	车 8 退 1
15. 马六进七	卒 7 进 1	16. 车六进三	卒 7 进 1

17. 车八进一　车2进5
18. 车六平八　卒7进1
19. 炮七平三　马7进6
20. 炮三退一？马6进7
21. 相一退三　车8进4
22. 炮三进一　车8平7!
23. 炮三平二　车7进1
24. 炮二进七　象5退7
25. 车八平三　炮9退2
26. 仕六进五　车7平8
27. 炮二平四　炮9平6
28. 车三退一　象7进5!
29. 兵五进一　炮6进3
30. 炮五平七　车8退2
32. 马七退九　马3进2
34. 炮七平八　车2平3
36. 马八进六　车5平2
38. 仕五退六　车2平4
40. 仕四进五　车5退2
42. 炮八平五　炮8平2
43. 车三平二　炮2退3
44. 马三退四　车5平7
45. 车二退一　马2退3
46. 仕五退四　马3退4
47. 车二平八　炮2平4
48. 炮五退一　车7平5
49. 仕四进五　车5退2
50. 炮五平四　象5进7
51. 炮四平六　马4进6
52. 马四退六　车5进2
53. 炮六进七　车5平4
54. 炮六平九　士5进4（图274）

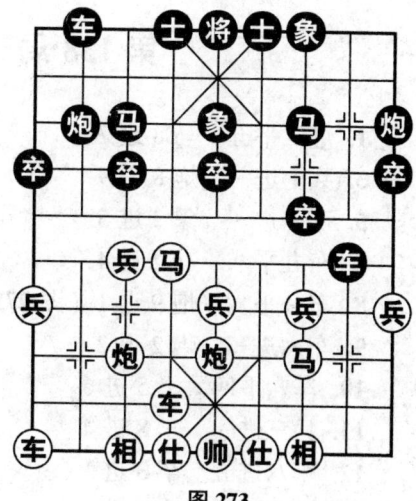

图273

31. 炮七进二　车8平2
33. 马九退八　马2进1
35. 相七进五　车3平5
37. 炮八退一　炮6平8
39. 马六进五　车4平5
41. 马五进三　马1进2

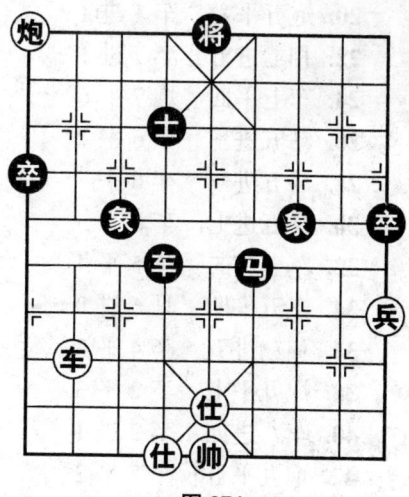

图274

第138局　汪洋胜许文学

1. 炮二平五　马8进7
2. 马二进三　车9平8
3. 兵七进一　炮8平9
4. 马八进七　卒7进1
5. 车一进一　象3进5
6. 炮八平九　士4进5
7. 车九平八　马2进4
8. 车一平六　炮9退1（图275）
9. 车六进三　炮2退2
10. 车六平四　士5进6
11. 兵三进一　车8进4
12. 车八进五　卒3进1
13. 兵七进一　炮9平7
14. 车四平六　士6退5
15. 车六平四　士5进6
16. 车四平六　士6退5
17. 车六平四　士5进6
18. 兵七平六　卒7进1
19. 车四平七　炮2平4
20. 炮五平六　车1进1
21. 马七进八　士6退5
22. 相七进五　卒7进1
23. 马三退五　马7进6
24. 车七平四　炮7平6
25. 车四平五　卒7平6
26. 马五进三　卒6平7
27. 马三退五　卒7平6
28. 马五进三　卒6平7
29. 马三退五　卒7平6
30. 马五进七　卒6平5
31. 炮六进六　炮6平4
32. 车五平二　卒5平4
33. 仕六进五　车8进2
34. 车五平四　马6进8
35. 相五进三！车8平7
36. 相三进五　卒4平3
37. 马七退八　卒3平2
38. 炮九平七　卒2平3
39. 炮七平九　卒3平2
40. 车八进四　卒2进1
41. 炮九进四　卒2进1
42. 炮九平五！车7平2
43. 炮五退二　马8进7
44. 车四平七　前炮平3
45. 车七平六　炮3平4
46. 车六平七　前炮平3
47. 兵六进一　卒2平3
48. 后马进九　车1进5
49. 车七进二　车1进1

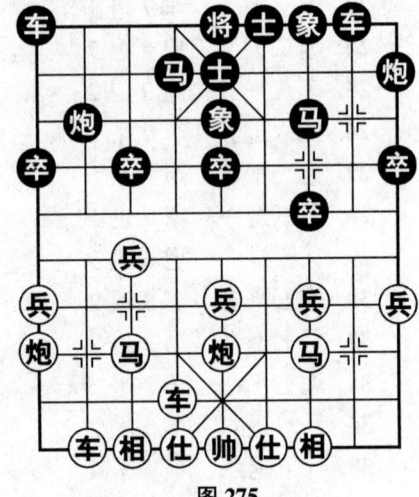

图275

50. 车七退七　车1进2
52. 马八进六！车5退1
54. 兵六进一　车5平4
56. 马七退五！（图276）

51. 相五退七　车2平5
53. 马六进八　炮4平3
55. 马八进七　将5平4

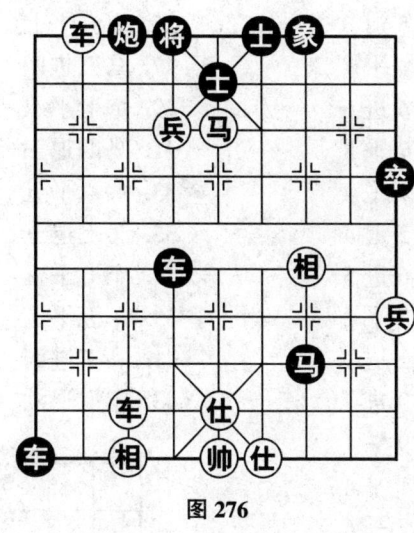

图276

第139局　吴可夫胜朱学增

1. 炮二平五　马8进7
3. 兵七进一　炮8平9
4. 马八进七　卒7进1
5. 车一进一　士4进5
6. 车一平六　马2进1
7. 马七进六　车8进6（图277）
8. 马六进五　马7进5
9. 炮五进四　象3进5
10. 车六进四　车8平7
11. 相七进五　卒7进1
12. 车六平三　车1平4
13. 仕六进五　车4进3
14. 炮五退二　炮9平7
15. 相三进一　车4平5

2. 马二进三　车9平8

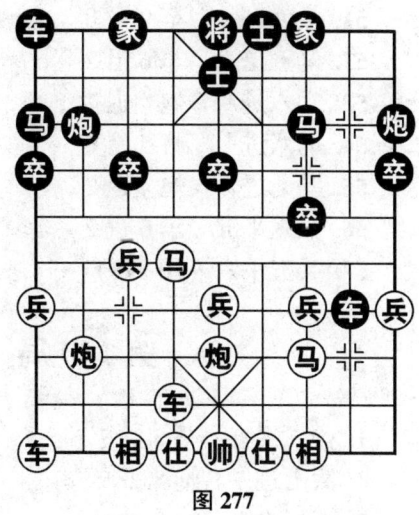

图277

16. 车三退一	车7退1	17. 相一进三	车5进1
18. 兵九进一	车5平2	19. 炮八平六	炮2平4
20. 相三退一	马1退3	21. 炮五进二	马3进4
22. 炮六进五	炮7平4	23. 相一进三	卒9进1
24. 炮五平七	象5退3	25. 车九平七	车2平5
26. 兵七进一	炮4平7	27. 马三进四	车5进2
28. 兵七平六	马4进6	29. 炮七平八	象7进5
30. 车七进四	炮7平8	31. 马四退三	车5平7
32. 炮八平三	车7平4	33. 兵六平五	车4退3?
34. 车七进五!	士5退4	35. 车七退五	车4平7
36. 兵五平四	士6进5	37. 车七平五	象5退3
38. 兵四平五	车7平2	39. 车五平七	车2进1
40. 兵五进一	车2退1	41. 马三进四	炮8平9
42. 车七进五	炮9进4	43. 车七退六	炮9退1
44. 相三退一	炮9平1		
45. 车七平五	炮1平4		
46. 兵五进一	车2平6		
47. 马四进五	炮4退2		
48. 仕五进四	卒9进1		
49. 相五进三	士5退6		
50. 兵五平六	士6进5		
51. 兵六进一	卒9平8		
52. 马五退六	车6退2		
53. 马六进八	炮4退1		
54. 马八进七	将5平6		
55. 马七进六!	炮4退2		
56. 兵六平五	车6进2		
57. 兵五平六 (图278)			

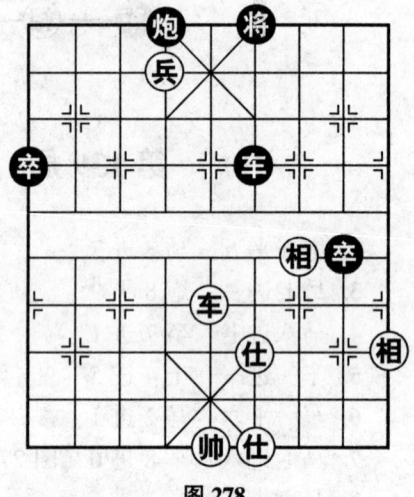

图 278

第140局 陈翀胜王跃飞

1. 炮二平五	马8进7	2. 马二进三	车9平8
3. 兵七进一	炮8平9	4. 马八进七	卒7进1
5. 车一进一	车8进5	6. 相七进九	士4进5

7. 车九进一　象3进5
8. 炮八进二　车8进1（图279）
9. 车一平二　车8进2
10. 车九平二　炮2平3
11. 兵三进一　卒3进1
12. 炮八平九　马2进1
13. 马七进六　卒7进1
14. 兵七进一　卒7进1
15. 马六进八　象5进3
16. 炮九平三　象3退5
17. 马八进七　马7进6
18. 车二进六　马6进4
19. 马七退六　马4进5
20. 相三进五　卒7进1
22. 马六进五！　象7进5
24. 车五平三　车4进2
26. 仕四进五　卒7平6
28. 车八进一　车4平3
30. 车八进三　将4进1
32. 炮三退一！　马3退5
34. 车八平五　马5退7
36. 车九平五　马5退7
38. 炮三退四　卒9进1
40. 车五平四　车1平4
42. 相三退五　士6进5
44. 车三平一　马5进6
46. 炮三进四　车8进4
48. 炮三平六　车8平5
50. 仕四进五　车5退1
52. 兵九进一　马6进5
54. 帅五平四　马5进4
56. 车四进三　车9进1
58. 车五退二（图280）

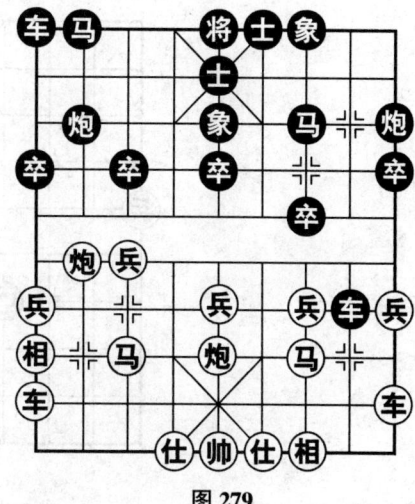

图279

21. 车二平三！　车1平4?
23. 车三平五　炮9平7
25. 车三退二　将5平4
27. 车三平八　马1进3
29. 炮三进四　士5进4
31. 车八退一　将4退1
33. 车八退二　车3进5
35. 车五平九　马7进5
37. 仕五进四　车3平1
39. 相五进三　马7退5
41. 仕六进五　车4退2
43. 车四平三　士5退6
45. 车一退一　车4平8
47. 仕五退四　车8退3
49. 炮六退七　车5进1
51. 兵九进一　士6进5
53. 车一平四　将4平5
55. 炮六平五　车5平9
57. 车四平五　将5平6

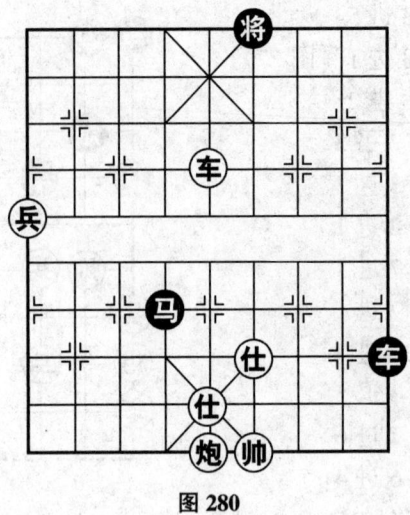

图 280

第141局 李日纯负王秉国

1. 炮二平五	马8进7	2. 马二进三	车9平8
3. 兵七进一	炮8平9	4. 马八进七	卒7进1
5. 车一进一	车8进5	6. 车一平六	车8平3
7. 马七进六	士4进5	8. 相七进九	车3进1（图281）
9. 车九平七	车3进3	10. 相九退七	卒3进1

11. 马六进五　马7进5
12. 炮五进四　象3进5
13. 相三进五　马2进3
14. 炮五平二　马3进5
15. 兵五进一　马5进6
16. 车六平四　炮2进4
17. 兵五进一?　马6进4!
18. 炮八平六　马4退5
19. 炮二退一　炮2平5
20. 仕四进五　马5进3!
21. 炮六退一　车1平4
22. 车四进三　炮5退2
23. 车四进二　炮5进1

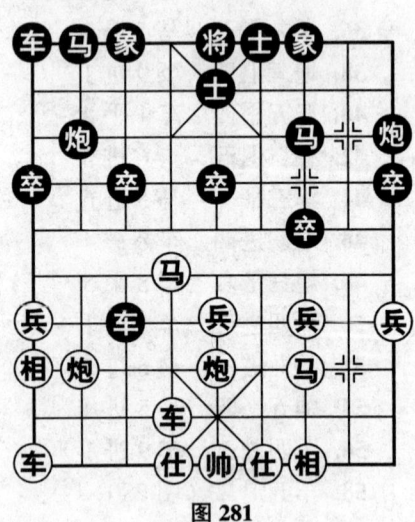

图 281

24. 炮二平五	马 3 退 5		25. 炮六平九	车 4 进 6
26. 车四退一	马 5 退 4		27. 炮九进五	车 4 平 7
28. 炮九平三	车 7 平 1		29. 炮三进一	卒 9 进 1
30. 车四平六	车 1 平 8		31. 车六进一	车 8 进 1
32. 帅五平四	炮 9 进 4		33. 炮三退一	炮 9 平 6
34. 炮三平五	炮 6 退 4		35. 炮五平三	车 8 退 4
36. 马三进五	车 8 进 6		37. 相五退三	车 8 退 3
38. 马五退六	车 8 平 2		39. 帅四平五	卒 7 进 1
40. 车六平五	炮 6 进 2		41. 相三进五	炮 6 平 5
42. 车五平四	卒 7 进 1		43. 炮三进一	卒 9 进 1
44. 炮三平六	士 5 进 4		45. 车四平五	炮 5 平 7
46. 马六进五	车 2 平 4			
47. 马五进四	士 6 进 5			
48. 车五平八	卒 9 进 1			
49. 马四进六	车 4 平 6			
50. 马六退五	卒 9 平 8			
51. 马五进四	炮 7 退 2			
52. 马四退三	车 6 退 1			
53. 马三进二	炮 7 平 8			
54. 车八平三	将 5 平 6			
55. 车三平五	炮 8 平 9			
56. 车五退一	炮 9 进 7			
57. 马二退四	炮 9 平 8			
58. 马四进三	将 6 平 5			
59. 车五平一	卒 8 进 1（图 282）			

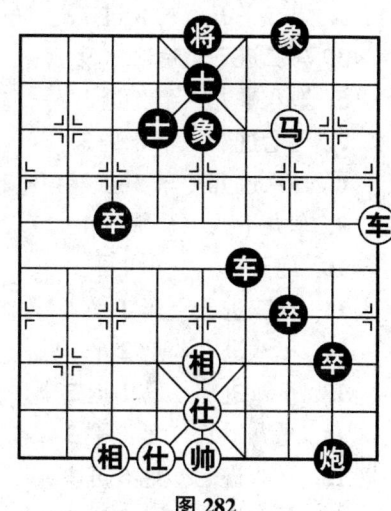

图 282

第四章 其 他

第142局 王先强负阎玉锁

1. 炮二平五　马8进7
2. 兵七进一　车9平8
3. 马二进三　炮8平9
4. 马八进七　士4进5
5. 炮八平九　卒3进1
6. 兵七进一　车8进4
7. 马七进八　车8平3
8. 马八进九　车3进2（图283）
9. 车九平八　马2进1
10. 炮五平六？车1平2
11. 相三进五　车3平1
12. 车八进六　炮2平6！
13. 车八进三　马1退2
14. 马九退八　车1平2
15. 马八进七　炮6进1
16. 马七进六　马2进1
17. 车一平二　车2平4！
18. 车二进七　车4退5
19. 车二平三　车4进6
20. 车三退一　炮6退1
21. 车三平五　车4平3
22. 炮九进二　炮6平3
23. 炮九平七　马1进2
24. 车五平八　马2进4
25. 车八平一　炮9平5
26. 仕四进五？车3退2（图284）

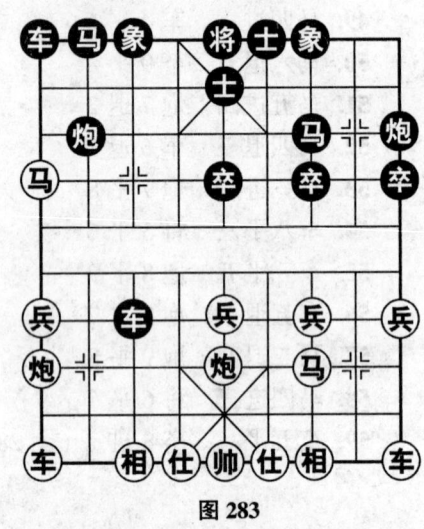

图283

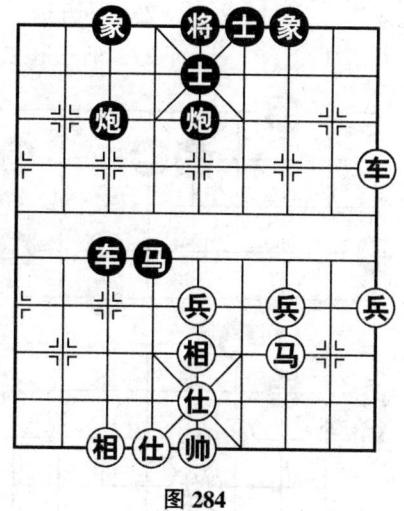

图 284

第143局 吕钦胜刘殿中

1. 炮二平五　马8进7
2. 马二进三　车9平8
3. 兵七进一　炮8平9
4. 马八进七　士4进5
5. 兵三进一　卒3进1
6. 兵七进一　车8进4
7. 兵七进一　象3进5
8. 车一平二　车8平3（图285）
9. 马七进六　马2进4
10. 炮八平六　马4进3
11. 车九平八　炮2平3
12. 车八进六　马3进5
13. 相七进九　马5进7
14. 仕四进五　卒7进1
15. 马三进四　车1平3
16. 车二进四　前车进2
17. 马四进三　炮9退1
18. 车二进四　前马进5
19. 马六进五　马7进5
20. 车八平五　炮3退1
21. 车二进一　马5退6?
22. 车五平四　马6进4?
23. 车四进三！将5平6

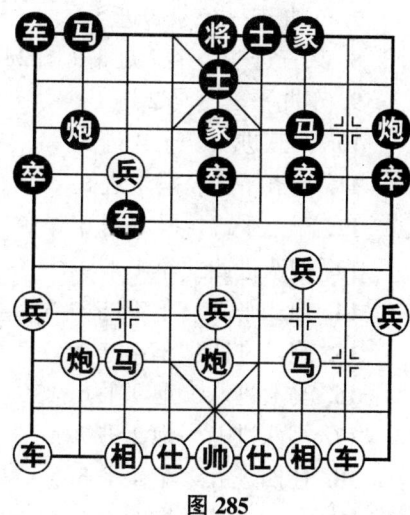

图 285

24. 马三进五　炮3进1
26. 车二平三　将6进1
25. 马五退三　炮3平7
27. 车三退二（图286）

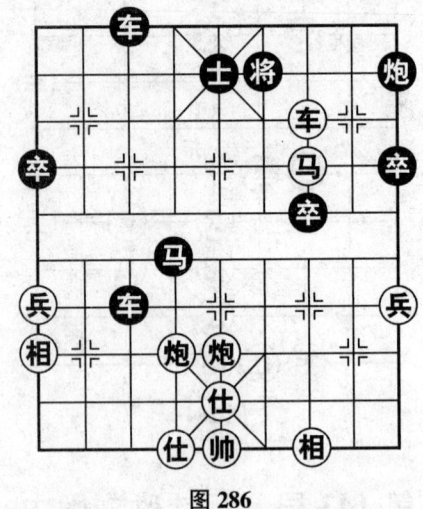

图286

第144局　万春林胜廖二平

1. 炮二平五　马8进7
2. 马二进三　车9平8
3. 兵七进一　炮8平9
4. 马八进七　车8进4
5. 车一平二　车8进5
6. 马三退二　卒7进1
7. 车九进一　象3进5
8. 兵三进一　卒7进1（图287）
9. 车九平三　马2进1
10. 车三进三　士4进5
11. 炮五平三！马7进8
12. 车三平二　马8退6
13. 炮八进四　车1平4
14. 炮八平五　车4进3
15. 炮三进四！车4平4
16. 马七进八　炮9平6
17. 马八进七　炮2进7
18. 仕四进五　车4平3
19. 马七进九　炮6平1

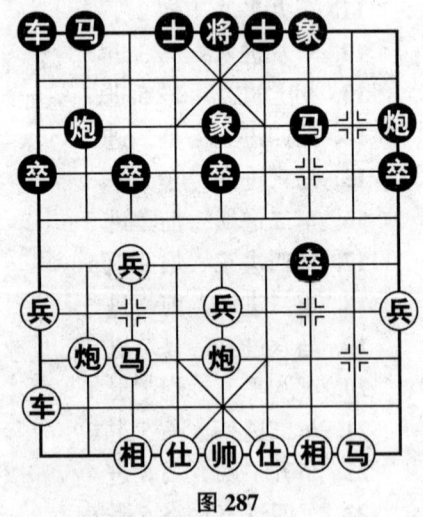

图287

20. 相三进五　炮 1 平 3
21. 帅五平四　车 3 进 1
22. 车二进一　车 3 平 5?
23. 车二平八！将 5 平 4
24. 车八退五　车 5 平 4
25. 仕六进五　车 4 平 5
26. 马二进四　车 5 平 4
27. 车八进二（图 288）

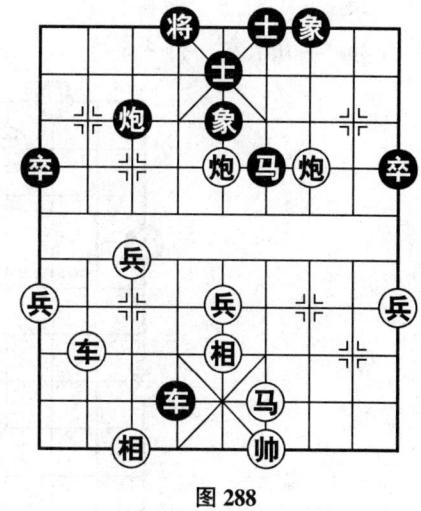

图 288

第 145 局　郑一泓胜杨景超

1. 炮二平五　马 8 进 7
2. 兵七进一　车 9 平 8
3. 马八进七　炮 8 平 9
4. 马二进三　卒 3 进 1
5. 兵七进一　象 3 进 5
6. 马七进六　马 2 进 4
7. 兵三进一　车 8 进 4
8. 炮八平六　车 8 平 3
9. 车九平八　车 3 进 1
10. 炮六进六　车 3 平 4（图 289）
11. 车八进七　车 4 退 4
12. 车一平二　车 4 进 2
13. 车二进七　马 7 退 5
14. 车八进一　车 1 平 3
15. 仕四进五　卒 7 进 1?
16. 车二平四　卒 7 进 1
17. 帅五平四　炮 9 退 2
18. 炮五平四！炮 9 平 8
19. 炮四进七　象 7 进 9
20. 炮四平六！象 5 退 7
21. 炮六平三　马 5 退 7
22. 车四平一　卒 5 进 1
23. 车一平五　将 5 平 4

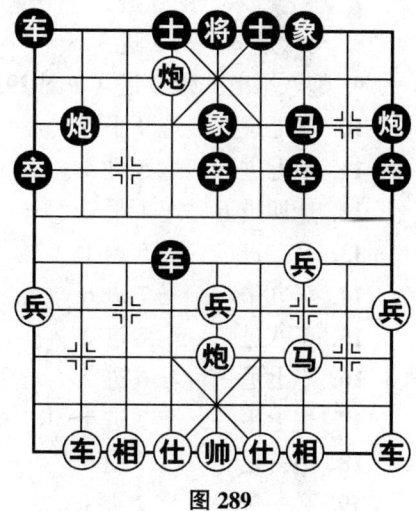

图 289

24. 车八平三　车4平6　　　25. 帅四平五　车6退3
26. 车五平六　将4平5　　　27. 车六进一（图290）

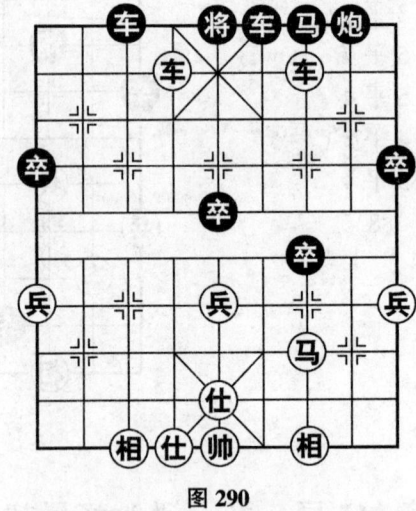

图290

第146局　吕钦胜金波

1. 炮二平五　马8进7　　　2. 马二进三　车9平8
3. 兵七进一　炮8平9　　　4. 马八进七　车8进4
5. 车一平二　车8进5　　　6. 马三退二　卒7进1
7. 马七进六　象3进5
8. 马六进七　马2进3
9. 炮八平七　炮2进4（图291）
10. 马七进五　炮9平5
11. 炮七进五　炮5进4
12. 仕四进五　车1平2
13. 马二进三　炮5退1
14. 车九平八　马7进6
15. 车八进二　车2进2
16. 炮七退一　马6进7
17. 炮七平一　卒7进1
18. 炮一退二　马7退9
19. 兵一进一　卒7进1

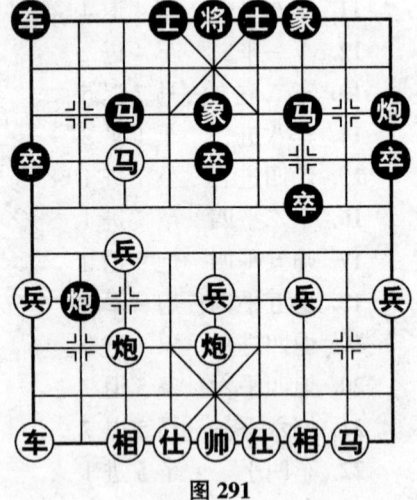

图291

20. 马三进五	卒5进1		
21. 马五进三	车2平7		
22. 相三进一	车7平8		
23. 帅五平四	炮2平6		
24. 相一退三	卒7进1		
25. 炮五进一！	卒7进1		
26. 车八平三	车8进6		
27. 车三进一	卒7平6		
28. 帅四平五	炮6平1?		
29. 马三进五！	士4进5		
30. 炮五退一	象7进5		
31. 车三平八（图292）			

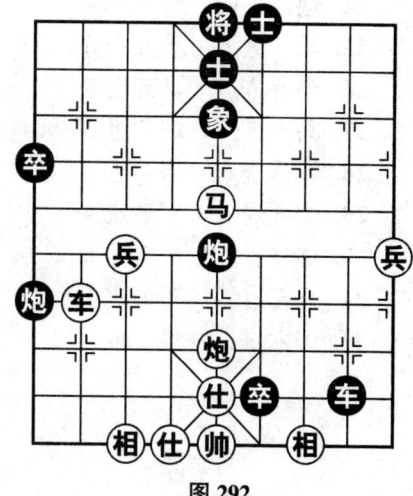

图292

第147局　李来群胜臧如意

1. 炮二平五	马8进7	2. 马二进三	车9平8
3. 兵七进一	炮8平9	4. 马八进七	卒7进1
5. 炮八平九	炮2平4	6. 车九平八	马2进3
7. 车一进一	象3进5	8. 车八进六	士4进5（图293）
9. 车八平七	马7进6	10. 车一平四	马6进7
11. 车四进二	炮4退2		
12. 兵七进一	炮9平7		
13. 马七进六	炮4平3		
14. 车七平八	炮3进4		
15. 马六进五！	马3进5		
16. 炮五进四	马7退8		
17. 相三进五	卒7进1		
18. 车四进二	炮3退2		
19. 兵五进一	炮7平9		
20. 兵五进一	炮3进2		
21. 车四退四	卒7进1?		
22. 车四平八！	炮3退4		
23. 前车平九	车1进3		

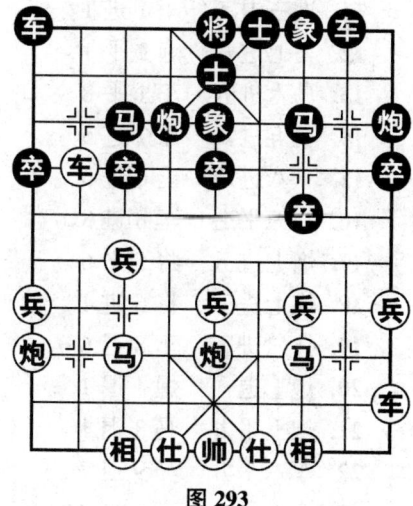

图293

24. 炮九进四　将5平4
25. 马三进五　马8进6
26. 马五进三　马6退5
27. 兵五进一　炮3进2
28. 车八进八　将4进1
29. 炮九退二　车8进4
30. 炮九平六！卒7平6
31. 马三进四　车8进1
32. 炮六进一（图294）

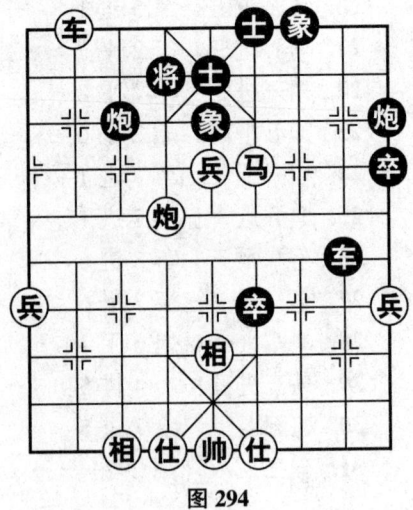

图294

第148局　阎文清胜程鸣

1. 炮二平五　马8进7
2. 马二进三　车9平8
3. 兵七进一　炮8平9
4. 马八进七　车8进4
5. 车一平二　车8进5
6. 马三退二　卒7进1
7. 炮八进二　马2进3
8. 兵三进一　卒7进1
9. 炮八平三　马7进8
10. 车九平八　马8进9（图295）
11. 炮三退三　车1进1？
12. 马七进六！炮2平1
13. 马六进五　车1平8
14. 马五进六　象7进5
15. 车八进八　士6进5
16. 炮三平七！车8进8
17. 炮七进五　将5平6
18. 炮七进三　将6进1
19. 仕六进五　车8退6
20. 炮七退一　炮1退1
21. 炮七平九　马3退1
22. 车八平九　马9退7
23. 车九平八　车8平4

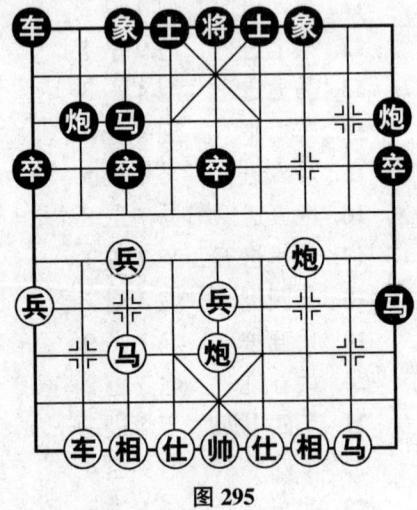

图295

24. 马六退五　炮9退1
25. 车八退一　士5进4
26. 车八退二　炮9平7
27. 车八平四　将6平5
28. 相三进一　马7进5?
29. 马五进三　将5平4
30. 车四进三　士4退5
31. 车四平三　车4平7
32. 兵七进一　将4进1
33. 车三平四（图296）

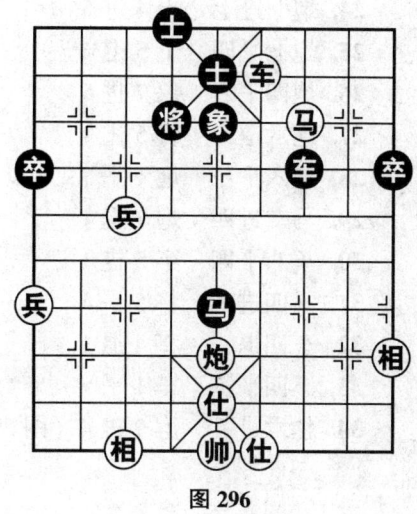

图296

第149局　黄勇负刘殿中

1. 炮二平五　马8进7
2. 马二进三　车9平8
3. 兵七进一　炮8平9
4. 马八进七　士4进5
5. 兵三进一　卒3进1
6. 兵七进一　车8进4
7. 兵七进一　象3进5
8. 车一平二　车8平3（图297）
9. 马七进六　车3平4
10. 马六退七　马2进4
11. 兵七进一　车1平3!
12. 马七进八　车4进1
13. 马八进九　炮2平1
14. 车九平八　卒7进1
15. 兵三进一　象5进7
16. 兵七进一　车3进1
17. 炮八进七　车3进2
18. 炮五平九?　马4退2
19. 车八进九　士5退4
20. 相七进五　车3进3
21. 车二进四?　车4平8
22. 马三进二　车3平1!
23. 炮九平七　车1退3

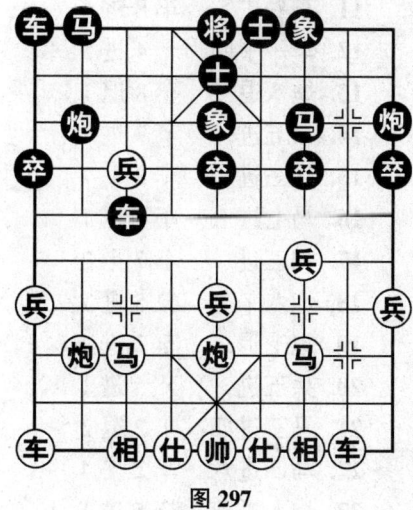

图297

169

24. 炮七进七	士4进5
25. 炮七平四	士5退4
26. 炮四平六	象7进5
27. 炮六退二	将5进1
28. 炮六平三	炮1平7
29. 马二进四	炮7退1
30. 车八平四	卒5进1
31. 马四进三	将5平4
32. 车四退一	将4退1
33. 车四平三	车1平7
34. 仕六进五	炮9进4（图298）

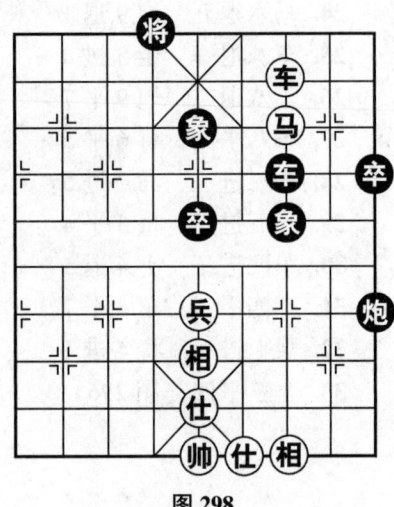

图298

第150局 宗永生胜王斌

1. 炮二平五	马8进7	2. 马二进三	车9平8
3. 兵七进一	卒7进1	4. 马八进七	炮8平9
5. 炮八平九	马2进3	6. 车九平八	车1平2
7. 车八进六	炮2平1	8. 车八进三	马3退2（图299）
9. 炮九进四	马2进3	10. 炮九平八	象3进5
11. 车一进一	车8进6
12. 车一平四	士4进5
13. 炮八退三	车8退1
14. 兵五进一	卒7进1
15. 兵三进一	车8平7
16. 马七进五	车7退1
17. 相三进一	车7平2
18. 炮八平七	象5进7？
19. 炮七退二	车2进4
20. 兵五进一！	卒5进1
21. 马三进四	车2退2
22. 马四进六	车2平4
23. 炮七进五	卒5进1

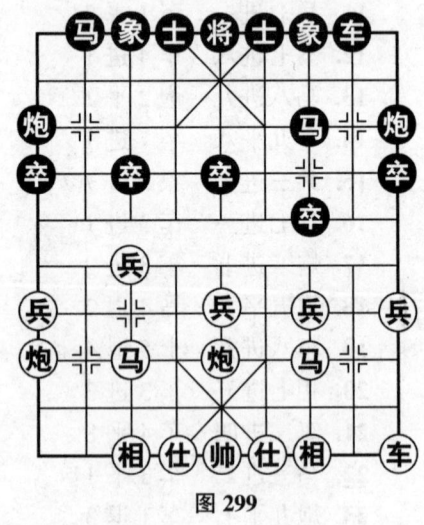

图299

24. 炮五进二　马7进5
25. 车四平六！车4进2
26. 马五退六　炮9平5
27. 炮五进三　炮1平5
28. 前马进五　象7退5
29. 炮七平一　马3进2
30. 兵九进一　马5进7
31. 炮一平八　马2退4
32. 马六进五　马7进5
33. 仕四进五　马4进6
34. 马五进三（图300）

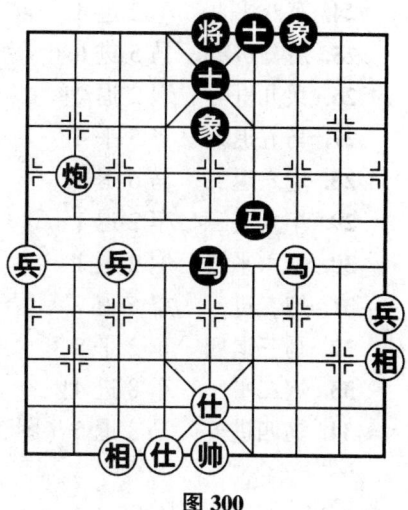

图300

第151局　赵庆阁负胡荣华

1. 炮二平五　马8进7
2. 马二进三　车9平8
3. 兵七进一　炮8平9
4. 马八进七　车8进4
5. 车一平二　车8进5
6. 马三退二　卒7进1
7. 马七进六　马2进3
8. 炮八平七　车1平2
9. 车九平八　炮2进6
10. 马二进三　士4进5（图301）
11. 马六进七　马7进6
12. 兵五进一　马6进7
13. 兵五进一　卒5进1
14. 马七退五　马3进4
15. 炮七进七？炮9平3！
16. 炮五平七　马7退5
17. 后炮进五　马5进4
18. 帅五进一　后马退3
19. 兵七进一　象7进5
20. 炮七退一　马3进5
21. 兵七平六　卒7进1
22. 炮七平六　马4退5
23. 马五退三　前马进3

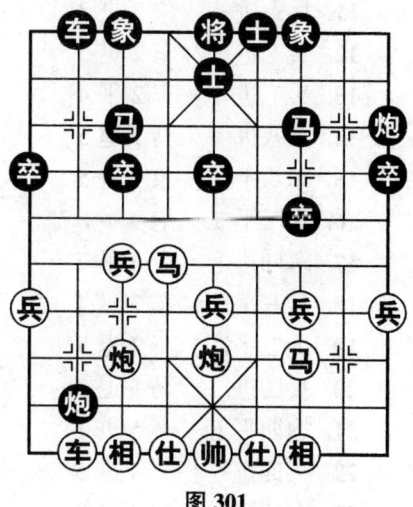

图301

· 171 ·

24. 车八平九　车2进4
25. 后马进五　马5进6
26. 兵九进一　炮2退2!
27. 马五退七　将5平4
28. 炮六退二　马6退4
29. 车九进三　车2退1
30. 炮六平二　炮2退1
31. 炮二进三　象5退7
32. 马三退四　车2平8
33. 炮二平一　车8进4!
34. 马四进五　马3退5（图302）

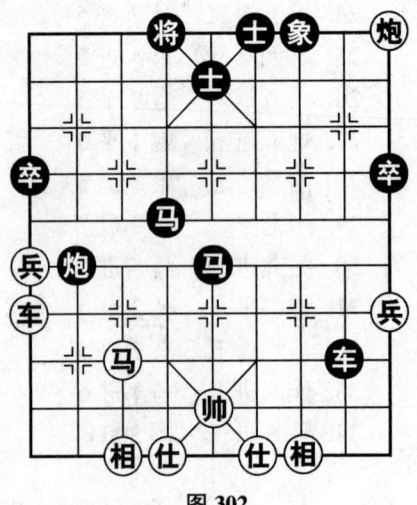

图302

第152局　吕钦胜赵鑫鑫

1. 炮二平五　马8进7
2. 马二进三　车9平8
3. 兵七进一　炮8平9
4. 马八进七　车8进4
5. 车一平二　车8进5
6. 马三退二　卒7进1
7. 马七进六　马2进3
8. 炮八平七　车1平2（图303）
9. 车九平八　炮2进6
10. 炮五平三　象3进5
11. 兵七进一　象5进3
12. 兵三进一　车2进5
13. 兵三进一　车2平4
14. 车八进一　马7退5?
15. 车八平四!　象7进5
16. 炮三平二　炮9平8
17. 车四进七　车4平7
18. 兵三平四　车7进4
19. 炮二平四!　车7退9
20. 兵四进一　马5退3
21. 炮四平五　卒5进1
22. 兵四进一!　士4进5
23. 车四平二　炮8平9

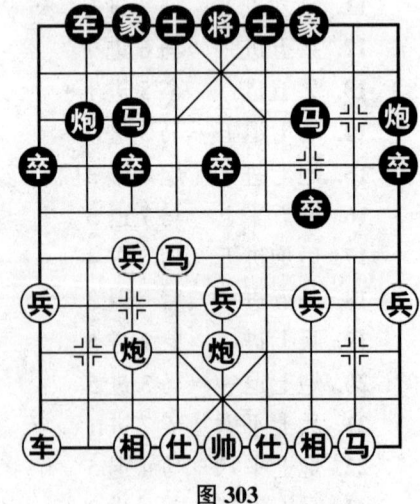

图303

24. 车二平一　炮9平8
25. 车一退一　炮8进4
26. 兵四平五　车7进6
27. 马二进四　车7进2
28. 车一平二　车7平6
29. 车二退四　前马进5
30. 炮五进三　象3退5
31. 炮五进二　将5平4
32. 车二进三　车6平4
33. 仕四进五　马5进3
34. 炮七平六　前马进2
35. 车二平六　士5进4
36. 车六平七（图304）

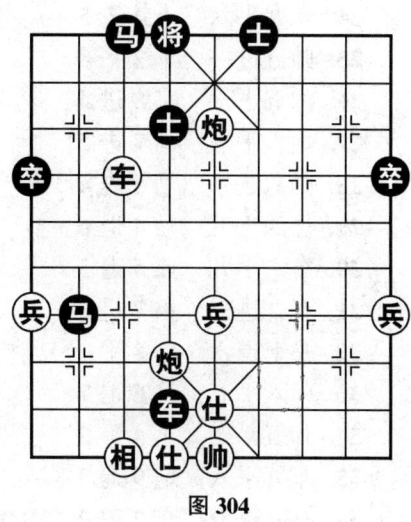

图 304

第153局　谢业枧负吕钦

1. 炮二平五　马8进7
2. 兵七进一　车9平8
3. 马二进三　炮8平9
4. 马八进七　车8进5
5. 相七进九　炮2平5
6. 炮八进五　马2进3
7. 炮八平五　象3进5
8. 车九平八　卒7进1（图305）
9. 车八进六　士4进5
10. 车一平二　车8进4
11. 马三退二　马7进6
12. 车八平七　车1平4
13. 兵七进一　车4进7
14. 马七进八　马6进7
15. 仕四进五　车4退2
16. 马八进六　马7进8!
17. 炮五平二　车4平8
18. 炮二平八　炮9进4
19. 马六进七　车8平7
20. 相三进五　炮9进3
21. 仕五退四　车7平2
22. 炮八平六　马8退7
23. 车七平九　士5退4

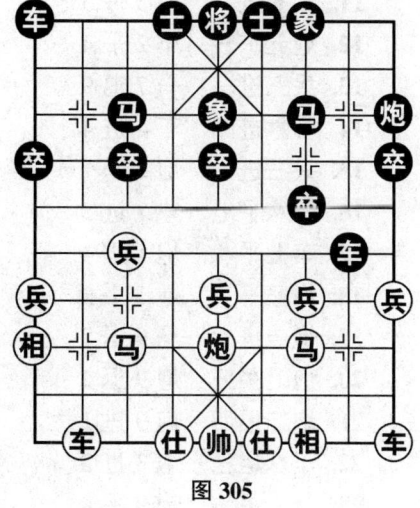

图 305

24. 车九平六	士4进5		
25. 帅五进一	车2平8		
26. 帅五平六	车8进4		
27. 炮六平八?	马7进5!		
28. 帅六进一	马5进4		
29. 仕四进五	马4退6		
30. 车六平九	象5退3		
31. 车九进三	象7进5		
32. 马七退六	车8平4		
33. 帅六平五	马6退7		
34. 帅五平四	车4平2		
35. 车九平八	炮9退2		
36. 马六进五	车2退2 (图306)		

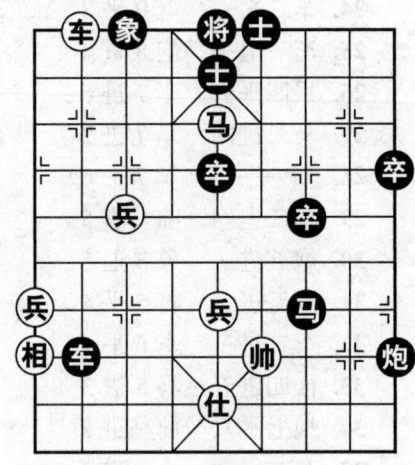

图306

第154局 蒋川胜庄玉庭

1. 炮二平五	马8进7	2. 兵七进一	车9平8
3. 马二进三	炮8平9	4. 马八进七	车8进4
5. 车一平二	车8进5	6. 马三退二	卒7进1
7. 马七进六	马2进3	8. 炮八平七	车1平2 (图307)
9. 车九平八	象3进5	10. 车八进六	士4进5
11. 兵七进一	象5进3		
12. 炮五平三	车2平4		
13. 兵三进一!	马7退9		
14. 马六进四	车4进4		
15. 兵三进一	炮2平1		
16. 车八平七	象7进5		
17. 车七平八	炮1进4		
18. 炮三平二	炮1平3		
19. 炮二进七	马9退7		
20. 炮七平三	马9退2		
21. 炮二退四	马9进1		
22. 车八退三	炮3进2		
23. 马二进一	炮9平8		

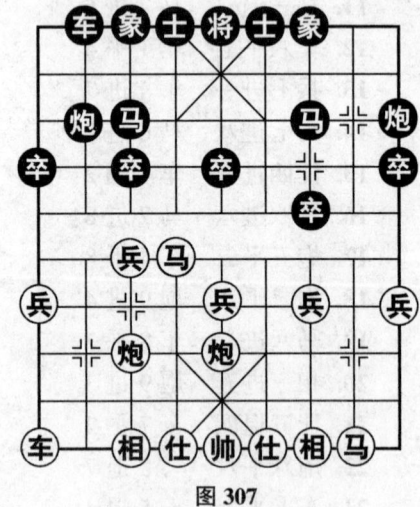

图307

24. 马一进三　炮3平7?
25. 马四进五！车4退2
26. 马三退五　象3退5
27. 马五退三　马3进4
28. 马三进五　马4进6
29. 炮三进二　马7进6
30. 兵三平四　炮8平7
31. 兵五进一　炮7进8
32. 仕四进五　前马进5
33. 相七进五　炮7平9
34. 炮三进三！车4进3
35. 炮三平五　士5进4
36. 兵四进一　马6进8
37. 兵四平三　(图308)

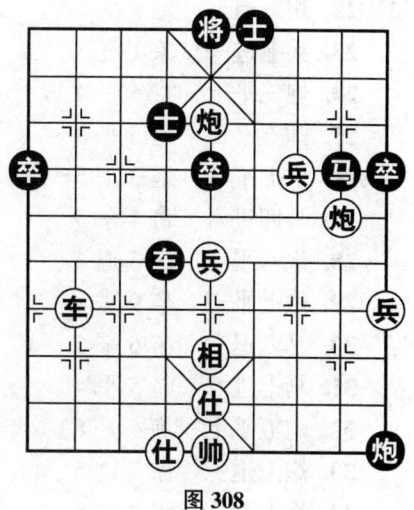

图308

第155局　徐天红胜刘殿中

1. 炮二平五　马8进7
2. 马二进三　车9平8
3. 兵七进一　炮8平9
4. 马八进七　士4进5
5. 炮八平九　车8进5
6. 兵五进一　炮2平5
7. 马七进五　马2进3
8. 车九平八　象3进1 (图309)
9. 车八进六　车1平4
10. 车八平七　卒7进1
11. 兵三进一　车8退1
12. 仕四进五　马7进6
13. 兵五进一　马6进5
14. 马三进五　卒5进1
15. 马五进四　炮5进5
16. 相三进五　车4进2
17. 车一平四　卒7进1
18. 相五进三　车8平7
19. 车四进四　卒5进1
20. 炮九平三　卒5平6
21. 炮三进三　炮9进4

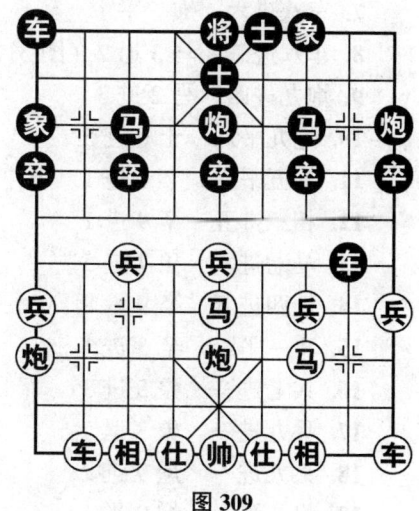

图309

22. 相三退五　炮9平5
23. 兵七进一！象1进3
24. 炮三平七　将5平4
25. 帅五平四　炮5平3
26. 炮七平八　炮3平5
27. 马四进六　将4平5
28. 炮八平七　炮5退4
29. 炮七平五　卒9进1
30. 马六退七　卒6平5
31. 马七进八　将5平4
32. 炮五平七　炮5平8？
33. 炮七退三　象7进5
34. 炮七平六　将4平5
35. 车七平二！车4进4
36. 车二进一　车4退3
37. 车二平五　马3进2
38. 车五平八（图310）

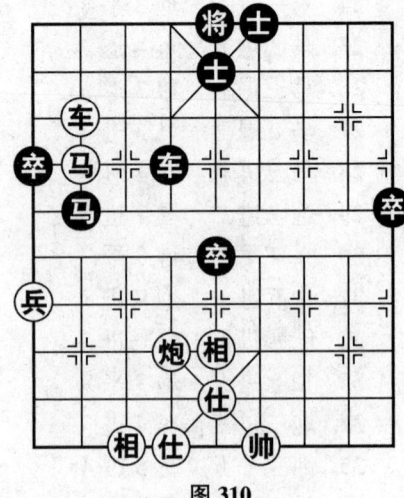

图310

第156局　宗永生胜张晓平

1. 炮二平五　马8进7
2. 马二进三　车9平8
3. 兵七进一　卒7进1
4. 马八进七　炮8平9
5. 炮八平九　马2进3
6. 车九平八　车1平2
7. 车八进六　炮2平1
8. 车八进三　马3退2（图311）
9. 炮九进四　马2进3
10. 炮九平八　士6进5
11. 炮五平六　卒9进1
12. 相三进五　卒9进1
13. 马七进六　象7进5
14. 仕四进五　卒9平8
15. 车一平二　卒3进1
16. 兵七进一　象5进3
17. 兵九进一　象3退5
18. 兵九进一　炮9进2
19. 炮八平七　炮9平1

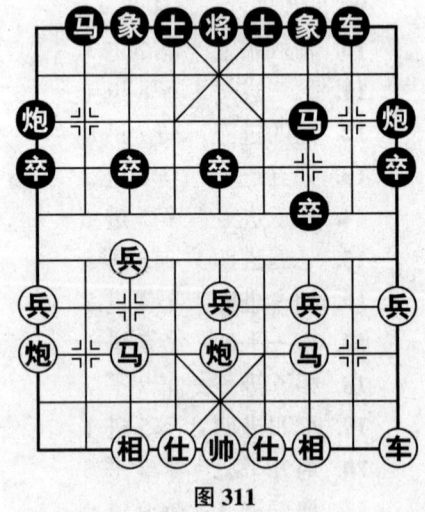

图311

20. 马六进八　马3退1
22. 炮六平七　马1进2
24. 前炮进三！象5退3
26. 马七进八　卒8平7
27. 车二进九　马7退8
28. 马三进五　马2进4
29. 马八进六！马4进5
30. 马六进七　将5平6
31. 炮七进二　将6进1
32. 炮七平二　马5进7
33. 马七退五　将6进1
34. 马五退七　炮1进2
35. 兵五进一　卒5进1
36. 马七退五　将6退1
37. 兵一进一　炮1平5
38. 炮二平三　马7退9
39. 炮三退六（图312）

21. 兵五进一　后炮平4
23. 马八退七　炮4平3？
25. 炮七进五　卒8进1

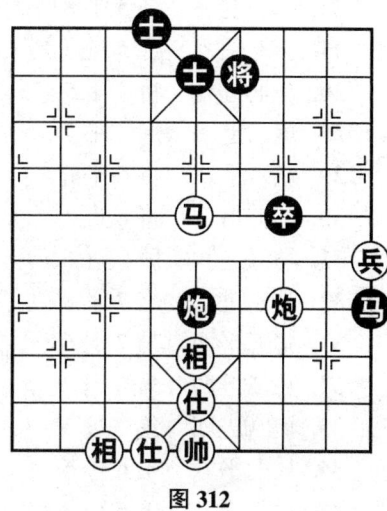

图312

第 157 局　徐天红胜肖革联

1. 炮二平五　马8进7
3. 兵七进一　炮8平9
4. 马八进七　车8进4
5. 车一平二　车8进5
6. 马三退二　卒7进1
7. 车九进一　象3进5（图313）
8. 兵三进一　卒7进1
9. 车九平三　马2进4
10. 车三进三　炮9退1
11. 炮五平三！炮9平7
12. 车三平六　炮7进6
13. 马二进三　马4进6
14. 车六进三　炮2进2
15. 兵七进一！炮2退4

2. 马二进三　车9平8

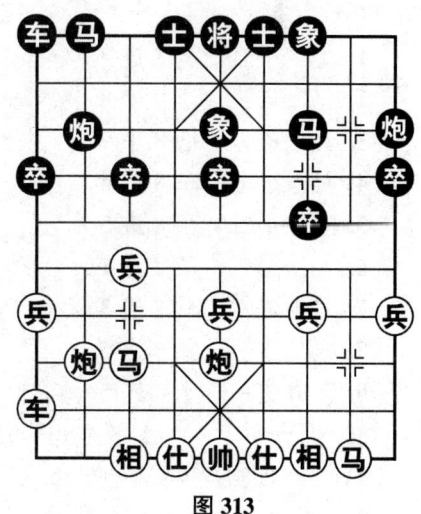

图313

177

16. 兵七进一　士4进5　　　17. 车六平七　炮2进4
18. 马七进六　炮2平5　　　19. 相三进五　马6进7
20. 马六进八　前马进8　　　21. 马八进九！马8进7
22. 帅五进一　炮5平8　　　23. 马九进七　将5平4
24. 车七平六　士5进4　　　25. 炮八平六　炮8平4
26. 马七进九　将4平5　　　27. 马九退七　将5进1
28. 炮六退一　炮4平7
29. 炮六平八　将5平6
30. 马七退五！将6进1
31. 马五进六　后马进6
32. 马三进二　炮7平8
33. 帅五平四　马7退6
34. 马二进四　马6退7
35. 炮八进四　象7进5
36. 兵七平六　士6进5
37. 兵六平五　士5退4
38. 前兵进一　将6退1
39. 炮八平三　炮8平6
40. 炮三退四（图314）

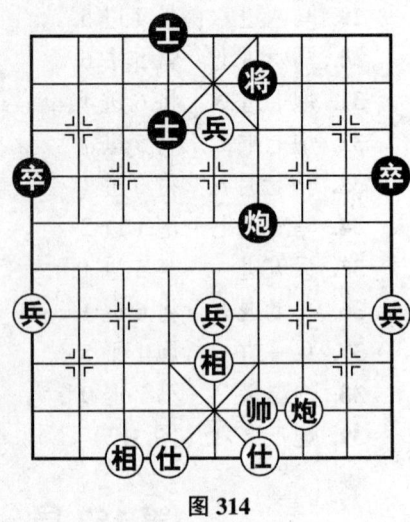

图314

第158局　杨德琪负朱晓虎

1. 炮二平五　马8进7
2. 马二进三　车9平8
3. 兵七进一　炮8平9
4. 马八进七　车8进4
5. 车一平二　车8平5
6. 马三退二　卒7进1
7. 马七进六　马2进3
8. 马二进三　象3进5
9. 车九进一　士4进5
10. 车九平七　车1平4（图315）
11. 马六进七？马7进6
12. 车七进二　车4进7

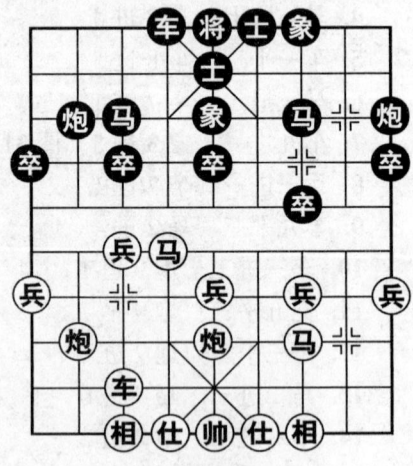

图315

第四章 其 他

13. 炮八平七	马6进4!	14. 炮七退一	马4退3
15. 兵七进一	前马退1	16. 仕四进五	车4进1
17. 兵七进一	马3退2	18. 兵七进一	炮2进1
19. 兵七进一	炮9退1	20. 兵五进一	车4退5
21. 兵七进一	象5退3	22. 车七进六	士5退4
23. 兵五进一	象7进5	24. 车七退五	卒5进1
25. 炮七平八	炮2平3	26. 车七平八	马2进4
27. 炮五进五	炮3退3!	28. 车八平四	车4平2
29. 帅五平四	车2进5		
30. 炮五平二	士6进5		
31. 车四进四	车2退6!		
32. 炮二平九	车2平1		
33. 车四平一	车1平6		
34. 帅四平五	马4进3		
35. 相七进五	马3进4		
36. 车一进一	士5退6		
37. 车一退三	车6进4		
38. 车一平六	马4进2		
39. 车六平七	炮3平1		
40. 兵一进一	炮1进6		
41. 兵一进一	车6平7 (图316)		

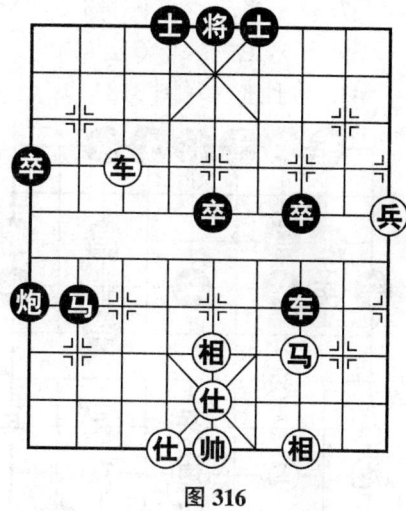

图 316

第159局 许银川胜刘殿中

1. 炮二平五	马8进7	2. 马二进三	车9平8
3. 兵七进一	卒7进1	4. 马八进七	炮8平9
5. 炮八平九	马2进3	6. 车九平八	车1平2
7. 车八进六	车8进8 (图317)	8. 炮九进四	士4进5
9. 车一进一	车8退2	10. 马七进六	车8平7
11. 车一进一	卒7进1	12. 炮五平九	炮2平1
13. 车八进三	马3退2	14. 相三进五	马2进3
15. 前炮退二	马7进8	16. 后炮平七	马8进6
17. 马六进四!	象3进5	18. 炮九平八	车7平6
19. 炮八平四	卒7进1?	20. 马四进六	士5进4

· 179 ·

21. 炮四平一	炮9进3	22. 兵一进一	卒7进1
23. 兵七进一!	车6平5	24. 兵七进一	车5平3
25. 兵七进一	车3进1	26. 马六退七	士4退5
27. 车一平三	炮1进1	28. 车三进一	卒5进1
29. 车三进三	炮1退3	30. 兵七进一	车3退1
31. 车三平九	炮1平4	32. 兵七平六!	卒5平1
33. 兵六进一	将5平4	34. 车九平一	士5进4
35. 车一平六	士6进5	36. 兵一进一	车3平9
37. 兵一平二	车9平8	38. 兵二平六	车8平6
39. 车六退一	车6退1	40. 兵九进一	卒5平4

41. 马七进六（图318）

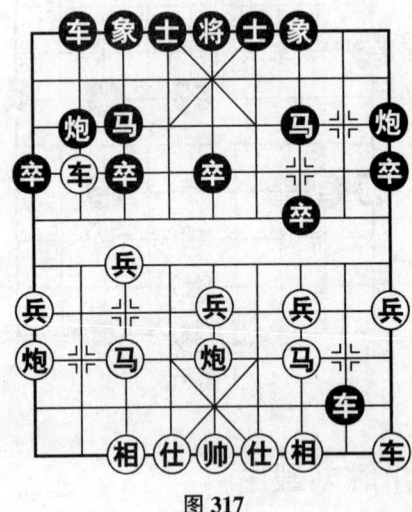

图317

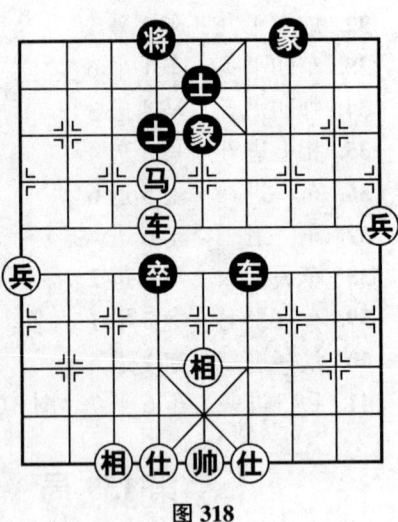

图318

第160局 陈粤樵胜谢侠逊

1. 炮二平五	马8进7	2. 马二进三	车9平8
3. 兵七进一	炮8平9	4. 马八进七	车8进4
5. 车一平二	车8平4	6. 兵三进一	车4进2
7. 炮五平四	车4平3	8. 相七进五	马2进3?（图319）
9. 马三进四	卒3进1?	10. 车九平七!	车3平1
11. 兵七进一	前车平3	12. 马七退五	车3平5
13. 兵七进一	马3退5	14. 马五进三	车5平6

15. 马四进三　炮2平6
16. 前马进一　象7进9
17. 炮四进五　车6退4
18. 车二进七　车1平2
19. 炮八进四　车6进5
20. 马三退二　象3进5
21. 车七进三　车6退3
22. 马二进三　卒5进1
23. 车二退一　车6进3
24. 马三进二　车6平8
25. 车七平四　马5退7
26. 车二平三！后马进9
27. 马二进一　马7进9
28. 车三平一　车8退5
29. 车四进五　马9退7
30. 兵七进一　士4进5
31. 炮八进一　车2平4
32. 车一平八　车4平3
33. 兵七进一　车3平2
34. 兵七平六　车8平6
35. 车四平三　车6进4
36. 车八平九　车6平4
37. 车九进二　车4退5
38. 车九平六　车2进2
39. 车六退三　卒5进1
40. 车六平一　卒5平6
41. 车一进二　卒6平7

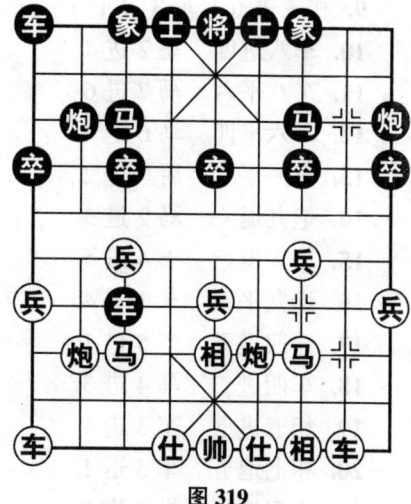

图319

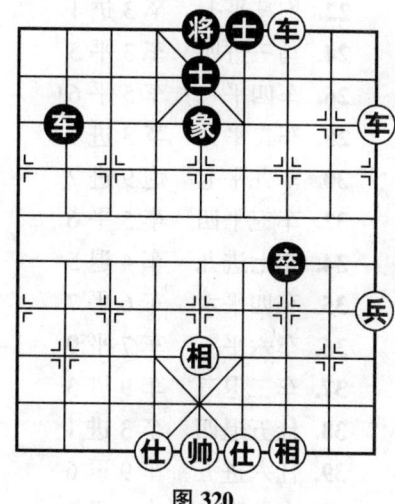

图320

42. 车三进一！（图320）

第161局　柳大华负李来群

1. 炮二平五　马8进7
2. 马二进三　车9平8
3. 兵七进一　卒7进1
4. 马八进七　炮8平9
5. 炮八平九　车8进5
6. 车九平八　车8平3
7. 马三退五　炮2平4
8. 炮五平三　象3进5（图321）

中炮进七兵对左三步虎

9. 相三进五　车3进1
10. 车八进四　马2进4
11. 车八平六　马7进6
12. 车六平四　马6退4
13. 车一平二　后马进2
14. 炮九退一　马2进3
15. 马五退三　士4进5
16. 炮九平一　车1平4
17. 仕四进五　卒5进1
18. 车四进二　马4进3
19. 相五进七　车3进1
20. 相七退五　车3退1
21. 炮三进三　炮4进6
22. 炮三平七　卒3进1
24. 马三进四　车3平5
26. 车四平一？车5平6！
28. 车二平九　卒3进1
30. 车九平七　炮9进2
32. 车三平四　卒5平6
34. 相七进九　车4退5
35. 车四平六　车6平7
36. 车六平二　车7平9
37. 车二退三　车9进3
38. 仕五退四　卒3进1
39. 仕六进五　车9退6
40. 车二平七　卒3平2
41. 相九退七　卒2进1
42. 兵九进一　车9平1
43. 马四进二　卒6平5
44. 车七进一　卒5进1
45. 车七退一　卒5进1
46. 相七进五　车1进2（图322）

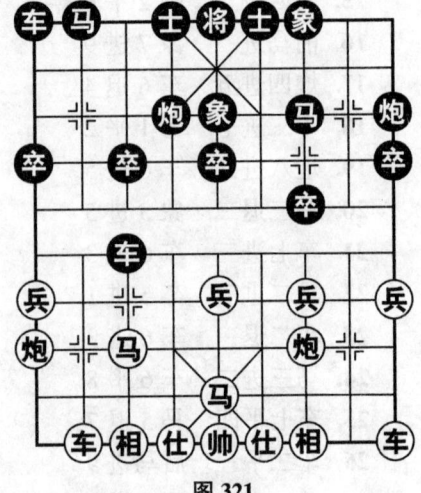

图321

23. 炮一平六　车4进8
25. 相五退三　车4退3
27. 车二进六　卒5进1
29. 车一平三　卒3进1
31. 相三进五　炮9平3
33. 车七平六　车4进3！

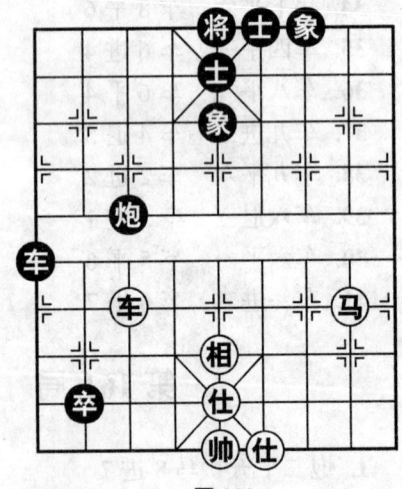

图322

第四章 其他

第162局　熊粤华负黄国棣

1. 炮二平五　马8进7
2. 马二进三　车9平8
3. 兵七进一　炮8平9
4. 马八进七　马2进3
5. 炮八平九　炮2进4
6. 车九平八　炮2平7
7. 兵五进一　象3进5
8. 车八进三　炮7退2（图323）
9. 马七进六　炮7平4
10. 兵五进一　卒5进1
11. 车八平五　士4进5
12. 车五进二　车1平4
13. 仕六进五　炮4平2
14. 马六退七　卒3进1
15. 车五平七？马7进5！
16. 车七平五　马5进7
17. 车一进一　炮2进4
18. 仕五退六　炮2平8
19. 车五平四　车4进8
20. 仕四进五　车4退2

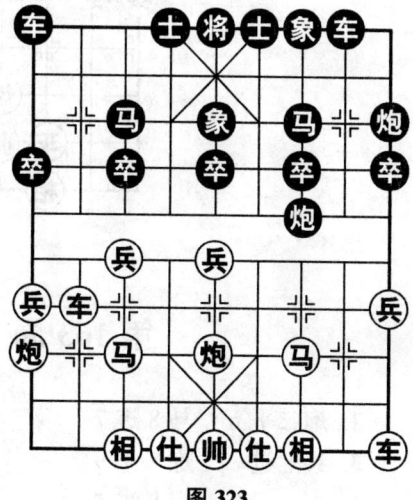

图 323

21. 马七进五　卒9进1
22. 兵七进一　卒9进1
23. 车四退四　炮8进1
24. 仕五退四　象5进3
25. 车四平六　车4进2
26. 车一平六　炮8平9
27. 兵一进一　马7进8
28. 炮九平七　马3进2
29. 车六平八　车8进4
30. 兵九进一　象3退1
31. 炮七平九　后炮平5
32. 炮五进五　象7进5
33. 炮九进四　马2进4
34. 车八平六　马4进6
35. 仕八进五　车8平3
36. 相七进九　车3平2
37. 相九退七　车2平5
38. 车六平七　车2退6
39. 炮九退一　车2平4
40. 炮九平六　卒7进1
41. 车七进三　车4平5
42. 炮六退三？马8进7
43. 帅五平六　马6进5！
44. 车七退三　马5退7
45. 马五退三　车5进6
46. 帅六进一　车5平6（图324）

183

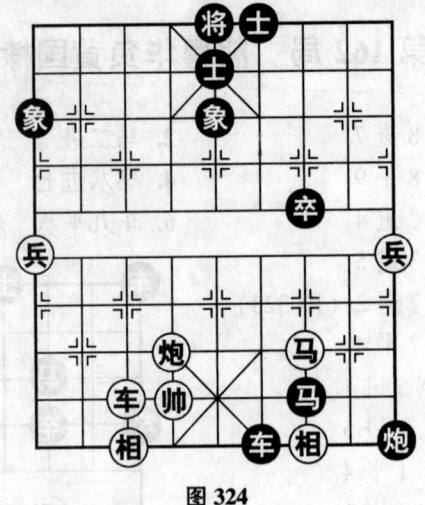

图 324

第163局　吕钦胜李来群

1. 炮二平五　马8进7
2. 马二进三　车9平8
3. 兵七进一　炮8平9
4. 马八进七　车8进4
5. 车一平二　车8进5
6. 马三退二　卒7进1
7. 车九进一　象3进5
8. 马二进三　马2进3（图325）
9. 炮八进二　马7进8
10. 兵三进一　卒7进1
11. 车九平二　卒7进1
12. 车二进四　卒7进1
13. 马七进六　士4进5
14. 仕四进五　卒7进1
15. 相三进一　卒7平6
16. 车二平四　卒6平5
17. 仕六进五　炮2平1
18. 马六进七　炮1进4
19. 车四进三　车1平2
20. 炮五平八！　车2平4
21. 马七进五　炮9平6
22. 兵七进一　车4进2?
23. 后炮平三！　车4进3

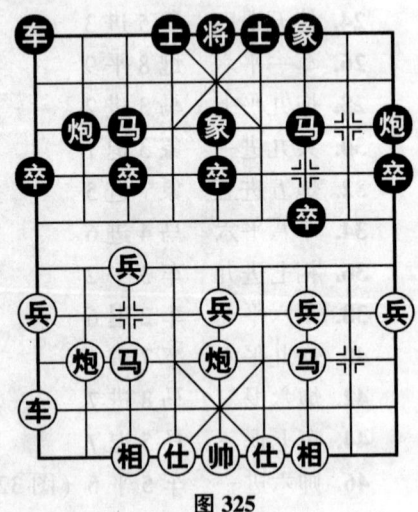

图 325

24. 炮八进三	炮1进3	25. 相七进九	车4平2
26. 马五进七	将5平4	27. 炮八平四	车2进4
28. 仕五退六	车2退1	29. 仕六进五	车2进1
30. 仕五退六	士5进6	31. 车四进一	将4进1
32. 车四退二	车2退1	33. 仕六进五	车2进1
34. 仕五退六	车2退1		
35. 仕六进五	车2平3		
36. 帅五平四	车3进1		
37. 帅四进一	炮1退1		
38. 仕五进六	车3退5		
39. 车四进一	将4退1		
40. 马七退五	将4平5		
41. 马五进三	将5平4		
42. 炮三进七	马3进4		
43. 炮三平一	马4进5		
44. 帅四平五	马5进7		
45. 帅五退一	炮1平8		
46. 炮一退一	炮8退7		
47. 马三退二	(图326)		

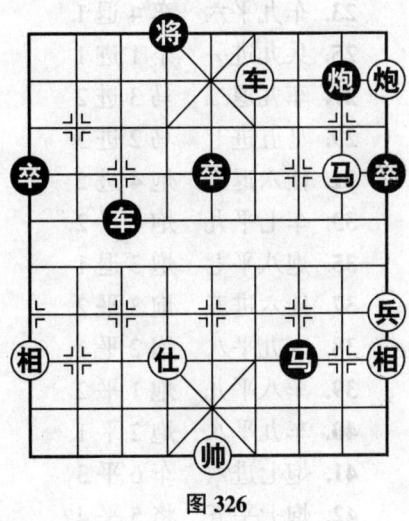

图 326

第164局 马天越胜刚秋英

1. 炮二平五　马8进7
2. 马二进三　车9平8
3. 兵七进一　炮8平9
4. 马八进七　士4进5
5. 马七进六　车8进4
6. 车一平二　车8平4
7. 炮八进二　炮2平4
8. 车二进四　马2进1（图327）
9. 炮五平六　车4平2
10. 马六退七　象3进5
11. 相七进五　卒3进1
12. 炮八退四　卒7进1

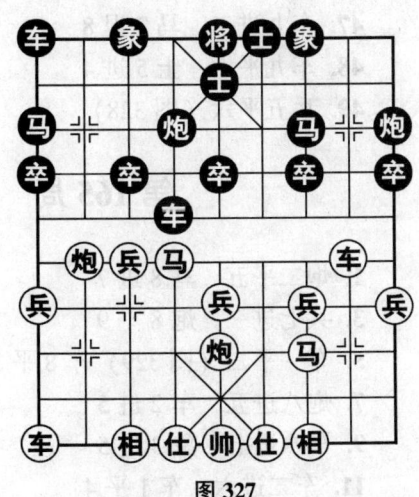

图 327

· 185 ·

13. 炮八平七　卒 3 进 1　　14. 车二平七　马 7 进 6 ?
15. 车七平五 !　车 1 平 2　　16. 车五进二　前车平 4
17. 炮六进五　炮 9 平 4　　18. 车九进二　炮 4 进 1
19. 兵五进一　马 6 进 7　　20. 兵五进一　车 4 平 4
21. 仕四进五　车 2 进 6　　22. 马七进五　卒 1 进 1
23. 车九平六　车 4 退 1　　24. 仕五进六　炮 4 进 3
25. 兵九进一　卒 1 进 1　　26. 车五平九　马 1 退 3
27. 车九退二　马 3 进 2　　28. 车九平六　炮 4 平 3
29. 马五进七　马 2 进 3　　30. 车六平七　炮 3 平 4
31. 仕六退五　炮 4 进 2　　32. 炮七平九　炮 4 平 1
33. 车七平九　炮 1 平 4　　34. 炮九平八　炮 2 平 3
35. 炮八平七　炮 3 退 1　　36. 仕五进六　车 2 平 6
37. 仕六进五　炮 3 平 2
38. 车九平八　炮 2 平 1
39. 车八平九　炮 1 平 2
40. 车九平八　炮 2 平 1
41. 炮七进六　车 6 平 3
42. 炮七平五　将 5 平 4 ?
43. 车八平六　将 4 平 5
44. 车六平九　将 5 平 4
45. 车九进五　将 4 进 1
46. 车九退七　车 3 退 2
47. 车九进一　马 7 退 8
48. 车九平六　士 5 进 4
49. 兵五平六　（图 328）

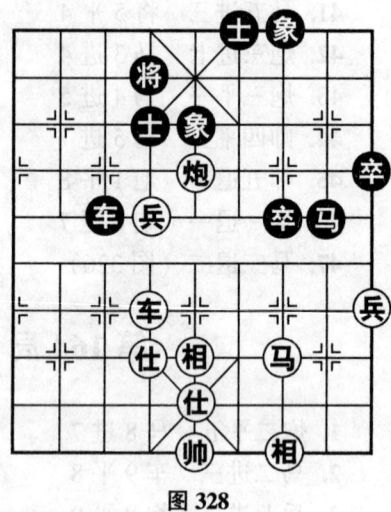

图 328

第 165 局　胡荣华胜余仲明

1. 炮二平五　马 8 进 7　　2. 马二进三　车 9 平 8
3. 兵七进一　炮 8 平 9　　4. 马八进七　车 8 进 4
5. 车一平二　（图 329）车 8 平 2 ?　6. 车九平八 !　马 2 进 1
7. 炮八进五　车 2 进 5　　8. 马七退八　炮 9 平 2
9. 马八进七　象 3 进 5　　10. 马七进六　士 4 进 5
11. 车二进六　车 1 平 4　　12. 马六进四　卒 7 进 1

第四章 其 他

13. 车二平三　马7退9
14. 车三平一　车4进4
15. 马四进五　马9进7
16. 马五进三　将5平4
17. 车一平三　车4进5
18. 帅五进一　车4退1
19. 帅五退一　炮2进7
20. 相七进九　卒1进1
21. 车三退一！车4进1
22. 帅五进一　车4退7
23. 兵三进一　象7进5
24. 车三平九　炮2平7
25. 帅五平四　炮7退4
26. 前马进一　炮7退1
28. 车九退一　炮7平6
30. 帅四退一　炮6退3
32. 兵七进一　象5进3
34. 马一退三　马1进2
36. 相九进七　马3进4
38. 车三平四　车8退1
40. 炮六平五　车7退8
41. 仕五退四　士5进6
42. 车四进二　炮6平8
43. 车四退六　马4退2
44. 车四平二　炮8平4
45. 车二平七　马2退4
46. 车七进二　马4退5
47. 炮五进三　卒5进1
48. 相七退五　车7退2
49. 车七进二　车7平5
50. 仕四进五　士6进5
51. 车七进四　炮4退1
52. 车七退三　车5平2
53. 马六进五　（图330）

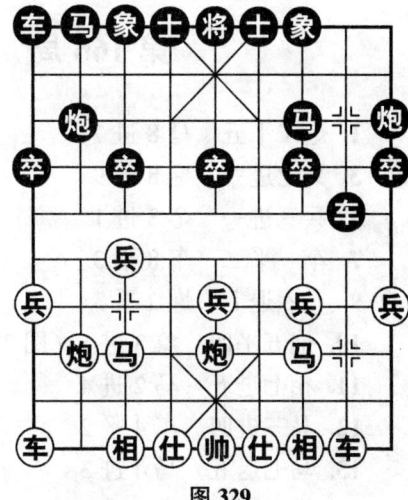

图 329

27. 仕四进五　卒3进1
29. 炮五平六　将4平5
31. 帅四平五　马7进6
33. 车九平三　车4平6
35. 后马进四　马2进3
37. 马四进六　车6平8
39. 车四进一　车8平7

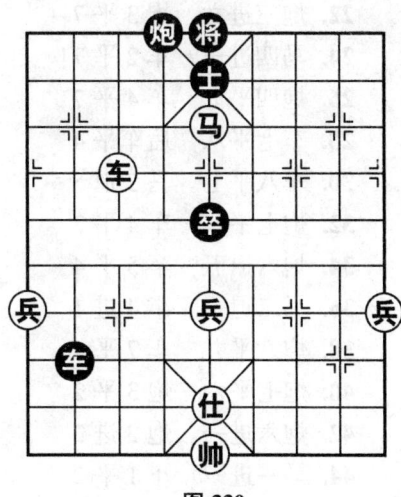

图 330

第166局 赵冠芳负刚秋英

1. 炮二平五	马8进7	2. 马二进三	车9平8
3. 兵七进一	炮8平9	4. 马八进七	士4进5
5. 兵三进一	卒3进1	6. 兵七进一	车8进4
7. 车一平二	车8平3	8. 马七进六	车3平4
9. 马六退七	炮2平3		
10. 炮五平四	象3进5（图331）		

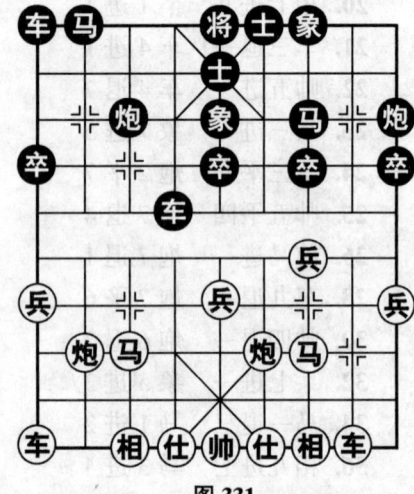

图331

11. 相七进五	马2进4		
12. 马三进四	车4平2		
13. 马七退五	马4进3		
14. 马五进三	卒7进1		
15. 兵三进一	车2平7		
16. 炮八退一	车7平2		
17. 炮八平三	车1平4		
18. 仕四进五	车4平4		
19. 车二进六	马7进6		
20. 车二平四	马6进4		
21. 车四进二	炮9平7		
22. 炮三进六	炮3平7	23. 车九平七	炮7进4
24. 马四进三?	车2平7!	25. 炮四进四	卒5进1
26. 炮四平七	车4平7	27. 炮七进二	炮7平1
28. 车七平八	后车平4	29. 车四退六	马4进3!
30. 车八平七	马3退5	31. 马三进二	卒9进1
32. 炮七平八	车4平2	33. 炮八平六	卒5进1
34. 炮六退五?	卒5平4	35. 炮六退二	炮1平9
36. 马二退一	卒4进1	37. 车四进一	炮9退1
38. 炮六平九	车7平1	39. 炮九平七	炮9平3
40. 炮七平六	炮3平2	41. 车七平八	车1进4
42. 炮六进一	炮2进2	43. 帅五平四	车1退1
44. 马一进三	车1平2	45. 炮六平七	前车平3
46. 炮七退二	炮2进1	47. 帅四平五	卒1进1
48. 车四进一	车3平7	49. 车四退一	车2进3

50. 炮七进四　卒1进1　　　51. 炮七平五　车2退2
52. 炮五平二　卒1进1　　　53. 炮二退一　车2进1（图332）

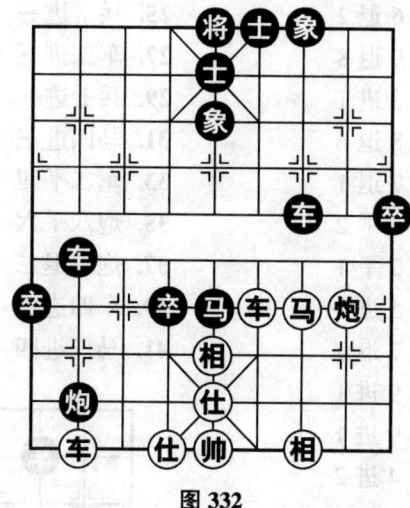

图332

第167局　黄仕清胜孙逸阳

1. 炮二平五　马8进7　　　2. 兵七进一　车9平8
3. 马八进七　炮8平9　　　4. 马二进三　车8进4
5. 车一平二　车8进5　　　6. 马三退二　卒7进1
7. 马七进六　马2进3
8. 炮八平七　车1平2
9. 车九平八　象3进5（图333）
10. 炮五平三　马7进8
11. 相三进五　炮2进6
12. 马二进四　炮9进4
13. 炮七平八　炮9进3
14. 马四退二　炮2平8
15. 车八进一　马8进9
16. 炮三平一　炮8退2
17. 马六进四　车2进4
18. 车八平四　士4进5
19. 兵三进一　炮8平1

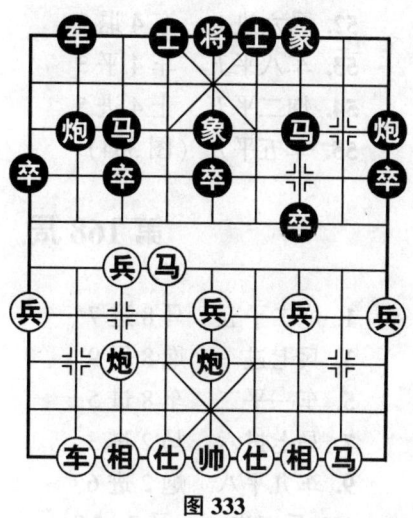

图333

189

20. 兵三进一! 车2平4
22. 车一平九　炮1退2
24. 仕五退四　炮6退2
26. 车九平二　马9退8
28. 兵三平二　卒3进1
30. 马二进四　马8退6
32. 炮一平三　炮7退1
34. 车四进一　车3平2
36. 仕四进五　车2平1
38. 炮六进二　卒5进1?
40. 车四平六　炮7退2
42. 兵二平三　卒9进1
43. 兵五进一　卒9进1
44. 兵五进一　马4进2
45. 炮六平三　车1平5
46. 炮二进一! 士5进6
47. 兵三进一　车5平4
48. 车六平八　马2进4
49. 马四进六　马4进6?
50. 仕五进四　炮7平5
51. 仕四退五　炮5退1
52. 马六进七　车4退3
53. 车八平五　车4平3
54. 炮二平五　士4进5
55. 车五平九（图334）

21. 车四平一　炮9平6
23. 仕六进五　炮1平6
25. 兵三进一　车4平7
27. 车二进三　卒9进1
29. 兵七进一　车7平3
31. 马四进三　炮6平7
33. 车二平四　马3进4
35. 炮八平六　士5退4
37. 炮三退二　士6进5
39. 车四进一　炮7进8
41. 马三进四　炮7退3

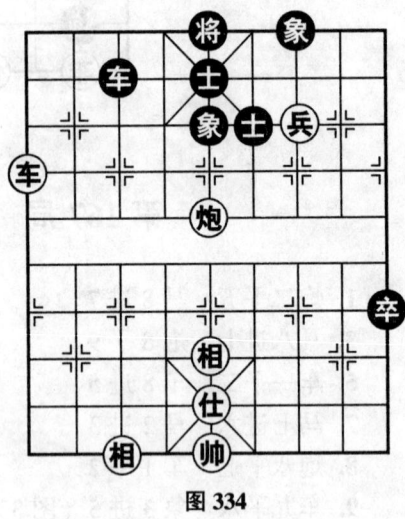

图334

第168局　许银川胜李晓晖

1. 炮二平五　马8进7
3. 兵七进一　炮8平9
5. 车一平二　车8进5
7. 马七进六　马2进3
9. 车九平八　炮2进6?
11. 兵三进一　马7进8

2. 马二进三　车9平8
4. 马八进七　车8进4
6. 马三退二　卒7进1
8. 炮八平七　车1平2（图335）
10. 炮五平三! 象7进5
12. 兵三进一　马8进9

13. 相三进五　炮9平8
14. 炮七进一　炮2平8
15. 车八进九　后炮进7
16. 相五退三　马3退2
17. 炮七平一　象5进7
18. 马六进五　象3进5
19. 炮三平一　马2进4
20. 马五退六　卒3进1
21. 兵七进一　象5进3
22. 后炮进四　后炮退4
23. 后炮进二　象3退5
24. 前炮平四　后炮退3
25. 炮一平二　前炮退4
26. 马六进四　马4进2
28. 相七进五　士5进6
30. 兵五进一　炮8平9
32. 兵五进一　士6进5
34. 炮二平八　马2退4
36. 马四退五　炮1平3
38. 前炮平七　炮3平2
40. 炮八平五　将5平6
42. 炮五平六　将6平5
43. 炮六进一　炮2进4
44. 兵六进一！炮2退4
45. 兵六进一　炮9平4
46. 马六进七　象5进3
47. 炮六进二　士5进4
48. 炮六平五　炮2进3
49. 炮七退二　将5平6
50. 炮五平九　炮4平1
51. 炮九退三　象7退5
52. 炮七平六　炮1平3
53. 马七退六　象3退1
54. 马六进八　炮2退4

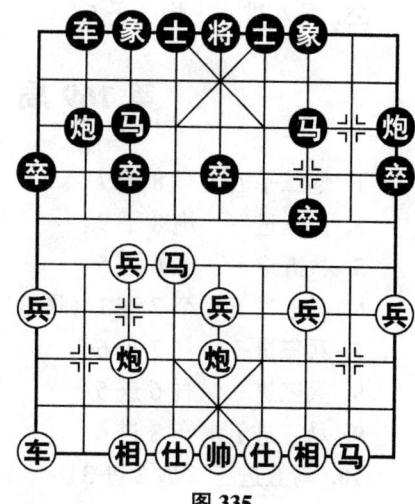

图 335

27. 炮四平八　士4进5
29. 仕六进五　后炮平1
31. 兵五进一　炮9退4
33. 炮二退二　炮1进5
35. 兵五平六　炮1退2
37. 前炮进二！炮9进3
39. 马五进七　炮2退3
41. 马七退六　炮9退3

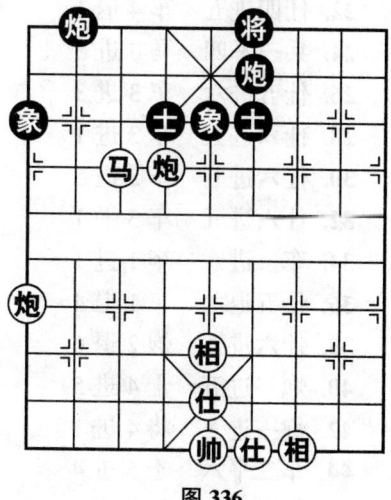

图 336

55. 马八进六 炮3平6   56. 马六进七（图336）

第169局 曹霖胜王嘉良

1. 炮二平五 马8进7   2. 马二进三 车9平8
3. 兵七进一 炮8平9   4. 马八进七 马2进3
5. 兵五进一 士6进5
6. 马七进五 卒7进1（图337）
7. 兵三进一 马7进6
8. 兵三进一 马6进5
9. 马三进五 车8进6
10. 马五进三 炮2进3
11. 炮五退一 卒3进1
12. 炮八平七 马3进4
13. 兵七进一 马4进3
14. 马三退四 车8平6
15. 相三进五 象3进5?
16. 车九平八 车1平2
17. 车八进三 车2进2

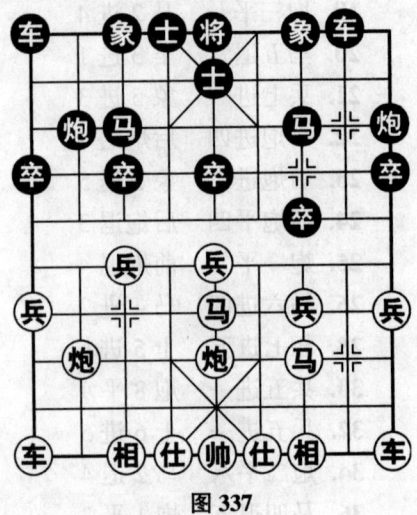

图337

18. 炮五平七！炮2平3?   19. 车八进四 炮9平2
20. 后炮平四 车6平4   21. 炮七进二 炮2进7
22. 仕四进五 车4退1   23. 车一进二！炮2退2
24. 兵三平四 马3进5   25. 相七进五 车4平3
26. 仕五进六 车3进3   27. 车一退一 炮2进2
28. 仕六进五 车3进1   29. 仕五退六 车3退5
30. 仕六进五 车3进5   31. 仕五退六 车3退3
32. 仕六进五 车3平1   33. 马四进三 车1进3
34. 车一进一 卒1进1   35. 车一平二 炮2退8
36. 仕五退六 车1退4   37. 炮四平一！炮2进8
38. 仕六进五 炮2退6   39. 马三进四 士5进6
40. 炮一平五 士4进5   41. 车二进六 将5平4
42. 炮一进三 将4进1   43. 车二退五 车1平5
44. 车二平六 士5进4   45. 车六进三 炮2平4
46. 车六平八 炮2平5   47. 帅五平六 象7进9

192

48. 车八进二	将4退1
49. 马四进二	车5平8
50. 马二进四	将4平5
51. 兵四进一	车8进4
52. 帅六进一	炮5退2
53. 马四退六	将5平4
54. 车八退四	炮5进1
55. 车八平六	士6退5
56. 马六退八	将4平5
57. 兵四平五	车8退4
58. 车六退一	车8平5
59. 兵五平四	将5平6
60. 炮一平二（图338）	

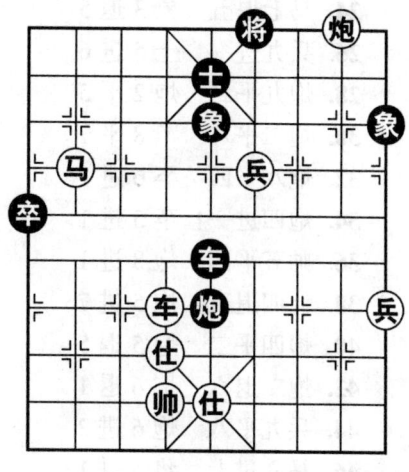

图338

第170局　宗永生胜张兰天

1. 炮二平五	马8进7	2. 马二进三	车9平8
3. 兵七进一	炮8平9	4. 马八进七	车8进4
5. 车一平二	车8进5	6. 马三退二	卒7进1（图339）
7. 炮八进二	象3进5	8. 兵三进一	马2进4
9. 兵三进一	象5进7	10. 车九进一	卒3进1
11. 车九平六	卒3进1		
12. 车六进七	卒3平2		
13. 马七进八	士4进5		
14. 马八进六	车1平4		
15. 车六进一	将5平4		
16. 马二进三	象7退5		
17. 兵九进一	卒9进1		
18. 马三进四	炮9进4		
19. 马四进五	马7进5		
20. 炮五进四	炮9平8		
21. 炮五平二	象5进3？		
22. 相三进五	卒9进1		
23. 马六进七	将4平5		

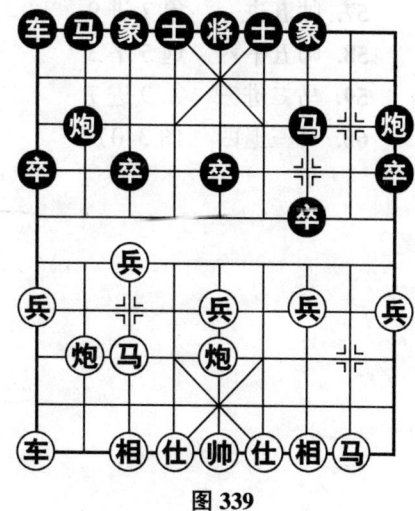

图339

24. 马七退五　象3退5
26. 兵九进一　士5进6
28. 炮九平二　炮2平5
30. 炮二平八　卒8平7
32. 炮八平四　卒6进1
34. 炮四进一！卒5进1
36. 帅五平四　炮8进1
38. 仕四退五　炮5进7
40. 炮四平二　炮5退5
42. 炮二退六　炮6退1
44. 兵九平八　炮6进2
46. 马六进七　将5进1
48. 兵八平七　炮5退2
49. 马七退六　将4退1
50. 炮九平六　炮5平4
51. 马六进四　炮4平6
52. 帅四平五　前炮平5
53. 兵七平六　将4平5
54. 兵六进一　炮5退1
55. 炮六平二　士6进5
56. 马四退二　将5平6
57. 帅五进一　象7进9
58. 帅五平六　炮5平3
59. 马二进三　象9进7
60. 马三退四（图340）

25. 炮二平九　炮8退5
27. 马五退四　炮2退1
29. 马四进六　卒9平8
31. 炮八进一　卒7平6
33. 仕四进五　卒6平5
35. 马六进五　卒5平6
37. 仕五进四　炮8平6
39. 马五进七　将5进1
41. 马七退六　将5退1
43. 炮二平五　将5平4
45. 炮五平六　将4平5
47. 炮六平九　将5平4

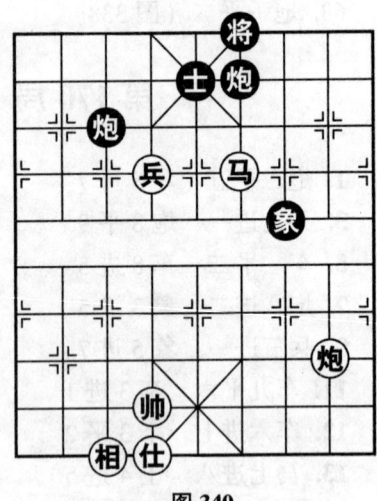

图340